1619.
D. 20.

28185

HISTOIRE PHILOSOPHIQUE ET POLITIQUE

DES ÉTABLISSEMENS ET DU COMMERCE DES EUROPÉENS DANS LES DEUX INDES.

PAR GUILLAUME-THOMAS RAYNAL.

TOME DIXIEME.

A GENEVE.

M. DCC. LXXXI.

TABLE DES INDICATIONS.

LIVRE DIX-NEUVIEME.

I. Religion. . . . . Pag. 2.
II. Gouvernement. . . . . . 14.
III. Politique. . . . . . . 126.
IV. Guerre. . . . . 145.
V. Marine. . . . . 167.
VI. Commerce. . . . . . . 186.
VII. Agriculture. . . . . . 225.
VIII. Manufactures. . . . . 243.
IX. Population. . . . . . 257.
X. Impôts. . . . . 277.

TABLE DES INDICATIONS

XI. *Crédit public.* . . . . . . 317.

XII. *Beaux-arts & belles-lettres.* 327.

XIII. *Philosophie.* . . . . . . 348.

XIV. *Morale.* . . . . 360.

XV. *Réflexions sur le bien & le mal que la découverte du Nouveau-Monde a fait à l'Europe.* 382.

Fin de la Table du Tome dixieme.

HISTOIRE
PHILOSOPHIQUE
ET
POLITIQUE
DES ÉTABLISSEMENS ET DU COMMERCE
DES EUROPÉENS DANS LES DEUX INDES.

LIVRE DIX-NEUVIEME.

Nous avançons dans une carriere où nous ne nous sommes pas engagés, sans en connoître l'étendue, les difficultés ; & que nous aurions abandonnée plusieurs fois, si nous n'avions été soutenus par des motifs qui font toujours oublier la disproportion des forces avec la tentative. On ose, & l'on exécute quelquefois dans un incendie des choses qui abattroient le courage, s'il n'étoit irrité par le péril, & qui l'étonnent quand le péril est passé. Après une bataille gagnée ou perdue, un militaire disoit, à l'aspect d'une montagne, qu'il avoit gravie pour aller à l'ennemi : qui eût jamais fait cela, s'il n'y avoit pas eu un coup de fusil à recevoir ? J'étois sans doute animé de ce sentiment, lorsque je commençai ; & il faut bien qu'il m'anime encore, puisque je continue.

D'abord nous avons montré l'état de l'Europe avant la découverte des deux Indes.

Puis nous avons suivi la marche incertaine, tyrannique & sanglante des établissemens formés dans ces contrées lointaines.

Il nous reste à développer l'influence des liaisons du Nouveau-Monde sur les opinions, les gouvernemens, l'industrie, les arts, les mœurs, le bonheur de l'ancien. Commençons par la religion.

I. Religion.

Si l'homme avoit joui sans interruption d'une félicité pure ; si la terre avoit satisfait d'elle-même à toute la variété de ses besoins, on doit présumer que l'admiration & la reconnoissance n'auroient tourné que très-tard vers les dieux les regards de cet être naturellement ingrat. Mais un sol stérile ne répondit pas toujours à ses travaux. Les torrens ravagerent les champs qu'il avoit cultivés. Un ciel ardent brûla ses moissons. Il éprouva la disette, il connut les maladies, & il rechercha les causes de sa misere.

Pour expliquer l'énigme de son existence, de son bonheur & de son malheur, il inventa différens systêmes également absurdes. Il peupla l'univers d'intelligences bonnes & malfaisantes ; & telle fut l'origine du polythéisme, la plus ancienne & la plus générale des religions. Du polythéisme naquit le manichéisme, dont les vestiges dureront à jamais, quels que soient les progrès de la raison. Le manichéisme simplifié engendra le déisme ; & au milieu de ces opinions diverses, il s'éleva une classe d'hommes médiateurs entre le ciel & la terre.

Ce fut alors que les régions se couvrirent d'autels ; qu'on entendit ici l'hymne de la joie, là le gémissement de la douleur ; & qu'on eut recours à la priere, aux sacrifices, les deux moyens naturels d'obtenir la faveur & de calmer le ressentiment. On offrit la gerbe ; on immola l'agneau, la chèvre, le taureau. Le sang de l'homme arrosa le terre sacré.

Cependant on voyoit souvent l'homme de bien dans la souffrance, le méchant, l'impie même dans la prospérité, & l'on imagina la doctrine de l'immortalité. Les ames affranchies du corps, ou circulerent dans les différens êtres de la nature, ou s'en allerent dans un autre monde recevoir la récompense de leurs vertus, le châtiment de leurs crimes. Mais l'homme en devint-il meilleur ? c'est un problême. Ce qui est sûr, c'est que depuis l'inſtant de ſa naiſſance juſqu'au moment de ſa mort, il fut tourmenté par la crainte des puiſſances inviſibles, & réduit à une condition beaucoup plus fâcheuſe que celle dont il avoit joui.

La plupart des légiſlateurs ſe ſont ſervis de cette diſpoſition des eſprits pour conduire les peuples, & plus encore pour les aſſervir. Quelques-uns ont fait deſcendre du ciel le droit de commander ; & c'eſt ainſi que s'eſt établie la théocratie ou le deſpotiſme ſacré, la plus cruelle & la plus immorale des légiſlations : celle où l'homme orgueilleux, malfaiſant, intéreſſé, vicieux avec impunité, commande à l'homme de la part de Dieu ; où il n'y a de juſte que ce qui lui plaît, d'injuſte que ce qui lui déplaît, ou à l'Etre ſuprême avec lequel il eſt en commerce, & qu'il fait parler au gré de ſes paſſions ; où c'eſt un crime d'examiner ſes ordres, une impiété de s'y oppoſer ; où des révélations contradictoires ſont miſes à la place de la conſcience & la raiſon, réduites au ſilence par des prodiges ou par des forfaits ; où les nations enfin ne peuvent avoir des idées fixes ſur les droits de l'homme, ſur ce qui eſt bien, ſur ce qui eſt mal, parce qu'elles ne cherchent la baſe de leurs privileges & de leurs devoirs que dans des livres inſpirés dont l'interprétation leur eſt refuſée.

Si ce gouvernement eut dans la Paleſtine une origine plus ſublime, il n'y fut pas plus exempt qu'ailleurs des calamités qui en paroissent une suite inévitable.

Le christianisme succéda au judaïsme. L'asservissement d'une république, maîtresse du monde, à des monstres de tyrannie; la misère effroyable que le luxe d'une cour & la solde des armées répandirent dans un vaste empire, sous le regne des Nérons; les irruptions successives des barbares qui démembrerent ce grand corps; la perte des provinces qui se souleverent ou furent envahies: tous ces maux physiques avoient préparé les esprits à une nouvelle religion, & les révolutions de la politique en devoient amener une dans le culte. On ne voyoit plus dans le Paganisme vieilli que les fables de son enfance, l'ineptie ou la méchanceté de ses dieux, l'avarice de ses prêtres, l'infamie & les vices des rois qui soutenoient ces dieux & ces prêtres. Alors le peuple qui ne connoissoit que des tyrans sur la terre, chercha son asyle dans le ciel.

Le christianisme vint le consoler, & lui apprendre à souffrir. Tandis que les vexations & les débauches du trône sappoient le paganisme avec l'empire, des sujets opprimés & dépouillés, qui avoient embrassé les nouveaux dogmes, achevoient cette ruine par l'exemple de toutes les vertus qui accompagnent toujours la ferveur du prosélytisme. Mais une religion née dans les calamités publiques, devoit donner à ceux qui la prêchoient beaucoup d'empire sur les malheureux qui se réfugioient dans son sein. Aussi le pouvoir du clergé naquit-il, pour ainsi dire, dans le berceau de l'évangile.

Du débris des superstitions paiennes & des sectes philosophiques, il se forma un corps de rites & de dogmes que la simplicité des premiers chrétiens sanctifia par une piété vraie & touchante: mais qui laisserent en même-tems un germe de disputes & de débats, d'où sortit cette complication de passions qu'on voile & qu'on honore sous le nom de zèle. Ces dissentions enfanterent des écoles, les docteurs, un tribunal, une hiérarchie. Le christianisme avoit commencé par des pêcheurs qui ne savoient que l'évangile; il fut achevé par des évêques qui formerent l'église. Alors il gagna de proche en proche, & parvint jusqu'à l'oreille des empereurs. Les uns le tolérerent par mépris, par crainte, par intérêt ou par humanité; les autres le persécuterent. La persécution hâta les progrès que la tolérance lui avoit ouverts. Le silence & la proscription, la clémence & la rigueur; tout lui devint utile. La liberté naturelle à l'esprit humain, le fit adopter à sa naissance, comme elle l'a fait souvent rejetter dans sa vieillesse. Cette indépendance, moins amoureuse de la vérité que de la nouveauté, devoit lui donner des sectateurs, quand il n'auroit pas eu tous les caracteres propres à le faire respecter.

Le paganisme démasqué par la philosophie,

& décrié par les peres de l'église, avec des temples affez nombreux, mais des prêtres qui n'étoient pas riches, croula de jour en jour, & céda fa place au nouveau culte. Celui-ci pénétra dans le cœur des femmes par la dévotion qui s'unit fi bien à la tendreffe, & dans l'efprit des enfans qui aiment les prodiges & la morale même la plus févère. C'eft par-là qu'il entra dans les cours, où tout ce qui peut devenir paffion eft fûr de trouver accès. Un prince qui, baigné dans le fang de fa famille, s'étoit comme endormi dans des bras impurs; ce prince qui avoit de grands crimes & de grandes foibleffes à expier, embraffa le chriftianifme qui lui pardonnoit tout en faveur de fon zèle, & auquel il donna tout pour être délivré de fes remords.

Conftantin au lieu d'unir à fa couronne le pontificat quand il fe fit chrétien, comme ils étoient unis dans la perfonne des empereurs païens, accorda au clergé tant de richeffes & d'autorité, tant de moyens de les accroître de plus en plus, que cet aveugle abandon fut fuivi d'un defpotifme eccléfiaftique tout-à-fait nouveau.

Une ignorance profonde étoit le plus fûr appui de cet afcendant fur les efprits Les pontifes de Rome répandirent ces ténèbres en déclarant la guerre à tout efpece d'érudition païenne. S'il fe fit de tems en tems quelques efforts pour diffiper cette obfcurité, ils furent étouffés par les fupplices.

Tandis que les papes défabufoient les efprits de leur autorité per l'abus même qu'ils en faifoient, la lumiere vint d'orient en occident. Dès que les chefs-d'œuvre de l'antiquité eurent ramené le goût des bonnes études, la raifon recouvra quelques-uns des droits qu'elle avoit perdus. L'hiftoire de l'églife fut approfondie, & l'on y découvrit les faux titres de la cour de Rome. Une partie de l'Europe en fecoua le joug. Un moine lui fit perdre prefque toute l'Allemagne, prefque tout le Nord; un chanoine quelques provinces de France; & un roi pour une femme, l'Angleterre entiere. Si d'autres fouverains maintinrent avec fermeté la religion catholique dans leurs poffeffions, ce fut peut-être parce qu'elle étoit plus favorable à cette obéiffance aveugle & paffive qu'ils exigent des peuples, & que le clergé romain a toujours prêchée pour fes intérêts.

Cependant le defir de conferver d'une part l'autorité pontificale, de l'autre l'envie de la renverfer, ont enfanté deux fyftèmes oppofés. Les théologiens catholiques ont entrepris même avec fuccès de prouver que les livres faints ne font point par eux-mêmes la pierre de touche de l'orthodoxie. Ils ont démontré que depuis la premiere prédication de l'évangile jufqu'à nos jours, les écritures diverfement entendues avoient donné naiffance aux opinions les plus oppofées, les plus extravagantes, les plus impies; & qu'avec cette parole divine on a pu soutenir les dogmes les plus contradictoires, tant qu'on n'a suivi que le sentiment intérieur pour interprète de la révélation.

Les écrivains de la religion réformée ont fait voir l'absurdité qu'il y auroit à croire un seul homme continuellement inspiré du ciel sur un trône ou dans une chaire qui fut le siege des vices les plus monstrueux ; où la dissolution se vit assise à côté de l'inspiration; où l'adultere & le concubinage profanerent les idoles revêtues du caractere & du nom de la sainteté; où l'esprit de mensonge & d'artifice dirigea les prétendus oracles de la vérité. Ils ont démontré que l'église assemblée en concile & composée de prélats intriguans sous les empereurs de la primitive église, ignorans & débauchés dans les tems de barbarie, ambitieux & fastueux dans les siecles de schisme ; qu'une telle église ne devoit pas être plus éclairée de lumieres surnaturelles que le vicaire de Jésus ; que l'esprit de Dieu ne ne se communiquoit pas plus visiblement à deux cens peres du concile qu'au saint pere, souvent le plus méchant des hommes ; que des Allemands & des Espagnols sans science, des François sans mœurs, & des Italiens sans aucune vertu, n'étoient pas aussi disposés à l'esprit de révélation qu'un simple troupeau de paysans qui cherchent Dieu de bonne foi dans la priere & le travail. Enfin s'ils n'ont pu soutenir leur nouveau système aux yeux de la raison, ils ont très-bien détruit celui de l'ancienne église.

Au milieu de ces ruines, la philosophie s'est élevée, & elle a dit. Si le texte de l'écriture n'a pas la clarté, la précision, l'authenticité nécessaires pour être l'unique regle infaillible de culte & de dogme. Si la tradition de l'église depuis ses premiers siecles jusqu'au tems de Luther & de Calvin s'est corrompue elle-même avec les mœurs des prêtres & des fideles; si les conciles ont chancelé, varié, décidé contradictoirement dans leurs assemblées; s'il est indigne de la divinité de communiquer son esprit & sa parole à un seul homme débauché quand il est jeune, imbécille quand il est vieux; sujet enfin dans tous les âges aux passions, aux erreurs, aux infirmités de l'homme : il ne reste aucun appui solide & constant à l'infaillibilité de la foi chrétienne. Ainsi cette religion n'est pas d'institution divine, où Dieu n'a pas voulu qu'elle fût éternelle.

Ce dilemme est très-embarrassant. Tant que le sens des écritures demeurera susceptible des contestations qu'il a toujours éprouvées, & la tradition aussi problématique qu'elle l'a paru par les travaux immenses des théologiens de différentes communions, le christianisme ne pourra s'appuyer que sur l'autorité civile, que sur le pouvoir du magistrat. La propre force de la religion qui soumet l'esprit & retient la conscience par la persuasion, cette force lui manquera.

Aussi ces disputes ont-elles peu-à-peu conduit les nations qui avoient secoué le joug d'une autorité regardée jusqu'alors comme infaillible plus loin qu'on ne l'avoit prévu. Elles ont assez généralement rejetté de l'ancien culte ce qui contrarioit leur raison, & n'ont conservé qu'un christianisme dégagé de tous les mysteres. La révélation elle-même a été abandonnée, mais plus tard, dans ces régions par quelques hommes plus audacieux, ou qui se croyoient plus éclairés que la multitude. Une maniere de penser si fiere, si indépendante, s'est étendue avec le tems aux états qui étoient restés asservis à Rome. Comme dans ces contrées, les lumieres avoient fait moins de progrès, & que les opinions étoient plus gênées, la licence y a été portée jusqu'à sa derniere limite, l'athéisme; système ou d'un atrabilaire qui ne voit que du désordre dans la nature, ou d'un méchant qui craint un vengeur à venir, ou d'une classe de philosophes qui ne sont ni atrabilaires, ni méchans, mais qui croient trouver dans les propriétés d'une matiere éternelle la cause suffisante de tous les phénomenes qui nous frappent d'admiration.

Par une impulsion fondée dans la nature même des religions, le catholicisme tend sans cesse au protestantisme, le protestantisme au socinianisme; le socinianisme au déisme; le déisme au scepticisme. L'incrédulité est devenue trop générale, pour qu'on puisse espérer avec quelque fondement de redonner aux anciens dogmes l'ascendant dont ils ont joui durant tant de siecles. Qu'ils soient toujours librement suivis par ceux de leurs sectateurs que leur conscience y attache, par tous ceux qui y trouvent des consolations, & un encouragement à leurs devoirs de citoyen: mais que toutes les sectes, dont les principes ne contrarieront pas l'ordre public, trouvent généralement la même indulgence. Il seroit de la dignité comme de la sagesse de tous les gouvernemens, d'avoir un même code moral de religion dont il ne seroit pas permis de s'écarter, & de livrer le reste à des discussions indifférentes au repos du monde. Ce seroit le plus sûr moyen d'éteindre insensiblement le fanatisme des prêtres, & l'enthousiasme des peuples.

C'est en partie à la découverte du Nouveau-Monde qu'on devra la tolérance religieuse qui doit s'introduire dans l'ancien. Elle arrivera cette tolérance. La persécution ne feroit que hâter la chûte des religions dominantes. L'industrie & la lumiere ont pris chez les nations un cours, un ascendant qui doit rétablir un certain équilibre dans l'ordre moral & civil des sociétés. L'esprit humain est désabusé de l'ancienne superstition. Si l'on ne profite de cet instant pour le guider & le rendre à l'empire de la raison, il faut que la masse générale des hommes qui a besoin d'espérances & de craintes, se livre à des superstitions nouvelles.

Tout a concouru depuis deux siecles à épuiser cette fureur de zèle qui dévoroit la terre. Les déprédations des Espagnols dans toute l'Amérique ont éclairé le monde sur les excès du fanatisme. En établissant leur religion par le fer & par le feu dans des pays dévastés & dépeuplés, ils l'ont rendu odieuse en Europe; & leurs cruautés ont détaché plus de catholiques de la communion Romaine, qu'elles n'ont fait de chrétiens parmi les Indiens. L'abord de toutes les sectes dans l'Amérique Septentrionale, a nécessairement étendu l'esprit de tolérance au loin, & soulagé nos contrées de guerres de religion. Les missions nous ont délivré de ces esprits inquiets, qui pouvoient incendier leur patrie, & qui sont allés porter les torches & les glaives de l'évangile au-delà des mers. La navigation & les longs voyages ont insensiblement détourné une grande partie du peuple des folles idées de la superstition. La différence des cultes & des nations, a familiarisé les esprits les plus grossiers avec une sorte d'indifférence pour l'objet qui avoit le plus frappé leur imagination. Le commerce entre les sectes les plus opposées, a refroidi la haine religieuse qui les divisoit. On a vu qu'il y avoit par-tout de la morale & de la bonne foi dans les opinions, par-tout du déréglement dans les mœurs, & de l'avarice dans les ames; & l'on en a conclu que c'étoit le climat, le gouvernement & l'intérêt social ou national qui modifioient les hommes.

Depuis que la communication est établie entre les deux hémisphères de ce monde, on parle & l'on s'occupe moins de cet autre monde, qui faisoit l'espérance du petit nombre, & le tourment de la multitude. La variété, la multiplicité des objets que l'industrie a présentés à l'esprit & aux sens, a partagé les affections de l'homme & affoibli l'énergie de tous les sentimens. Les caractères se sont émoussés; & le fanatisme a dû s'éteindre comme la chevalerie, comme toutes les grandes manies des peuples désœuvrés. Les causes de cette révolution dans les mœurs, ont influé encore plus rapidement sur les gouvernemens.

II. Gouvernement.

La société vient naturellement de la population, & le gouvernement tient à l'état social. En considérant le peu de besoins que la nature donne à l'homme, en proportion des ressources qu'elle lui présente; le peu de secours & de biens qu'il trouve dans l'état civil, en comparaison des peines & des maux qu'il y entasse; son instinct commun à tous les êtres vivans, pour l'indépendance & la liberté; une multitude de raisons prises de sa constitution physique : on a voulu douter si la sociabilité étoit aussi naturelle à l'espece humaine qu'on le pense ordinairement.

On a comparé les hommes isolés à des ressorts épars. Si dans l'état de nature, sans législation, sans gouvernement, sans chefs, sans magistrats, sans tribunaux, sans loix, un de ces ressorts en choquoit un autre, ou celui-ci brisoit le premier, ou il en étoit brisé, ou ils se brisoient tous deux. Mais lorsqu'en les rassemblant & les ordonnant, on en eut formé ces énormes machines qu'on appelle sociétés, où, bandés les uns contre les autres, ils agissent & réagissent avec toute la violence de leur énergie particuliere, on créa artificiellement un véritable état de guerre, & d'une guerre variée par une multitude innombrable d'intérêts & d'opinions. Ce fut un autre désordre, lorsque deux, trois, quatre ou cinq de ces terribles machines vinrent à se heurter en même tems. C'est alors qu'on vit dans la durée de quelques heures, plus de ressorts brisés, mis en pieces, qu'il n'y en auroit eu pendant la durée de vingt siecles, avant ou sans cette sublime institution. C'est ainsi qu'on fait la satyre des premiers fondateurs des nations, par la supposition d'un état sauvage, idéal & chimérique. Jamais les hommes ne furent isolés, comme on les montre ici. Ils porterent en eux un germe de sociabilité qui tendoit sans cesse à se développer. Ils auroient voulu se séparer, qu'ils ne l'auroient pu ; ils l'auroient pu, qu'ils ne l'auroient pas dû, les vices de leur aſſociation ſe compenſant par de plus grands avantages.

La foibleſſe & la langueur de l'enfance de l'homme ; la nudité de ſon corps ſans poil & ſans plume ; la perfectibilité de ſon eſprit, ſuite néceſſaire de la durée de ſa vie ; l'amour maternel qui croît avec les ſoins & les peines, qui, après avoir porté ſon fruit neuf mois dans ſes entrailles, l'allaite & le porte des années entieres dans ſes bras ; l'attachement réciproque, né de cette habitude entre deux êtres qui ſe ſoulagent & ſe careſſent ; la multiplication des ſignes communicatifs dans une organiſation, qui joint aux accens de la voix, communs à tant d'animaux, le langage des doigts & des geſtes particuliers à l'eſpece humaine ; les évènemens naturels qui peuvent rapprocher de cent façons, & réunir des individus errans & libres ; les accidens & les beſoins imprévus qui les forcent à ſe rencontrer pour la chaſſe, la pêche, ou même pour leur défenſe ; enfin l'exemple de tant d'eſpeces qui vivent en troupes, telles que les amphibies & les monſtres marins, les vols de grue & d'autres animaux, les inſectes même qu'on trouve en bandes & en eſſaims ; tous ces faits & ces raiſonnemens ſemblent prouver que l'homme tend de ſa nature à la ſociabilité, & qu'il y arrive d'autant plus promptement, qu'il ne ſauroit beaucoup peupler sous la Zone-Torride, sans se former en hordes errantes ou sédentaires, ni se répandre sous les autres Zones, sans s'associer à ses semblables, pour la proie & le butin qu'exige le besoin de se nourrir & de se vêtir.

De la nécessité de s'associer, dérive celle d'avoir des loix relatives à cet état, c'est-à-dire, de former, par la combinaison de tous les instincts communs & particuliers, une combinaison générale, qui maintienne la masse & la pluralité des individus. Car si la nature pousse l'homme vers l'homme, c'est sans doute par une suite de cette attraction universelle, qui tend à la reproduction & à la conservation. Tous les penchans que l'homme porte dans la société, tous les plis qu'il y prend, devroient être subordonnés à cette premiere impulsion. Vivre & peupler étant la destination de toutes les especes vivantes, il semble que la sociabilité, si c'est une des premieres facultés de l'homme, devroit concourir à cette double fin de la nature, & que l'instinct qui le conduit à l'état social, devroit diriger nécessairement toutes les loix morales & politiques, au résultat d'une existence plus longue & plus heureuse pour la pluralité des hommes. Cependant, à ne considérer que l'effet, on diroit que toutes les sociétés n'ont pour principe ou pour suprême loi, que la *sûreté de la puissance dominante*. D'où vient ce contraste singulier, entre la fin & les moyens, entre les loix de la nature & celles de la politique ?

C'est une question à laquelle il est difficile de répondre solidement, sans se former des notions justes de la nature, de la succession des différens gouvernemens ; & l'histoire ne nous est presque d'aucun secours sur ce grand objet. Tous les fondemens de la société actuelle se perdent dans les ruines de quelque catastrophe ou révolution physique. Par-tout, on voit les hommes chassés par les incendies de la terre ou par les feux de la guerre, par les débordemens des eaux ou par des insectes dévorans, par la disette ou par la famine, se réunir dans un coin du monde inhabité ; ou se disperser, se répandre dans des lieux déja peuplés. Toujours la police commence par le brigandage, & l'ordre par l'anarchie. Mais pour parvenir à quelque résultat qui satisfasse la raison, il faut négliger ces secousses momentanées, & considérer les nations dans un état stationnaire & tranquille, qui laisse un libre cours à la production des phénomenes.

On a dit qu'il y avoit deux mondes, le physique & le moral. Plus on aura d'étendue dans l'esprit & d'expérience, plus on sera convaincu qu'il n'y en a qu'un, le physique qui mene tout, lorsqu'il n'est pas contrarié par des causes fortuites, sans lesquelles on eût constamment remarqué le même enchaînement dans les événemens moraux les plus surprenans, tels que l'origine des idées religieuses, les progrès de l'esprit humain, les découvertes des vérités, la naissance & la succession des erreurs, le commencement & la fin des préjugés, la formation des sociétés & l'ordre périodique des différens gouvernemens.

Tous les peuples policés ont été sauvages; & tous les peuples sauvages, abandonnés à leur impulsion naturelle, étoient destinés à devenir policés. La famille fut la premiere société; & le premier gouvernement fut le gouvernement patriarchal, fondé sur l'amour, l'obéissance, & le respect. La famille s'étend & se divise. Des intérèts opposés, suscitent la guerre entre des freres qui se méconnoissent. Un peuple fond les armes à la main sur un autre. Le vaincu devient l'esclave du vainqueur, qui se partage ses campagnes, ses enfans, ses femmes. La contrée est gouvernée par un chef, par ses lieutenans & par ses soldats, qui représentent la partie libre de la nation, tandis que tout le reste est soumis aux atrocités, aux humiliations de la servitude. Dans cette anarchie, mêlée de jalousie & de férocité, la paix est bientôt troublée. Ces hommes inquiets marchent les uns contre les autres; ils s'exterminent. Avec le tems il ne reste qu'un monarque ou un despote. Sous le monarque, il est une ombre de justice; la législation fait quelques pas; des idées de propriété se développent;

le nom d'esclave est changé en celui de sujet. Sous la suprême volonté du despote, ce n'est que terreur, bassesse, flatterie, stupidité, superstition. Cette situation intolérable cesse ou par l'assassinat du tyran, ou par la dissolution de l'empire; & la démocratie s'élève sur ce cadavre. Alors, pour la premiere fois, le nom sacré de patrie se fait entendre. Alors l'homme courbé releve sa tête, & se montre dans toute sa dignité. Alors les fastes se remplissent de faits héroïques. Alors, il y a des peres, des meres, des enfans, des amis, des concitoyens, des vertus publiques & domestiques. Alors les loix regnent, le génie prend son essor, les sciences naissent, les travaux utiles ne sont plus avilis.

Malheureusement cet état de bonheur n'est que momentané. Par-tout les révolutions, dans le gouvernement, se succedent avec une rapidité qu'on a peine à suivre. Il y a peu de contrées qui ne les aient toutes essuyées, & il n'en est aucune qui, avec le tems, n'acheve ce mouvement périodique. Toutes suivront plus ou moins souvent, un cercle réglé de malheurs & de prospérités, de liberté & d'esclavage, de mœurs & de corruption, de lumiere & d'ignorance, de grandeur & de foiblesse; toutes parcourront tous les points de ce funeste horizon. La loi de la nature, qui veut que toutes les sociétés gravitent vers le despotisme & la dissolution, que les empires naissent & meurent, ne sera suspendue pour aucune. Tandis que semblables à l'aiguille, qui marque la direction constante des vents, elles avancent ou rétrogradent, voyons comment l'Europe est arrivée à l'état de police où nous la voyons.

Un homme d'un profond génie & d'un caractere implacable, quoiqu'il soit appellé dans l'histoire le plus doux des humains, affranchit les Hébreux de l'esclavage, par des prodiges, & se sert de l'autorité du ciel, au nom duquel il les opere, pour étouffer en eux tout sentiment de commisération. Les peuples sont impitoyablement exterminés. Les hommes, les femmes, les enfans, les nouveaux nés, ceux qui sont encore dans le sein de leur mere, les animaux même sont massacrés. Les fautes de la nation qu'il conduit, sont cruellement châtiées. Le moindre signe de révolte, le plus léger murmure enfonce le glaive dans la gorge du coupable, ou entr'ouvre des gouffres sous ses pieds. Ce n'est jamais lui, c'est toujours Dieu qui se venge. Il plonge le peuple dans la misere, en le dépouillant du peu d'or qu'il possede. Il laisse en mourant des chefs animés de son esprit. Il avoit préparé par la terreur & par la stupidité, le gouvernement théocratique, auquel succéda le gouvernement monarchique; si l'on peut donner ce nom à une constitution, sous laquelle des rois tyrans de leurs sujets, sont les esclaves du sacerdoce. Cette singuliere nation garde son caractere primitif sous les vicissitudes de sa destinée. Le Juif vaincu, subjugué, dispersé, haï, méprisé, reste Juif. Avec ses annales sous son bras, il promene la Palestine dans tous les climats. Quelle que soit la région qu'il habite, il vit dans l'attente d'un libérateur, & meurt les regards attaché sur son ancien temple.

La Grece vit ses Etats fondés par des brigands, qui détruisirent quelques monstres & beaucoup d'hommes, afin d'être rois. C'est-là que pendant une assez courte durée, du moins à dater des tems héroïques, & dans une enceinte assez étroite, on a le spectacle présent de toutes les especes de gouvernemens, de l'aristocratie, de la démocratie, de la monarchie, du despotisme, & d'une anarchie que l'approche de l'ennemi commun suspend, sans l'éteindre. C'est là que la menace imminente de la servitude fait éclorre & perpétue le patriotisme, qui amene à sa suite la naissance de tous les grands talens; des modeles sublimes de tous les vices & de toutes les vertus; une multitude d'écoles de la sagesse au milieu de la débauche; & des exemples dans tous les beaux arts, que l'art imitera dans tous les siecles & n'égalera jamais. Le Grec fut un peuple frivole, plaisant, menteur & ingrat. Le Grec fut le seul peuple original qu'on ait vu & qu'on verra peut-être sur la terre.

Rome fut, dit-on, cimentée des débris

échappés aux flammes de Troie, ou ne fut qu'une caverne de bandits de la Grece & de l'Italie: mais de cette écume du genre humain sortit un peuple de héros, fléau de toutes les nations, vautour de lui-même; un peuple plus étonnant qu'admirable; grand par ses qualités; digne d'exécration, par l'usage qu'il en fit au tems de la république; le peuple le plus lâche, le plus corrompu sous ses empereurs; un peuple, dont un des hommes le plus vertueux de son siecle disoit: Si les rois sont des bêtes féroces, qui dévorent les nations, quelle bête est-ce donc que le peuple Romain qui dévore les rois?

La guerre, qui, des grands peuples de l'Europe, n'avoit fait que l'empire des Romains fit redevenir barbares ces Romains si nombreux. Le caractere & les mœurs des conquérans, passant presque toujours dans l'ame des vaincus, ceux qui s'étoient éclairés à la lumiere de Rome savante, retomberent dans les ténebres des Scythes stupides & féroces. Durant des siecles d'ignorance, la force faisant toujours la loi, & le hasard, ou la faim, ayant ouvert aux forces du Nord, les portes du Midi, le flux & le reflux continuel des émigrations, empêcherent les loix de se fixer nulle part. Comme une foule de petits peuples avoit détruit une grande nation, plusieurs chefs ou tyrans dépecerent en fiefs chaque vaste monarchie. Le peuple, qui n'a rien gagné dans le gouvernement d'un seul homme ou de plusieurs, fut toujours écrasé, mutilé, foulé par ces démembremens de l'anarchie féodale. C'étoient de petites guerres continuelles entre des bourgs voisins, au lieu de nos grandes & superbes guerres de nation à nation.

Cependant, une fermentation continuelle conduisoit les nations à prendre une forme, une consistance. Les rois voulurent s'élever sur les ruines de ces hommes ou de ces corps puissans, qui perpétuoient les troubles; & ils employerent, pour y réussir, le secours du peuple. On le mania, on le façonna, on le polit, & on lui donna des loix plus raisonnées qu'il n'en avoit eues.

La servitude avoit abattu sa vigueur naturelle; la propriété lui rendit du ressort, & le commerce, qui suivit la découverte du Nouveau-Monde, augmenta toutes ses facultés, en répandant une émulation universelle.

A ce mouvement général, s'en joignit un autre. Les monarques n'avoient pu agrandir leur pouvoir, sans diminuer celui du clergé, sans favoriser ou préparer le discrédit des opinions religieuses. Les novateurs qui oserent attaquer l'église, furent appuyés du trône. Dès-lors l'esprit humain prit des forces, en s'exerçant contre les fantômes de l'imagination; & rentré dans le chemin de la nature & de la raison, il découvrit les véritables

prin-

principes du gouvernement. Luther & Colomb étoient nés, l'Univers en trembla, toute l'Europe fut agitée : mais cet orage épura son horizon pour des siecles. L'un de ces hommes ranima tous les esprits, l'autre tous les bras. Depuis qu'ils ont ouvert les routes de l'industrie & de la liberté, la plupart des nations de l'Europe travaillent, avec quelque succès, à corriger ou à perfectionner la législation, d'où dépend la félicité des hommes : mais cet esprit de lumiere n'est pas arrivé jusqu'au Turc.

Les Turcs ne furent connus en Asie qu'au commencement du treizieme siecle, tems où les Tartares, dont ils étoient une tribu, firent des incursions fréquentes sur les terres de l'empire d'Orient, comme en avoient fait autrefois les Goths dans les provinces d'Occident. C'est en 1300, qu'Ottoman fut déclaré sultan par sa nation, qui vivant jusqu'alors de butin ou vendant ses services à quelque prince d'Asie, n'avoit point encore songé à former un empire indépendant. Ottoman devint chef, parmi ces barbares, comme un sauvage distingué par sa bravoure, le devient parmi ses égaux : car les Turcs n'étoient alors qu'une horde fixée à côté de peuples demi-civilisés.

Sous ce prince & ses successeurs, la puissance Ottomane faisoit tous les jours de nouveaux progrès. Rien ne lui résistoit. Des princes élevés dans des camps & nés capitaines ; des armées accoutumées à la victoire par des guerres continuelles & mieux difciplinées que les Chrétiens, réparoient les vices d'un mauvais gouvernement.

Conftantinople, prife en 1453 par Mahomet, devint la capitale de leur empire ; & les princes de l'Europe, plongés dans l'ignorance & la barbarie, n'auroient oppofé qu'une digue impuiffante à ce torrent débordé, fi les premiers fucceffeurs de Mahomet, à la tête d'une nation qui confervoit encore les mœurs, le génie & la difcipline de fes fondateurs, n'euffent été obligés d'interrompre leurs expéditions en Pologne, en Hongrie, ou fur les domaines de la république de Venife, pour fe porter tantôt en Afie, tantôt en Afrique, ou contre des fujets rebelles, ou contre des voifins inquiets. Leur fortune commença à décheoir, auffi-tôt qu'ils diviferent leurs forces. Des fuccès moins rapides & moins brillans firent perdre à leurs armées cette confiance qui étoit l'ame de leurs exploits. Le refte de l'empire écrafé fous le defpotifme le plus rigoureux n'étoit rien. Les conquêtes ne lui avoient donné aucune force réelle, parce qu'on n'avoit pas fu les mettre à profit par de fages réglemens. Détruifant pour conferver, les vainqueurs n'avoient rien acquis. Ils ne régnoient que dans des provinces dévaftées, & fur les débris des puiffances qu'ils avoient ruinées.

Tandis qu'une profpérité trompeufe préparoit la décadence de l'empire Ottoman, une révolution contraire s'opéroit dans la Chrétienté. Les esprits commençoient à s'éclairer. Des principes moins insensés s'introduisoient dans la Pologne. Le gouvernement féodal, source féconde de tant de maux & qui duroit depuis si long-tems, faisoit place dans plusieurs états à un gouvernement plus régulier. Dans d'autres, il se dénaturoit peu-à-peu, ou par des loix, ou par des coutumes nouvelles auxquelles des circonstances heureuses le forçoient de se prêter. Enfin, il se forma dans le voisinage des Turcs, une puissance capable de leur résister. Je veux parler de l'avènement de Ferdinand au trône de Hongrie. Ce prince, maître des possessions de la maison d'Autriche en Allemagne, étoit encore assuré par sa couronne impériale, de puissans secours contre l'ennemi commun.

Un gouvernement militaire tend au despotisme; & réciproquement dans tout gouvernement despotique, le soldat dispose tôt ou tard de l'autorité souveraine. Le prince affranchi de toute loi qui restreigne son pouvoir, ne manque pas d'en abuser, & ne commande bientôt qu'à des esclaves qui ne prennent aucun intérêt à son sort. Celui qui écrase ne trouve point de défenseur, parce qu'il n'en mérite point. Sa grandeur manque de base. Il craint, par la raison même qu'il s'est fait craindre. L'usage de la milice contre ses sujets, apprend à cette milice même ce qu'elle peut contre lui. Elle essaie ses forces; elle se mutine ; elle se révolte. L'impuissance du prince la rend insolente. Son esprit devient celui de la sédition ; & c'est alors qu'elle décide, & du maître & de ses ministres.

Soliman, instruit par les troubles intérieurs qui avoient agité l'empire sous les regnes de Bajazet II & de Selim II, des dangers dont lui & ses successeurs étoient menacés, n'imagina rien de mieux qu'une loi qui ôtoit aux princes de sa maison, & le commandement des armées, & le gouvernement des provinces. Ce fut en ensévelissant dans l'obscure oisiveté d'un serrail ceux à qui leur naissance donnoit quelque prétention à l'empire, qu'il se promit d'ôter aux janissaires tout prétexte de sédition. Il se trompa. Cette mauvaise politique ne fit qu'accroître le mal, d'un mal peut-être encore plus grand. Ses successeurs, corrompus par une molle éducation, porterent en imbécilles le glaive qui avoit fondé, qui avoit étendu l'empire. Des princes ignorans, qui n'avoient fréquenté que des femmes & conversé qu'avec des eunuques, se trouverent revêtus d'une autorité sans bornes, dont l'abus le plus inouï combla la haine & la misere de leurs sujets, & les précipita dans la dépendance absolue du janissaire devenu plus avare & plus indocile que jamais. Si le hasard conduisit quelquefois au trône un souverain digne de l'occuper ; il en fut chassé par des ministres, ennemis d'un maître qui pouvoit restreindre leur autorité & éclairer leur conduite.

Quoique le grand-seigneur possede de vastes domaines, quoique la situation de ses états doive l'intéresser aux querelles des princes Chrétiens, il n'entre presque pour rien dans le système général de l'Europe. C'est l'effet de l'ignorance du ministere de la Porte, de ses préjugés, de l'immobilité de ses principes, des autres vices qui découlent du despotisme & qui perpétueront sa mauvaise politique : car le grand épouvantail du tyran, c'est la nouveauté. Il croit que tout est bien ; & en effet rien ne s'avance plus rapidement à la perfection que le despotisme. Le meilleur des princes laisse toujours beaucoup de bien à faire à ses successeurs ; un premier despote ne laisse presque jamais de mal à faire à un second. D'ailleurs, comment un grand seigneur abruti dans les voluptés d'un serrail soupçonneroit-il que l'administration de ses états est détestable ? comment n'admireroit-il pas la merveilleuse justesse des ressorts, l'harmonie prodigieuse des principes & des moyens qui tous concourent au but unique, au but par excellence, sa puissance la plus illimitée, & la servitude la plus profonde de ses sujets. Le sort de tant de prédécesseurs ou poignardés ou étranglés, n'en instruit aucun.

Jamais les sultans n'ont changé de princi-

B iij

pes. Le cimeterre est toujours, à Constantinople, l'interprête de l'alcoran. Si le serrail ne voit pas le grand-seigneur entrer & sortir, comme le tyran de Maroc, une tête à la main & dégouttant de sang, une nombreuse cohorte de satellites se charge d'exécuter ces meurtres féroces. Le peuple égorgé par son maître, égorge aussi son bourreau : mais satisfait de cette vengeance momentanée, il ne songe point à la sûreté de l'avenir, au bonheur de sa postérité. C'est trop de soins pour des orientaux, que de veiller à la sûreté publique, par des loix pénibles à concevoir, à discuter, à conserver. Si leur tyran pousse trop loin les vexations & les cruautés, on demande la tête du visir, on fait tomber celle du despote, & tout est à sa place. Cette remontrance, qui devroit être le privilege de la nation entiere, n'est que celle des janissaires. Les hommes même les plus puissans de l'empire, n'ont pas la premiere idée du droit des nations. Comme en Turquie la sûreté personnelle est le partage d'un état abject, les familles principales tirent vanité du danger qui les menace de la part du gouvernement. Un pacha vous dira qu'un homme comme lui n'est pas fait pour terminer paisiblement sa carriere dans un lit, comme un homme obscur. On voit souvent des veuves se glorifier de ce que leurs maris, qu'on vient d'étrangler, leur ont été enlevés par un genre de mort convenable.

C'est à ce point d'extravagance que l'homme est amené, lorsque la tyrannie est consacrée par des idées religieuses ; & il faut que tôt ou tard elle le soit. Quand l'homme cesse de s'honorer de ses chaînes aux yeux de la divinité, il les regarde avec mépris & il ne tarde pas à les briser. Si l'apothéose des tyrans de Rome n'eût pas été étouffé, les meurtres commis par Néron n'auroient pas été vengés. L'oppression autorisée par le ciel inspire un tel mépris pour la vie, que l'esclave va jusqu'à tirer vanité de sa propre bassesse. Il est fier d'être devenu aux yeux de son maître un être assez important, pour qu'on ne dédaigne pas de le faire mourir. Quelle différence de l'homme à l'homme ! le Romain se tuera dans la crainte de devoir la vie à son égal; le Musulman se glorifiera d'un arrêt de mort prononcé par son maître. L'imagination qui mesure la distance de la terre au firmament ne mesure pas celle-ci. Mais ce qui acheve de la confondre, c'est que l'assassinat d'un despote aussi profondément révéré, loin d'exciter l'horreur, ne fait pas la moindre sensation. Celui qui lui auroit, il n'y a qu'un moment, présenté sa tête avec joie, regarde froidement la sienne abattue par le cimeterre. Il semble vous dire par son indifférence : que m'importe que ce tyran soit mort ou vivant, l'honneur d'être étranglé ne sauroit me manquer sous son successeur ?

Les Russes & les Danois n'ont pas les mêmes préjugés, quoique soumis à un pouvoir également arbitraire. Parce que ces deux nations jouissent d'une administration plus supportable, de quelques réglemens écrits ; elles osent penser ou dire que leur gouvernement est limité : mais quel homme éclairé ont-elles persuadé ? Dès que le prince institue les loix & les abolit, les étend & les restreint, en permet ou suspend l'exercice à son gré ; dès que l'intérêt de ses passions est la seule regle de sa conduite ; dès qu'il devient un être unique & central où tout aboutit ; dès qu'il crée le juste & l'injuste ; dès que son caprice devient loi, & que sa faveur est la mesure de l'estime publique : si ce n'est pas là le despotisme, qu'on nous dise quelle espece de gouvernement ce pourroit être ?

Dans cet état de dégradation, que sont les hommes ? Leurs regards contraints n'osent se lever vers la voûte des cieux. Ils manquent également, & de lumiere pour voir leurs chaînes, & d'ame pour en sentir la honte. Eteint dans les entraves de la servitude, leur esprit n'a pas assez d'énergie pour saisir les droits inséparables de leur être. On pourroit douter si ces esclaves ne sont pas aussi coupables que leurs tyrans ; & si la liberté a plus à se plaindre de ceux qui ont l'insolence de l'envahir, que de l'imbécillité de ceux qui ne la savent pas défendre.

Cependant, vous entendrez dire que le gouvernement le plus heureux, seroit celui d'un despote juste, ferme, éclairé. Quelle extravagance ! ne peut-il pas arriver que la volonté de ce maître absolu, soit en contradiction avec la volonté de ses sujets ? Alors, malgré toute sa justice & toutes ses lumieres, n'auroit-il pas tort de les dépouiller de leurs droits, même pour leur avantage ? Est-il jamais permis à un homme, quel qu'il soit, de traiter ses commettans comme un troupeau de bêtes ? On force celles-ci à quitter un mauvais pâturage, pour passer dans un plus gras : mais ne seroit-ce pas une tyrannie, d'employer la même violence avec une société d'hommes ? S'ils disent, nous sommes bien ici ; s'ils disent même d'accord, nous y sommes mal, mais nous voulons y rester ; il faut tâcher de les éclairer, de les détromper, de les amener à des vues saines, par la voie de la persuasion, mais jamais par celle de la force. Le meilleur des princes, qui auroit fait le bien contre la volonté générale, seroit criminel, par la seule raison qu'il auroit outrepassé ses droits. Il seroit criminel pour le présent & pour l'avenir : car, s'il est éclairé & juste, son successeur, sans être héritier de sa raison & de sa vertu, héritera sûrement de son autorité, dont la nation sera la victime. Un premier despote juste, ferme, éclairé, est un grand mal ; un second despote juste, ferme, éclairé, seroit un plus grand mal ; un troisieme qui leur succéderoit avec ces grandes qualités seroit le plus terrible fléau dont une nation pourroit être frappée. On sort de l'esclavage où l'on est précipité par la violence; on ne sort point de celui où l'on a été conduit par le tems & par la justice. Si le sommeil d'un peuple est l'avant-coureur de la perte de sa liberté ; quel sommeil plus doux, plus profond & plus perfide que celui qui a duré trois regnes, pendant lesquels on a été bercé par les mains de la bonté ?

Peuples, ne permettez donc pas à vos prétendus maîtres de faire, même le bien, contre votre volonté générale. Songez que la condition de celui qui vous gouverne n'est pas autre que celle de ce cacique à qui l'on demandoit s'il avoit des esclaves, & qui répondit : *des esclaves ! je n'en connois qu'un dans ma contrée, & cet esclave-là, c'est moi.*

Il est d'autant plus important de prévenir l'établissement du pouvoir arbitraire & les calamités qui en sont la suite infaillible, que le remede à de si grands maux est impossible au despote lui-même. Occupât-il le trône un demi siecle ? Son administration fût-elle tout-à-fait tranquille ; eût-il les lumieres les plus étendues ; quand son zèle pour le bonheur des peuples ne se ralentiroit pas un seul instant, rien ne seroit encore fait. L'affranchissement, ou ce qui est le même sous un autre nom, la civilisation d'un empire est un ouvrage long & difficile. Avant qu'une nation ait été conn... par l'habitude dans un attachement du..ble pour ce nouvel ordre de choses, un prince peut par ineptie, par indolence, par préjugé, par jalousie, par prédilection pour les anciens usages, par esprit de tyrannie, anéantir ou laisser tomber tout le bien opéré pendant deux ou trois règnes. Aussi tous les monumens attestent-ils que la civilisation des états a plus été l'ouvrage des circonstances que de la sagesse des souverains. Les nations ont toutes oscillé de la barbarie à l'état policé, de l'état policé à la barbarie, jusqu'à ce que des causes imprévues les aient amené à un aplomb qu'elles ne gardent jamais parfaitement.

Ces causes concourent-elles avec les efforts qu'on fait aujourd'hui pour civiliser la Russie? Qu'il nous soit permis d'en douter.

D'abord, le climat de cette région est-il bien favorable à la civilisation & à la population, qui tantôt en est la cause & tantôt l'effet ? La rigueur du froid n'y exige-t-elle pas la conservation des grandes forêts & par conséquent de grands espaces déserts? Une longueur excessive des hivers suspendant les travaux sept ou huit mois de l'année, la nation, durant ce tems d'engourdissement, ne se livre-t-elle pas au jeu, au vin, à la débauche, à l'usage immodéré des liqueurs fortes? Peut-on introduire de bonnes mœurs malgré le climat? Est-il possible que des peuples barbares se civilisent sans avoir des mœurs?

L'immense étendue de l'empire, qui embrasse tous les climats depuis le plus froid jusqu'au plus chaud, n'oppose-t-elle pas un puissant obstacle au législateur ? Un même code pourroit-il convenir à tant de régions diverses ; & la nécessité de plusieurs codes n'est-elle pas la même chose que l'impossibilité d'un seul ? Conçoit-on le moyen d'assujettir à une même regle des peuples qui ne s'entendent pas, qui parlent dix-sept à dix-huit langues différentes, & qui gardent de tems immémorial des coutumes & des superstitions auxquelles ils sont plus attachés qu'à leur vie même ?

L'autorité s'affoiblissant à mesure que les sujets s'éloignent du centre de la domination, se fait-on obéir à mille lieues de l'endroit d'où partent les ordres ? Si l'on me répond que la chose est possible par l'action des agens du gouvernement, je repliquerai par le mot d'un de ces préposés indiscrets, qui révéla ce qui se passoit au fond de l'ame de tous les autres : *Dieu est bien haut ; l'empereur est bien loin ; & je suis le maître ici.*

L'empire se trouvant partagé en deux classes d'hommes, celle des maîtres & celle des esclaves, comment rapprocher des intérêts si opposés ? Jamais les tyrans ne consentiront librement à l'extinction de la servitude, & pour les amener à cet ordre de choses, il faudra les ruiner ou les exterminer. Mais cet obstacle surmonté, comment élever de l'abrutissement de l'esclavage au sentiment & à la dignité de la liberté, des peuples qui y sont tellement étrangers, qu'ils deviennent impotens ou féroces, quand on brise leurs fers. Ces difficultés donneront, sans doute, l'idée de créer un tiers-état : mais par quels moyens ? Ces moyens fussent-ils trouvés ; combien il faudroit de siecles pour en obtenir un effet sensible !

En attendant la formation de ce tiers-état, qu'on pourroit accélérer peut-être par des colons appellés des contrées libres de l'Europe, il faudroit une sûreté entiere pour les personnes & les propriétés. Or se trouve-t-elle dans un pays où les tribunaux sont occupés par les seuls seigneurs ; où ces especes de magistrats se favorisent tous réciproquement ; où il n'y a contre eux & contre leurs créatures aucune poursuite dont l'indigene & l'étranger puissent se promettre la réparation des torts qu'on leur a faits ; où la vénalité dispose des jugemens dans toutes sortes de contestations. Nous demanderons s'il peut y avoir de civilisation sans justice, & comment on établira la justice dans un pareil empire.

Les villes y sont éparses sur un terrein immense. Il n'y a point de chemin, & ceux qu'on y pourroit construire seroient bientôt dégradés par le climat. Aussi la désolation est-elle universelle, lorsqu'un hiver humide arrête toute communication. Parcourez toutes les contrées de la terre ; & par-tout où vous ne trouverez aucune facilité de commerce d'une cité à un bourg, d'un bourg à un village, d'un village à un hameau, prononcez que les peuples font barbares, & vous ne vous tromperez que du plus au moins. Dans cet état de choses, le plus grand bonheur qui pût arriver à une contrée énormément étendue, ne seroit-ce pas d'être démembrée par quelque grande révolution, & d'être partagée en plusieurs petites souverainetés contigues, d'où l'ordre introduit dans quelques-unes, se répandroit dans les autres ? S'il est très-difficile de bien gouverner un grand empire civilisé, ne l'est-il pas davantage de civiliser un grand empire barbare ?

La tolérance, il est vrai, subsiste à Pétersbourg, & y subsiste presque sans limites. Le judaïsme en est seul exclu. On a jugé ses sectateurs trop adroits ou trop faux dans le commerce, pour livrer à leurs pièges un peuple qui n'étoit pas assez exercé pour s'en garantir. Cette tolérance dans la capitale, seroit un grand acheminement à la civilisation, si dans le reste de l'empire les peuples ne croupissoient pas dans les plus grossieres superstitions ; si ces superstitions n'étoient pas fomentées par un clergé nombreux, plongé dans la crapule & dans l'ignorance, sans en être moins respecté. Comment civilise-t-on un état sans l'intervention des prêtres, qui sont nécessairement nuisibles s'ils ne sont utiles ?

La haute opinion qu'à l'exemple des Chinois, les Russes ont d'eux-mêmes, est un nouvel obstacle à la réformation. Ils se regardent de bonne foi comme le peuple le plus sensé de la terre, & sont confirmés dans ce fol orgueil par ceux d'entre eux qui ont visité le reste de l'Europe. Ces voyageurs rapportent ou feignent de rapporter dans leur patrie le préjugé de sa supériorité, & ne l'enrichissent que des vices qu'ils ont ramassés dans les diverses régions où le hasard les a conduits. Aussi un observateur étranger qui avoit parcouru la plus grande partie de l'empire, disoit-il, que *le Russe étoit pourri avant d'avoir été mûr*.

On pourroit s'étendre davantage sur les difficultés que la nature & les habitudes opposent opiniâtrément à la civilisation de la Russie. Examinons les moyens imaginés pour y parvenir.

Il est impossible d'en douter, Catherine a très-bien senti que la liberté étoit l'unique source du bonheur public. Cependant a-t-elle véritablement abdiqué l'autorité despotique ? En lisant avec attention ses instructions aux députés de l'empire, chargés en apparence de la confection des loix, y reconnoît-on quelque chose de plus que le desir de changer les dénominations, d'être appellée monarque au lieu d'autocratice, d'appeller ses peuples sujets au lieu d'esclaves ? Les Russes, tout aveugles qu'ils sont, prendront-ils long-tems le nom pour la chose, & leur caractere sera-t-il élevé par cette comédie à cette grande énergie qu'on s'étoit proposé de lui donner?

Un souverain, quel que soit son génie, fait seul rarement des changemens de quelque importance, & plus rarement encore leur donne-t-il de la stabilité. Il lui faut des secours, & la Russie n'en offre que pour les combats. Le soldat y est dur, sobre, infatigable. L'esclavage qui lui a inspiré le mépris de la vie, s'est réuni à la superstition qui lui a inspiré le mépris de la mort. Il est persuadé que quelques forfaits qu'il ait commis, son ame s'élevera au ciel, d'un champ de bataille. Mais les gens de guerre, s'ils défendent des provinces, ne les civilisent pas. On cherche autour de Catherine des hommes d'état, & l'on n'en trouve point. Ce qu'elle a fait seule peut étonner; mais quand elle ne sera plus, qui la remplacera?

Cette princesse fait élever dans des maisons qu'elle a fondées, de jeunes enfans des deux sexes avec le sentiment de la liberté. Il en sortira sans doute une race différente de la race présente. Mais ces établissemens ont-ils une base solide? Se soutiennent-ils par eux-mêmes ou par les secours qu'on ne cesse de leur prodiguer? Si le règne présent les a vus naître, le règne suivant ne les verra-t-il pas tomber? Sont-ils bien agréables aux grands qui en voient la destination? Le climat qui dispose de tout, ne prévaudra-t-il pas à la longue sur les bons principes? La corruption épargnera-t-elle cette tendre jeunesse perdue dans l'immensité de l'empire, & assaillie de tous les côtés par l'exemple des mauvaises mœurs?

On voit dans la capitale des académies de tous les genres, & des étrangers qui les remplissent. Ne feroient-ce pas d'inutiles & ruineux établissemens dans une région où les savans ne sont pas entendus, où il n'y a point d'occupation pour les artistes? Pour que les talens & les connoissances pussent prospérer, il faudroit qu'enfans du sol, ils fussent l'effet d'une population surabondante. Quand cette population parviendra-t-elle à ce degré d'accroissement dans un pays où l'esclave pour se consoler de la misere de sa condition, doit à la vérité produire le plus qu'il peut d'enfans, mais se soucier peu de les conserver?

Tous ceux qui sont reçus, qui sont élevés dans l'hôpital récemment fondé des enfans-trouvés sortent pour toujours de la servitude. Leurs descendans ne reprendront pas des fers; & de même qu'en Espagne, il y a de vieux & de nouveaux chrétiens, il y aura en Russie les vieux & les nouveaux libres. Mais le produit de cette innovation n'en peut être proportionné qu'à la durée; & peut-on compter sur quelque établissement durable là où la succession à l'empire n'est point encore inviolablement assurée, & où l'inconstance naturelle aux peuples esclaves, amène de fréquentes & subites révolutions ? Si les auteurs de ces complots n'y font pas corps comme en Turquie; s'ils sont isolés, une sourde fermentation & une haîne commune les rassemblent.

Il fut créé durant la derniere guerre une caisse de dépôt à l'usage de tous les membres de l'empire, même des esclaves. Par cette idée d'une politique saine & profonde, le gouvernement eut des fonds dont on avoit un besoin pressant, & il mit autant qu'il étoit possible les serfs à l'abri des vexations de leurs tyrans. Il est dans la nature des choses que la confiance accordée à ce papier-monnoie s'altère & tombe. Un despote ne doit pas obtenir du crédit ; & si quelques événemens singuliers lui en ont procuré, c'est une nécessité que les événemens qui suivent le lui fassent perdre.

Telles sont les difficultés qui nous ont paru s'opposer à la civilisation de l'empire Russe. Si Catherine II parvient à les surmonter, nous aurons fait de son courage & de son génie le plus magnifique éloge, & peut-être la meilleure des apologies, si elle succomboit dans ce grand projet.

Entre la Russie & le Danemarck, est la Suède. Voici son histoire ; & démèlez-y, si vous pouvez, sa constitution.

Une nation pauvre, est presque nécessairement belliqueuse ; parce que sa pauvreté même, dont le fardeau l'importune sans cesse, lui inspire tôt ou tard le desir de s'en délivrer ; & ce desir devient, avec le tems, l'esprit général de la nation, & le ressort du gouvernement.

Pour que le gouvernement d'un tel pays passe rapidement de l'état d'une monarchie tempérée à l'état du despotisme le plus illimité, il ne lui faut qu'une suite de souverains heureux à la guerre. Le maître, fier de ses triomphes, se croit tout permis, ne connoît plus de loi que sa volonté ; & ses soldats, qu'il a conduits tant de fois à la victoire, prêts à le servir envers & contre tous, deviennent, par leur attachement, la terreur de leurs concitoyens. Les peuples, de leur côté, n'osent refuser leurs bras à des chaînes qui leur sont présentées par celui qui joint à l'autorité de son rang, celle qu'il tient de l'admiration & de la reconnoissance.

Le joug imposé par le monarque victorieux des ennemis de l'état, pèse sans doute : mais on n'ose le secouer. Il s'appesantit même sous des successeurs qui n'ont pas le même droit à la patience de leurs sujets. Il ne faut alors qu'un grand revers, pour abandonner le despote à la merci de son peuple. Alors, ce peuple indigné de sa longue souffrance, ne manque guère de profiter de l'occasion, pour rentrer dans ses droits. Mais comme il n'a ni vues, ni projets, il passe en un clin d'œil, de l'esclavage à l'anarchie. Au milieu de ce tumulte général, on n'entend qu'un cri; c'est liberté. Mais comment s'assurer de ce bien précieux ? On l'ignore; & voilà la nation divisée en diverses factions, mues par différens intérêts.

Entre ces factions, s'il en est une qui désespere de prévaloir sur les autres, elle se détache, elle oublie le bien général; & plus jalouse de nuire à ses rivales que de servir la patrie, elle se range autour du souverain. A l'instant il n'y a plus que deux partis dans l'état, distingués par deux noms, qui, quels qu'ils soient, ne signifient jamais que royalistes & anti-royalistes. C'est le moment des grandes secousses; c'est le moment des complots.

Quel est alors le rôle des puissances voisines? Tel qu'il a été dans tous les tems & dans toutes les contrées; c'est de semer des ombrages entre les peuples & leur chef; c'est de suggérer aux sujets tous les moyens d'avilir, d'abaisser, d'anéantir la souveraineté; c'est de corrompre ceux même qui sont rassemblés autour du trône; c'est de faire adopter quelque forme d'administration également nuisible à tout le corps national, qu'elle appauvrit sous prétexte de travailler à sa liberté, & au souverain, dont elle anéantit toutes les prérogatives.

Alors le monarque trouve autant d'autorités opposées à la sienne, qu'il y a d'ordres différens dans l'état. Alors sa volonté n'est rien, sans le concours de ces différentes volontés. Alors il faut qu'il assemble, qu'il propose, qu'on délibere sur les choses de la moindre importance. Alors on lui donne des tuteurs comme à un pupille imbécille ; & ces tuteurs sont des hommes, sur la malveillance desquels il peut compter.

Mais quel est alors l'état de la nation ? Qu'a produit l'influence des puissances voisines ? Elle a tout confondu, tout bouleversé, tout séduit par son argent & par ses menées. Il n'y a plus qu'un parti ; c'est le parti de l'étranger. Il n'y a plus que les factionnaires hypocrites. Le royalisme est une hypocrisie ; l'anti-royalisme une autre hypocrisie. Ce sont deux masques divers de l'ambition & de la cupidité. La nation n'est plus qu'un amas d'ames scélérates & vénales.

Ce qui doit arriver alors n'est pas difficile à deviner. Il faut que les puissances étrangeres qui ont corrompu la nation soient trompées dans leurs espérances. Elles ne se sont pas apperçues qu'elles en faisoient trop ; que peut-être même elles faisoient tout le contraire de ce qu'une politique plus profonde leur auroit dicté ; qu'elles coupoient le nerf national, tandis que leurs efforts ne faisoient que tenir courbé le nerf de la souveraineté, & que ce nerf venant un jour à se détendre avec toute l'impétuosité de son ressort, il ne se trouveroit aucun obstacle capable de l'arrêter ; qu'il ne falloit qu'un homme & un instant pour produire cet effet inattendu.

Il est venu, cet instant; il s'est montré, cet homme; & tous ces lâches de la création des puissances ennemies se sont prosternés devant lui. Il a dit à ces hommes qui se croyoient tout : Vous n'êtes rien ; & ils ont dit, nous ne sommes rien. Il leur a dit : Je suis le maître ; & ils ont dit unanimement, vous êtes le maître. Il leur a dit : Voilà les conditions sous lesquelles je veux vous soumettre; & ils ont dit, nous les acceptons. A peine s'est-il élevé une voix qui ait réclamé. Quelle sera la suite de cette révolution ? On l'ignore. Si le maître veut user des circonstances, jamais la Suede n'aura été gouvernée par un despote plus absolu. S'il est sage; s'il conçoit que la souveraineté illimitée ne peut avoir des sujets, parce qu'elle ne peut avoir des propriétaires ; qu'on ne commande qu'à ceux qui ont quelque chose, & que l'autorité cesse sur ceux qui ne possèdent rien, la nation reprendra peut-être son premier esprit. Quels que soient ses projets & son caractere, la Suede ne sera jamais plus malheureuse qu'elle l'étoit.

La Pologne, qui, n'ayant qu'un peuple esclave au-dedans, mérite de ne trouver au-dehors que des oppresseurs, conserve pourtant l'ombre & le nom de liberté. Elle est encore aujourd'hui ce qu'étoient tous les états de l'Europe il y a dix siecles, soumise à de grands aristocrates, qui nomment un roi pour en faire l'instrument de leurs volontés.

Chaque noble y tient de son fief, qu'il conserve par son épée comme ses aïeux l'acquirent, une autorité personnelle & héréditaire sur ces vassaux. Le gouvernement féodal y domine dans toute la force de son institution primitive. C'est un empire composé d'autant d'états qu'il y a de terres. Ce n'est point à la pluralité, mais par l'unanimité des suffrages qu'on y fait les loix, qu'on y prend les résolutions. Sur de fausses idées de droit & de perfection, on a supposé qu'une loi n'étoit juste qu'autant qu'elle étoit adoptée d'un consentement unanime, parce qu'on a cru, sans doute, que tous verroient le bien, & tous le voudroient : deux choses impossibles dans une assemblée nationale. Mais peut-on même prêter des intentions si pures à une poignée de tyrans ? Car cette constitution qui s'honore du nom de république & qui le profane, qu'est-elle autre chose qu'une ligue de petits despotes contre le peuple ? Là, tout le monde a de la force pour empêcher, & personne pour agir. Là, le vœu de chacun peut s'opposer au vœu général, & là seulement, un sot, un méchant, un insensé est sûr de prévaloir sur une nation entiere.

Dans cette anarchie, s'établit une lutte perpétuelle entre les grands & le monarque. Les premiers tourmentent le chef de l'état par leur avidité, leur ambition & leurs défiances ; ils l'irritent contre la liberté ; ils le réduisent à l'intrigue. De son côté, le prince divise pour commander, séduit pour se défendre, oppose la ruse à la ruse pour se maintenir. Les factions s'aigrissent, la discorde met par-tout le trouble, & les provinces sont livrées au fer, au feu, à la dévastation. Si la confédération triomphe, celui qui devoit conduire la nation est renversé du trône, ou réduit à la plus honteuse dépendance. Si elle succombe, le souverain ne regne que sur des cadavres. Quoi qu'il arrive, le sort de la multitude n'éprouve aucune révolution heureuse. Ceux de ces malheureux qui ont échappé à la famine & au carnage, continuent à porter les fers qui les écrasoient.

Parcourrez ces vastes régions : qu'y verrez-vous ? La dignité royale avec le nom de république; le faste du trône avec l'impuissance de se faire obéir; l'amour outré de l'indépendance avec toutes les bassesses de la servitude; la liberté avec la cupidité; les loix avec l'anarchie; le luxe le plus outré avec la plus grande indigence; un sol fertile avec des campagnes en friche; le goût pour tous les arts sans aucun art. Voilà les contrastes étonnans que vous offrira la Pologne.

Vous la trouverez exposée à tous les périls. Le plus foible de ses ennemis peut impunément & sans précaution entrer sur son territoire, y lever des contributions, détruire ses villes, ravager ses campagnes, massacrer ses habitans ou les enlever. Sans troupes,
sans

sans forteresses, sans artillerie, sans munitions, sans argent, sans généraux, sans connoissances des principes militaires : quelle résistance pourroit-elle songer à faire ? Avec une population suffisante, assez de génie & de ressources pour jouer un rôle, la Pologne est devenu l'opprobre & le jouet des nations.

Si des voisins inquiets & entreprenans n'avoient pas envahi jusqu'ici ses possessions; s'ils s'étoient contentés de la dévaster, de lui dicter des ordres, de lui donner des rois : c'est qu'ils étoient dans une défiance continuelle les uns des autres. Des circonstances particulieres les ont réunis. Il étoit réservé à nos jours de voir cet état déchiré par trois puissances rivales qui se sont approprié les provinces qui étoient le plus à leur bienséance, sans qu'aucun trône de l'Europe s'agitât pour traverser cette invasion. C'est dans la sécurité de la paix, c'est sans droits, sans prétexte, sans griefs, sans une ombre de justice, que la révolution a été opérée par le terrible principe de la force qui est malheureusement le meilleur argument des rois. Que Poniatouski se seroit montré grand si, voyant les apprêts de déchirement, il se fût présenté au milieu de la diete, y eût abdiqué les marques de sa dignité, & dit fièrement à sa noblesse assemblée : " C'est votre
» choix qui m'a fait roi. Vous en repentez-
» vous ? je cesse de l'être. La couronne que

„ vous aviez mife fur ma tête, faites-la paf-
„ fer fur celui que vous en jugerez plus di-
„ gne que moi ; nommez-le, & je me reti-
„ re. Mais fi vous perfiftez dans vos pre-
„ miers fermens, combattons enfemble pour
„ fauver la patrie, ou périffons avec elle. „
J'en attefte les puiffances copartageantes, fi
cette généreufe démarche n'eût pas fauvé la
Pologne de fa ruine, & fon prince de la honte d'en avoir été le dernier fouverain. Le fort
en a décidé autrement. Faffe le ciel que le
crime de l'ambition tourne au profit de l'humanité ; & que par un fage retour aux bons
principes d'une politique faine, les ufurpa-
teurs brifent les chaînes de la patrie la
plus laborieufe de leurs nouveaux fujets ! Ces peuples, devenus moins malheureux, feront plus intelligens, plus actifs,
plus affectionnés & plus fideles.

Dans une monarchie, toutes les forces,
toutes les volontés font au pouvoir d'un feul
homme ; dans le gouvernement Germanique, chaque membre eft un corps. C'eft,
peut-être, la nation qui reffemble le plus à
ce qu'elle fit autrefois. Les anciens Germains, divifés en peuplades par d'immenfes
forêts, n'avoient pas befoin d'une légiflation
bien raffinée. Mais à mefure que leurs def-
cendans fe font multipliés & rapprochés,
l'art a maintenu dans cette région ce qu'avoit
établi la nature : la féparation des peuples,
& leur réunion politique. Les petits états

qui composent cette république fédérative, y conservent l'image des premieres feuilles. Le gouvernement particulier n'est pas toujours paternel, ou les peres des nations n'y sont pas toujours doux & humains : mais enfin la raison & la liberté qui réunissent la sévérité de leur caractere & la rigueur de leur autorité. Un prince, en Allemagne, ne peut pas être un tyran avec autant d'impunité que dans les grandes monarchies.

Les Allemands, plus guerriers encore que belliqueux, parce qu'ils possédent plus l'art de la guerre qu'ils n'en ont la passion, n'ont été conquis qu'une fois, & ce fut Charlemagne qui put les vaincre, mais non pas les soumettre. Ils obéirent à l'homme, dont l'esprit supérieur à son siecle sut dompter, ou éclairer la barbarie : mais ils secouerent le joug de ses successeurs. Cependant ils conserverent à leur chef le titre d'empereur : mais ce n'étoit qu'un nom, puisque la réalité de la puissance résidoit presque entiere dans les seigneurs qui possédoient les terres. Le peuple qui, malheureusement, a toujours été par-tout asservi, dépouillé, tenu dans la misere par l'ignorance, & dans l'ignorance par la misere, n'avoit aucune part au bienfait de la législation. De ce renversement de l'équilibre social, qui tend, non à l'égalité des conditions & des fortunes, mais à la plus grande réparation des biens, se forma le gouvernement féodal, dont le caractere est l'anarchie. Chaque seigneur vécut dans une entiere indépendance, & chaque peuple sous la tyrannie la plus absolue. C'étoit l'effet inévitable d'un gouvernement où la monarchie étoit élective. Dans les états où elle étoit héréditaire, les peuples avoient du moins une digue, un recours permanent contre l'oppression. L'autorité royale ne pouvoit s'étendre sans adoucir, pour quelque tems, le sort des vassaux, en affoiblissant le pouvoir des seigneurs.

Mais en Allemagne, comme les grands profitoient de chaque interregne pour envahir & pour restreindre les droits de la puissance impériale, le gouvernement ne put que dégénérer. La force décida de tout, entre ceux qui portoient l'épée. Les terres & les hommes ne furent que des instrumens ou des sujets de guerre entre les propriétaires. Les crimes furent les armes de l'injustice. La rapine, le meurtre & l'incendie passerent non-seulement en usage, mais en droit. La superstition, qui avoit consacré la tyrannie, fut obligée d'y mettre un frein. L'église, qui donnoit un asyle à tous les brigands, établit une trève entre eux. On se mit sous la protection des saints, pour se soustraire à la fureur des nobles. Les cendres des morts pouvoient seules en imposer à la férocité : tant le tombeau fait peur, même aux ames sanguinaires.

Quand les esprits, toujours effarouchés,

furent difposés au calme par la frayeur, la politique, qui fe fert également de la raifon & des paffions, des ténèbres & des lumieres pour gouverner les hommes, hafarda quelque amélioration dans le gouvernement. D'un côté, l'on affranchit plufieurs habitans dans les campagnes; de l'autre, on accorda des exemptions aux villes. Il y eut par-tout plus d'hommes libres. Les empereurs, qui, pour être choifis même par des princes ignorans & féroces, devoient montrer des talens & des vertus, préparerent les voies à la réforme de la légiflation.

Maximilien profita de tous les germes de bonheur que le tems & les évènemens avoient amenés dans fon fiecle. Il abattit l'anarchie des grands. En France, en Efpagne, on les avoit foumis aux rois; en Allemagne, un empereur les foumit aux loix. Sous le nom de paix publique, tout prince peut être cité en juftice. A la vérité, ces loix établies entre des lions ne fauvent point les agneaux. Le peuple eft toujours à la merci de fes maîtres, qui ne fe font obligés que les uns envers les autres. Mais comme on ne peut ni violer la paix publique, ni faire la guerre fans encourir les peines d'un tribunal toujours ouvert, & appuyé de toutes les forces de l'empire, les peuples font moins fujets à ces irruptions fubites, à ces hoftilités imprévues, qui, troublant la propriété des fouverains, menaçoient continuellement la vie & la fûreté des fujets.

Pourquoi l'Europe entiere ne seroit-elle pas un jour soumise à la même forme de gouvernement ? Pourquoi n'y auroit-il pas le banc de l'Europe, comme il y a le banc de l'empire ? Pourquoi les princes composant un pareil tribunal, dont l'autorité seroit consentie par tous, & maintenue par l'universalité contre un seul rebelle, le beau rêve de l'abbé de Saint-Pierre ne se réaliseroit-il pas ? Pourquoi les plaintes des sujets contre leurs souverains n'y seroient-elles pas portées, ainsi que les plaintes d'un souverain contre un autre ? C'est alors que la sagesse régneroit sur la terre.

En attendant cette paix perpétuelle, si desirée & si éloignée, la guerre, qui faisoit le droit, a été soumise à des conditions qui temperent le carnage. Les cris de l'humanité ont percé jusques dans l'effusion du sang. C'est à l'Allemagne que l'Europe doit les progrès de la législation dans tous les états ; des regles & des procédés dans la vengeance des nations; une certaine équité dans l'abus de la force ; la modération au sein de la victoire ; un frein à l'ambition de tous les potentats ; enfin, de nouveaux obstacles à la guerre, & de nouvelles facilités à la paix.

Cette heureuse constitution de l'empire Germanique s'est perfectionnée avec la raison depuis le règne de Maximilien. Cependant les Allemands eux-mêmes se plaignent, de ce que formant un corps de nation, ayant le même nom, parlant la même langue, vivant sous un même chef, jouissant des mêmes droits, étant liés par le même intérêt, leur empire ne jouit ni de la tranquillité, ni de la force, ni de la considération qu'il devroit avoir.

Les causes de ce malheur se présentent d'elles-mêmes. La premiere est l'obscurité des loix. Les écrits sur le droit public de l'Allemagne sont sans nombre; & il n'y a que peu d'Allemands qui connoissent la constitution de leur patrie. Les membres de l'empire se font tous représenter dans l'assemblée nationale, au lieu qu'ils y siégeoient autrefois eux-mêmes. L'esprit militaire, qui est devenu général, a banni toute application des affaires, tout sentiment généreux de patriotisme, tout amour de ses concitoyens. Il n'y a pas de prince qui n'ait monté la magnificence de sa cour sur un ton plus grand que ses moyens, & qui ne se permette les vexations les plus criantes pour soutenir ce faste insensé. Après tout, rien ne contribue à la décadence de l'empire, autant que l'agrandissement démesuré de quelques-uns de ses membres. Ces souverains, devenus trop puissans, détachent leur intérêt particulier de l'intérêt général. Cette désunion mutuelle des états fait que dans les dangers communs, chaque province reste abandonnée à elle-même. Elle est obligée de plier sous la loi du plus fort, quel qu'il soit; & la constitution

Allemande dégenere insensiblement en esclavage ou en tyrannie.

La grande-Bretagne étoit peu connue, avant que les Romains y eussent porté leurs armes. Après que ces conquérans superbes l'eurent abandonnée, ainsi que les autres provinces éloignées de leur domination, pour défendre le centre de l'empire contre les barbares, elle devint la proie des peuples de la mer Baltique. Les naturels du pays furent massacrés; & sur leurs cadavres s'éleverent plusieurs souverainetés, qui, avec le tems, n'en formerent qu'une. Les principes qui conduisoient les Anglo-Saxons, ne sont pas venus jusqu'à nous. Ce qu'on n'ignore pas, c'est que, comme toutes les nations du Nord, ils avoient un roi & un corps de noblesse.

Guillaume subjugua le midi de l'isle, qu'on nommoit dès-lors Angleterre, & y établit un gouvernement féodal, mais très-différent de celui qu'on voyoit dans le reste de l'Europe. Ailleurs, ce n'étoit qu'un labyrinthe sans issue, qu'une anarchie continuelle, que le droit du plus fort. Ce terrible vainqueur lui donna une marche respectable, réguliere & suivie, en se réservant exclusivement le droit de la chasse & de la guerre, le pouvoir d'imposer des taxes, l'avantage d'une cour de justice, où les causes civiles, où les causes criminelles de tous les ordres de l'état, étoient jugées en dernier ressort, par lui & par les grands officiers de sa couronne, qu'il choisissoit & qu'il destituoit à sa volonté.

Tant que le tyran vécut, les peuples assujettis & les étrangers, dont il s'étoit servi pour les subjuguer, se soumirent comme de concert & sans murmurer trop ouvertement, à un joug si dur. Dans la suite, les uns & les autres, accoutumés à une autorité plus tempérée, voulurent recouvrer quelques-uns de leurs premiers droits. Le despotisme étoit si bien affermi, qu'il eût été impossible de l'ébranler, sans le plus grand concert. Aussi se forma-t-il une ligue où tous les citoyens, sans distinction de noble & de roturier, d'habitans de la ville & de la campagne, unirent leurs ressentimens & leurs intérêts. Cette confédération universelle adoucit un peu le sort de la nation sous les deux premiers Henri : mais ce ne fut que durant le règne de Jean sans-Terre, qu'elle recouvra véritablement sa liberté. A ce monarque inquiet, cruel, mal-habile & dissipateur, fut heureusement arrachée, les armes à la main, cette fameuse charte qui abolissoit les loix féodales les plus onéreuses, & assuroit aux vassaux, vis-à-vis de leurs seigneurs, les mêmes droits qu'aux seigneurs vis-à-vis des rois ; qui mettoit toutes les personnes, toutes les propriétés sous la protection des pairs & des jurés ; qui même en faveur des serfs, diminuoit l'oppression de la servitude.

Cet arrangement suspendit pour un peu

de tems les jalousies des barons & des princes, sans en étouffer entierement le germe. Les guerres recommencerent, & le peuple profita de l'opinion qu'il avoit donnée de ses forces & de son courage durant ces troubles, pour se faire admettre dans le parlement sous Edouard I. Ses députés n'eurent d'abord, à la vérité, dans cette assemblée, que le droit de représentation : mais ce succès devoit amener d'autres avantages ; & en effet, les communes ne tarderent pas à décider des subsides, & à faire partie de la législation. Bientôt même, elles acquirent la prérogative d'accuser & de faire condamner ceux des ministres, qui avoient abusé de l'autorité qu'on leur avoit confiée.

La nation avoit réduit peu-à-peu le pouvoir des chefs de l'état à ce qu'il devoit être, lorsqu'elle fut engagée dans des guerres longues & opiniâtres contre la France ; lorsque les prétentions des maisons d'York & de Lancastre, firent de l'Angleterre entiere un théâtre de carnage & de désolation. Durant ces terribles crises, le bruit seul des armes se fit entendre. Les loix se turent. Elles ne recouvrerent pas même la moindre partie de leur force, après la fin des orages. La tyrannie se fit sentir avec tant d'atrocités, que les citoyens des divers ordres abandonnerent toute idée de liberté générale, pour s'occuper uniquement de leur sûreté personnelle. Ce despotisme cruel dura plus d'un siecle.

Elisabeth même, dont à beaucoup d'égards l'administration pourroit servir de modele, se conduisit toujours par des principes entierement arbitraires.

Jacques I parut rappeller aux peuples des droits qui sembloient oubliés. Moins sage que ses prédécesseurs, qui s'étoient contentés de jouir en secret, & pour ainsi dire, sous les voiles du mystere, d'un pouvoir illimité, ce prince, trompé par le mot de monarchie, confirmé dans son illusion par ses courtisans & par son clergé, manifesta ses prétentions avec une aveugle simplicité, dont il n'y avoit point d'exemple. La doctrine d'une obéissance passive, émanée du haut du trône & enseignée dans les temples, répandit une alarme universelle.

A cette époque, la liberté, cette idole des ames fortes, qui les rend féroces dans l'état sauvage & fieres dans l'état civil, la liberté qui avoit régné dans le cœur des Anglois, lors même qu'ils ne connoissoient qu'imparfaitement ses avantages, enflamma tous les esprits. Ce ne fut cependant, sous ce premier des Stuarts, qu'une lutte continuelle entre les prérogatives de la couronne & les privileges des citoyens. L'opposition prit un autre caractere sous l'opiniâtre successeur de ce foible despote. Les armes devinrent le seul arbitre de ces grands intérêts ; & la nation montra qu'en combattant autrefois pour le choix de ses tyrans, elle s'étoit préparée à les abattre un jour, à les punir & à les chasser. Pour mettre fin aux défiances & aux vengeances qui, tant que les Stuarts auroient régné, se seroient éternisées entre le trône & les peuples, elle choisit dans une race étrangere un prince qui dût accepter enfin ce pacte social, que tous les rois héréditaires affectent de méconnoître. Guillaume III reçut des conditions avec le sceptre, & se contenta d'une autorité établie sur la même base que les droits de la nation. Depuis qu'un titre parlementaire est le seul fondement de la royauté, les conventions n'ont pas été violées.

Le gouvernement placé entre la monarchie absolue, qui est une tyrannie; la démocratie, qui penche à l'anarchie; & l'aristocratie, qui, flottant de l'une à l'autre, tombe dans les écueils de toutes les deux: le gouvernement mixte des Anglois, saisissant les avantages de ces trois pouvoirs, qui s'observent, se temperent, s'entr'aident & se repriment, va de lui-même au bien national. Par leur action, par leur réaction, ses différens ressorts forment un équilibre d'où naît la liberté. Cette constitution qui, sans exemple dans l'antiquité, devroit servir de modele à tous les peuples auxquels leur position géographique la permettroit, durera long-tems; parce qu'à son origine, ouvrage des troubles, des mœurs & des opinions passageres, elle est devenue celui de la raison & de l'expérience.

La premiere singularité heureuse de la Grande-Bretagne est d'avoir un roi. La plupart des états républicains, connus dans l'histoire, avoient anciennement des chefs annuels. Ce changement continuel de magistrats, étoit une source inépuisable d'intrigues & de désordres ; il entretenoit les esprits dans une convulsion continuelle. En créant un très-grand citoyen, l'Angleterre a empêché qu'il ne s'en élevât plusieurs. Par ce trait de sagesse, on a prévenu les dissentions qui, dans toutes les associations populaires, ont amené la ruine de la liberté & la jouissance réelle de ce premier des biens, avant qu'il eût été perdu.

L'autorité royale n'est pas seulement à vie, elle est encore héréditaire. Rien, au premier coup-d'œil, n'est si avantageux pour une nation que le droit d'élire ses maitres. On croit voir dans cette brillante prérogative, un germe inépuisable de talens & de vertus. Il en seroit, en effet, ainsi, si la couronne devoit tomber sur le citoyen le plus digne de la porter : mais c'est une chimere démentie par les expériences de tous les peuples & de tous les âges. Un trône a toujours paru à l'ambition d'un trop grand prix, pour être l'apanage du seul mérite. Ceux qui y aspiroient ont eu constamment recours à l'intrigue, à la corruption, à la force. Leur rivalité a allumé à chaque vacance, une guerre civile, le plus grand des fléaux politiques ; & celui qui a obtenu la préférence sur ses concurrens, n'a été, durant le cours de son règne, que le tyran des peuples ou l'esclave de ceux auxquels il devoit son élévation. On doit donc louer les Bretons d'avoir écarté loin d'eux ces calamités, en fixant les rènes du gouvernement dans une famille qui avoit mérité ou obtenu leur confiance.

Il convenoit d'assurer au chef de l'état un revenu pour soutenir la dignité de son rang. Aussi, à son avénement au trône, lui accorde-t-on pour sa vie entiere, un subside annuel, digne d'un grand roi & digne d'une nation riche. Mais cette concession ne doit être faite, qu'après un examen rigoureux des affaires publiques ; qu'après que les abus, qui avoient pu s'introduire sous le règne précédent, ont été réformés ; qu'après que la constitution a été ramenée à ses vrais principes. Par cet arrangement, l'Angleterre est arrivée à un avantage que tous les gouvernemens libres avoient cherché à se procurer, c'est-à-dire, à une réformation périodique.

Le genre d'autorité qu'il falloit assigner au monarque pour le bien des peuples, n'étoit pas si facile à régler. Toutes les histoires attestent que par-tout où le pouvoir exécutif a été partagé, des jalousies, des haînes interminables ont agité les esprits, & qu'une lutte sanglante a toujours abouti à la ruine des loix, à l'établissement du plus fort. Cette considération détermina les Anglois à conférer au roi feul cette efpece de puiffance, qui n'eft rien lorfqu'elle eft divifée ; parce qu'il n y a plus alors, ni cet accord, ni ce fecret, ni cette célérité, qui peuvent feuls lui donner de l'énergie.

De cette grande prérogative fuit néceffairement la difpofition des forces de la république. L'abus en eût été difficile dans les fiecles où on n'affembloit que rarement & pour quelques mois des milices qui n'avoient pas le tems de perdre l'attachement qu'elles devoient à leur patrie. Mais depuis que tous les princes de l'Europe ont contracté la ruineufe habitude d'avoir fur pied, même en tems de paix, des troupes mercenaires, & que la fûreté de la Grande-Bretagne a exigé qu'elle fe conformât à ce funefte ufage, le danger eft devenu plus grand, & il a fallu multiplier les précautions. Il n'y a que la nation qui puiffe affembler des armées ; elle ne les forme jamais que pour un an, & les impôts établis pour les foudoyer ne doivent avoir que la même durée. De forte que fi ce moyen de défenfe que les circonftances ont fait juger néceffaire, menaçoit la liberté, il ne faudroit jamais attendre long-tems pour mettre fin aux inquiétudes.

Un plus grand appui encore pour la liberté Angloife, c'eft le partage du pouvoir législatif. Par tout où le monarque n'a befoin que de fa volonté pour établir des loix, que de fa volonté pour les abolir, il n'y a point de gouvernement ; le prince est despote, & le peuple esclave. Divisez la puissance législative, & une constitution bien ordonnée ne s'altérera que rarement & pour peu de tems. Dans la crainte d'être soupçonnée d'ignorance ou de corruption, aucune des parties ne se permettra des ouvertures dangereuses ; & si quelqu'une l'osoit, elle s'aviliroit sans utilité. Dans cet ordre de choses, le plus grand inconvénient qui puisse arriver, c'est qu'une bonne loi soit rejettée ou qu'elle ne soit pas adoptée aussi-tôt que le plus grand bien l'auroit exigé.

La portion du pouvoir législatif qu'a recouvré le peuple, lui est assurée par la disposition qu'il a exclusivement des taxes. Tout état a des besoins habituels ; il a des besoins extraordinaires. On ne sauroit pourvoir aux uns & aux autres autrement que par des impôts, & dans la Grande-Bretagne, le monarque n'en peut exiger aucun. Son rôle se réduit à s'adresser aux communes, qui ordonnent ce qu'elles jugent le plus convenable à l'intérêt national ; & qui après avoir réglé les tributs, se font rendre compte de l'emploi qui en a été fait.

Ce n'est pas la multitude qui exerce les prérogatives inappréciables que son courage & sa persévérance lui ont procurées. Cet ordre de choses, qui peut convenir à de foibles associations, auroit tout bouleversé nécessairement dans un grand état. Des agens, choisis par le peuple même, & dont le sort est lié au sien, réfléchissent, parlent & agissent pour lui. Cependant, comme il étoit possible que par indolence, par foiblesse ou par corruption, ces représentans ne manquassent au plus auguste, au plus important des ministeres, on a trouvé dans le droit d'élection le remede à un si grand mal. Aussitôt que le tems de la commission expire, les électeurs se rassemblent. De nouveau ils accordent leur confiance à ceux qui s'en sont montrés dignes, & rejettent honteusement ceux qui l'ont trahie. Comme un pareil discernement n'est pas au-dessus des hommes du commun, parce qu'il porte sur des faits ordinairement fort simples, on coupe court à des désordres, qui ne tiroient pas leur source des vices du gouvernement, mais des dispositions particulieres de ceux qui en dirigeoient les opérations.

Cependant il pouvoit résulter du partage de pouvoir entre le roi & le peuple une lutte continuelle qui, avec le tems, auroit amené ou une république, ou la servitude. Pour prévenir cet inconvénient, on a établi un corps intermédiaire qui doit également redouter les deux révolutions. C'est l'ordre de la noblesse, destiné à se jetter du côté qui pourroit devenir foible, & à maintenir toujours l'équilibre. La constitution, il est vrai, ne lui a pas donné le même degré d'autorité qu'aux communes : mais l'éclat d'une dignité héréditaire, l'avantage de siéger pour son propre compte & sans élection, quelques autres droits honorifiques, remplacent, autant qu'il se pouvoit, ce qui lui manque du côté des forces réelles.

Mais enfin si, malgré tant de précautions, il arrivoit qu'un monarque ambitieux & entreprenant voulût régner sans son parlement, ou le forcer de souscrire à ses volontés arbitraires, quelle ressource resteroit-il à la nation ? la résistance.

C'étoit sur un système d'obéissance passive, de droit divin, de pouvoir indestructible que s'appuyoit autrefois l'autorité royale. Ces absurdes & funestes préjugés avoient subjugué l'Europe entiere, lorsqu'en 1688 les Anglois précipiterent du trône un prince superstitieux, persécuteur & despote. Alors on comprit que les peuples n'appartenoient pas à leurs chefs ; alors la nécessité d'un gouvernement juste parmi les hommes passa pour incontestable ; alors furent posés les fondemens des sociétés ; alors le droit d'une défense légitime, ce dernier moyen des nations que l'on opprime, fut mis à l'abri de tout doute. A cette époque mémorable, la doctrine de la résistance qui n'avoit été jusque-là qu'une voie de fait, opposée à des voies de fait, fut avouée en Angleterre par la loi elle-même.

Mais comment rendre utile & fécond ce grand principe ? Un citoyen isolé, abandonné à sa force individuelle, osera-t-il jamais lutter contre la puissance toujours redoutable de ceux qui gouvernent. Ne doit-il pas être nécessairement écrasé par leurs intrigues ou par leur violence ? Il en seroit sans doute ainsi, sans la liberté indéfinie de la presse. Par cet heureux expédient, les actions des dépositaires de l'autorité deviennent publiques. On est rapidement instruit des vexations ou des outrages qu'ils se sont permis contre l'homme le plus obscur. Sa cause devient celle de tous ; & les oppresseurs sont punis, ou les torts seulement réparés, selon la nature du délit ou la disposition des peuples.

Ce tableau tracé, sans art, de la constitution Britannique, doit avoir convaincu tous les bons esprits qu'il n'y en eut jamais d'aussi bien ordonnée sur le globe. On sera affermi dans ce jugement, si l'on fait attention que les affaires les plus importantes ont toujours été publiquement traitées dans le sénat de la nation, sans qu'il en soit jamais résulté de vrai malheur. Les autres puissances croient avoir besoin de couvrir leurs opérations des voiles du mystere. Le secret leur paroît essentiel à leur conservation, ou à leur prospérité. Elles cherchent à dérober leur situation, leurs projets, leurs alliances à leurs ennemis, à leurs rivaux, à leurs amis même. La qualité d'impénétrables est la plus grande louange qu'on croie pouvoir y donner aux hommes d'état. En Angleterre, la marche intérieure, la marche extérieure du gouvernement sont à découvert. Tout y est exposé au grand jour. Qu'il est noble & sûr d'admettre l'univers à ses délibérations ? Qu'il est honnête & utile d'y admettre tous les citoyens ? Jamais on n'a dit à l'Europe d'une maniere plus énergique : *Nous ne te craignons pas*. Jamais avec plus de confiance & de justice on n'a dit à sa nation : *Jugez nous, & voyez si nous sommes de fideles dépositaires de vos intérêts, de votre gloire & de votre bonheur*. L'empire est assez fortement constitué pour résister aux secousses inséparables de cet usage, & pour donner cet avantage à des voisins peu favorablement disposés.

Mais ce gouvernement est-il parfait ? Non, parce qu'il n'y a rien & qu'il ne peut rien y avoir de parfait dans le monde. Dans un objet aussi compliqué, comment tout prévoir ? comment obvier à tout ? Peut-être pour que le chef de la nation fût aussi dépendant de la volonté du peuple qu'il convient à la sûreté, à la liberté & au bonheur de celui-ci, faudroit-il que ce chef n'eût aucune propriété hors de son royaume ; sans quoi le bien d'une contrée & le bien de l'autre venant à se croiser, les intérêts de la souveraineté précaire seront souvent sacrifiés à l'intérêt de la souveraineté héréditaire ; sans quoi les ennemis auront deux grands moyens d'inquiéter la nation, tantôt en intimidant le roi de la

Grande-Bretagne par des menaces adressées à l'électeur d'Hanovre, tantôt en engageant celui-là dans des guerres funestes qu'ils prolongeront à leur discrétion, tantôt en réduisant celui-ci à les terminer par des paix honteuses. La nation aura-t-elle la lâcheté d'abandonner son roi dans des querelles qui lui seront étrangeres ? Si elle s'en mêle, ne sera-ce pas à ses dépens, au prix de son argent & de ses hommes ? Qui sait si le péril du souverain étranger ne le rendra pas vil & même traître au souverain national ? En pareil cas qu'auroit donc à faire de mieux la nation Britannique que de dire à son roi: *Cesse d'être notre souverain, ou cesse d'être électeur ; abdique les états que tu tiens de tes aïeux, si tu veux garder ceux que tu tiens de nous.*

Une constitution où le pouvoir législatif & le pouvoir exécutif sont séparés, porte en elle-même le germe d'une division perpétuelle. Il est impossible que la paix règne entre des corps politiques opposés. Il faut que la prérogative cherche à s'étendre & presse la liberté. Il faut que la liberté cherche à s'étendre & presse la prérogative.

Quelque admiration que l'on ait pour un gouvernement, s'il ne peut se conserver que par les mêmes moyens qu'il s'est établi; si son histoire à venir doit être la même que par le passé, des révoltes, des guerres civiles, des peuples écrasés, des rois égorgés ou chassés, un état d'alarmes & de troubles continuels:

qui est-ce qui en voudroit à ce prix? Si la paix au-dedans & au-dehors est l'objet de toute administration, que penser d'un ordre de choses incompatible avec la paix?

Ne seroit-il pas à souhaiter que le nombre des représentans fût proportionné à la valeur des propriétés, la juste mesure du patriotisme? N'est-il pas absurde qu'un pauvre hameau, qu'un malheureux village en députe autant & plus à l'assemblée des communes que la ville ou la contrée la plus opulente? Quel intérêt ces hommes peuvent-ils prendre à la félicité publique qu'ils ne partagent presque point? Quelle facilité de mauvais ministres ne doivent-ils pas trouver dans leur indigence pour les corrompre & obtenir, à prix d'argent, la pluralité des voix dont ils ont besoin? O honte! l'homme riche achète les suffrages de ses commettans pour obtenir l'honneur de les représenter; la cour achète les suffrages des représentans pour gouverner plus despotiquement. Une nation sage ne travailleroit-elle pas à prévenir l'une & l'autre corruption? N'est-il pas étonnant que cela ne se soit pas fait, le jour qu'un représentant eut l'impudence de faire attendre ses commettans dans son antichambre, & de leur dire ensuite: *Je ne sais ce que vous voulez, mais je n'en ferai qu'à ma tête; je vous ai achetés fort cher, & j'ai bien résolu de vous vendre le plus cher que je pourrai:* le jour même où le ministre se vanta d'avoir dans son portefeuille le tarif de toutes les probités de l'Angleterre ?

N'y a-t-il rien à objecter contre cet effort de trois pouvoirs, agissant perpétuellement l'un sur l'autre, & tendant sans cesse à un équilibre qu'ils n'obtiendront jamais ? Cette lutte ne ressemble-t-elle pas un peu à une continuelle anarchie ? N'expose-t-elle pas à des troubles dans lesquels, d'un moment à l'autre, le sang des citoyens peut être versé, sans qu'on sache si l'avantage restera du côté de la tyrannie ou du côté de la liberté. Tout bien considéré, une nation moins indépendante & plus tranquille ne seroit-elle pas plus heureuse ?

Ces vices & d'autres encore n'entraîneront-ils pas un jour la décadence de cette administration ? Je l'ignore : mais je sais que ce seroit un grand malheur pour les nations. Toutes lui doivent un sort plus doux que celui dont elles jouissoient. L'exemple d'un peuple libre, riche, magnanime & heureux, au milieu de l'Europe, a frappé tous les esprits. Les principes d'où découloient tant de biens, ont été saisis, discutés, présentés aux monarques & à leurs délégués, qui, pour éviter l'accusation de tyrannie, se sont vus contraints de les adopter avec plus ou moins de modification. Les anciennes maximes revivroient bientôt, s'il n'existoit pas, pour ainsi dire au milieu de nous, un tribunal perpétuel qui en démontrât la dépravation & l'absurdité,

Cependant, si les jouissances du luxe venoient à pervertir entièrement les mœurs nationales ; si l'amour des plaisirs amollissoit le courage des chefs & des officiers dans les flottes & dans les armées ; si l'ivresse des succès momentanés ; si les vaines idées d'une fausse grandeur exposoient la nation à des entreprises plus vastes que ses forces ; si elle se trompoit dans le choix de ses ennemis ou de ses alliés ; si elle perdoit ses colonies à force de les étendre ou de les gêner ; si l'amour du patriotisme ne s'exaltoit pas chez elle jusqu'à l'amour de l'humanité : elle seroit tôt ou tard asservie elle-même, & retomberoit dans ce néant des choses & des hommes, d'où elle n'est sortie qu'à travers des torrens de sang, & par les calamités de deux siècles de fanatisme & de guerre. Ce peuple ressembleroit à tant d'autres qu'il méprise, & l'Europe ne pourroit montrer à l'univers une nation dont elle osât s'honorer. Le despotisme, qui s'appesantit universellement sur les ames affaissées & dégradées, leveroit seul la tête au milieu de la ruine des arts, des mœurs, de la raison & de la liberté.

L'histoire des Provinces-Unies offre de grandes singularités. Le désespoir forma leur union. L'Europe, presqu'entière, favorisa leur établissement. Elles avoient à peine triomphé des longs & puissans efforts de la cour de Madrid, pour les remettre sous le joug, qu'elles mesurerent leurs efforts avec
ceux

ceux des Bretons, & qu'elles déconcertèrent les projets de la France. Elles donnèrent ensuite un roi à l'Angleterre, & dépouillèrent l'Espagne des possessions qu'elle avoit en Italie & dans les Pays-Bas, pour les donner à l'Autriche. Depuis cette époque, la république s'est dégoûtée d'une politique militaire. Elle ne s'occupe plus que de sa conservation : mais peut-être avec trop peu d'énergie, de précaution & de vertu.

Son gouvernement, quoique tracé d'avance sur un plan réfléchi, n'est pas moins défectueux que ceux qui sont l'ouvrage du hasard. Un de ses principaux vices, c'est que la souveraineté y est trop dispersée.

C'est une erreur de croire que l'autorité réside dans les états généraux fixés à la Haye. Dans la vérité, le pouvoir des membres, qui composent cette assemblée, se réduit à décider dans les matieres de forme ou de police, & à entretenir les affaires dans leur cours ordinaire. S'agit-il de guerre, de paix, d'alliances, d'impositions nouvelles, d'un objet de quelque importance, chacun des députés doit demander des ordres à sa province, qui elle-même est obligée d'obtenir le consentement des villes. Il résulte d'un ordre de choses si compliqué que les résolutions qui exigeroient le plus de secret & de célérité, sont nécessairement lentes & publiques.

Tome X. D

Il semble que, dans l'union contractée par cette foule de petits états indépendans les uns des autres & liés seulement par un intérêt commun, chacun auroit dû avoir une influence proportionnée à son étendue, à sa population, à ses richesses. Cette heureuse base, qu'une raison éclairée auroit dû poser, n'est pas celle de la confédération. La province, qui porte au-delà de la moitié des charges publiques, n'a pas plus de voix que celle qui ne contribue que d'un centieme ; & dans cette province, une ville pauvre, déserte & inconnue a légalement le même pouvoir que cette cité unique, dont l'activité & l'industrie sont un sujet d'étonnement & de jalousie pour toutes les nations.

L'unanimité des villes & des provinces, requise pour toutes les résolutions, même les moins importantes, n'est pas d'une politique plus judicieuse. Si les membres les plus considérables de la république se déterminent à se passer de l'adhésion des plus foibles, c'est un attentat manifeste contre les principes de l'union ; s'ils mettent un grand intérêt à obtenir leur suffrage, ils n'y parviennent que par des complaisances ou des sacrifices. Auquel des deux expédiens qu'on se soit arrêté, lorsque les esprits étoient partagés, l'harmonie des co-états a été ordinairement troublée, & l'a été souvent d'une maniere violente & durable.

Les imperfections d'une constitution pareille n'échapperent point vraisemblablement au prince d'Orange, fondateur de la république. Si ce grand homme permit qu'elles servissent de base au gouvernement qu'on établissoit, ce fut sans doute dans l'espérance qu'elles rendroient un stadhouder nécessaire, & qu'on le prendroit toujours dans sa famille. Cette vue d'une ambition profonde n'a pas été suivie d'un succès constant; & deux fois on a aboli une magistrature singuliere qui, à la disposition absolue des forces de terre & de mer, réunissoient beaucoup d'autres prérogatives très-importantes.

A ces époques, remarquables dans l'histoire d'un état unique, dans les annales de l'ancien & du Nouveau-Monde, sont arrivés de grands changemens. Les auteurs de la révolution se sont hardiment partagé tous les pouvoirs. Une tyrannie intolérable s'est partout établie avec plus ou moins d'audace. Sous prétexte que les assemblées générales étoient tumultueuses, fatigantes & dangereuses, la multitude n'a plus été appellée à l'élection des dépositaires de l'autorité publique. Les bourgmestres ont choisi leurs échevins & se sont emparés des finances dont ils n'ont rendu compte qu'à leurs égaux & à leurs cliens. Les sénateurs se sont arrogé le droit de compléter leurs corps. La magistrature s'est resserrée dans quelques familles, qui se sont attribué un droit presqu'exclusif de députation aux états généraux. Chaque province, chaque ville est tombée à la discrétion d'un petit nombre de citoyens qui, partageant les droits & la dépouille du peuple, ont eu l'art d'éluder ses plaintes, ou de prévenir la fureur de son mécontentement. Le gouvernement est devenu presque aristocratique. Si l'on se fût borné à réformer ce que la constitution avoit de défectueux, la maison d'Orange pouvoit craindre de n'être plus rappellée au degré de splendeur dont on l'avoit fait descendre. Une conduite moins désintéressée a fait desirer le rétablissement du stadhoudérat, & on l'a rendu héréditaire, même aux femmes.

Mais cette dignité doit-elle devenir avec le tems un instrument d'oppression ? Des hommes très-éclairés n'en voient pas la possibilité. Rome, disent-ils, est toujours citée pour exemple à tous nos états libres, qui n'ont rien de commun avec elle. Si le dictateur devint l'oppresseur de cette république, c'est qu'elle avoit opprimé toutes les nations ; c'est que sa puissance devoit périr par le glaive qui l'avoit fondée ; c'est qu'une nation composée de soldats, ne pouvoit échapper au despotisme du gouvernement militaire. Elle tomba sous le joug, qui le croiroit! parce qu'elle ne payoit point d'impôts. Les peuples conquis étoient seuls tributaires du fisc. Les revenus publics devant être les mêmes après qu'avant la révolution, la propriété ne paroissoit pas être attaquée ; & le citoyen crut qu'il feroit affez libre, tant qu'il feroit le maître de fes biens.

La Hollande, au contraire, gardera fa liberté, parce qu'elle eft fujette à des impôts très-confidérables. Elle ne peut conferver fon pays qu'à grands frais. Le fentiment de fon indépendance lui donne feul une induftrie proportionnée au poids de ces contributions, & la patience d'en foutenir le fardeau. S'il falloit ajouter aux dépenfes énormes de l'état, celles qu'exige le fafte d'une cour; fi le prince employoit à foudoyer les fuppôts de la tyrannie, ce qu'il doit aux fondemens d'une terre bâtie fur la mer, il pousseroit bientôt les peuples au défefpoir.

L'habitant Hollandois, placé fur fes toits, & découvrant au loin la mer s'élevant au-deffus du niveau des terres de dix-huit à vingt pieds, qui la voit s'avancer en mugiffant contre ces digues qu'il a élevées, rêve, & fe dit fecrètement en lui-même, tôt ou tard, cette bête féroce fera la plus forte. Il prend en dédain un domicile auffi précaire, & fa maifon en bois ou en pierre à Amfterdam, n'eft plus fa maifon; c'eft fon vaiffeau qui eft fon afyle, & peu-à-peu il prend une indifférence & des mœurs conformes à cette idée. L'eau eft pour lui, ce qu'eft le voifinage des volcans pour d'autres peuples.

Si à ces caufes phyfiques de l'affoibliffement de l'efprit patriotique, fe joignoit la perte de la liberté, les Hollandois ne quitteroient-ils pas un pays qui ne peut être cultivé que par des hommes libres ? Ce peuple négociant porteroit ailleurs son esprit de commerce avec son argent. Ces isles de l'Asie, ses comptoirs d'Afrique, ses colonies du Nouveau-Monde, tous les ports de l'Europe, lui ouvriroient un asyle. Quel stadhouder, quel prince révéré chez un tel peuple, voudroit, oseroit en être le tyran ?

Un ambitieux insensé, un guerrier féroce, si l'on veut. Mais parmi ceux qui sont préposés au gouvernement des nations, cette espece d'hommes est-elle donc si rare ? Tout semble conspirer pour donner sur ce point important les plus vives inquiétudes à la république. A l'exception de quelques officiers, il n'y a sur ces flottes que peu de nationaux. Ses armées sont composées, recrutées & commandées par des étrangers dévoués à un chef qui ne les armera jamais assez tôt à leur gré contre des peuples auxquels nul lien ne les attache. Les forteresses de l'état sont toutes soumises à des généraux qui ne reconnoissent des loix que celles du prince. On ne cesse d'élever aux places les plus importantes, des courtisans perdus de réputation, écrasés de dettes, dénués de toute vertu, & intéressés au renversement de l'ordre établi. C'est la protection qui a placé, c'est la protection qui maintient dans les colonies, des commandans sans pudeur & sans talent, que la reconnoissance, que la cupidité inclinent à l'asservissement de ces contrées éloignées.

Contre tant de dangers, que pourront l'assoupissement, la soif de la richesse, le goût des commodités qui commence à s'introduire, l'esprit de commerce, des condescendances perpétuelles pour une autorité héréditaire ? Selon toutes les probabilités ? ne faut-il pas qu'insensiblement, sans effusion de sang, sans violence, les Provinces-Unies tombent sous la monarchie ? Comme le desir de n'être contrarié dans aucune de ses volontés, ou le despotisme, est au fond de toutes les ames plus ou moins exalté, il naîtra, & peut-être bientôt, quelque stadhouder, qui, sans calculer les suites funestes de son entreprise, jettera la nation dans les chaînes. C'est aux Hollandois à peser ces observations.

L'empire Romain crouloit de toutes parts, lorsque les Germains entrerent dans les Gaules sous la direction d'un chef de leur choix, dont ils étoient moins les sujets que les compagnons. Ce n'étoit pas une armée qui bornât son ambition à s'emparer de quelques places fortes ; ce fut l'irruption d'un peuple qui cherchoit des établissemens. Comme on n'attaquoit que des esclaves mécontens de leur sort, que des maîtres amollis par les délices d'une longue paix, la résistance ne fut pas opiniâtre. Les conquérans s'approprierent les terres qui leur convenoient, &

se séparerent peu de temps après pour jouir doucement de leur fortune.

Le partage ne fut pas l'ouvrage d'un hasard aveugle. C'étoit l'assemblée générale qui régloit les possessions, c'étoit sous son autorité qu'on en jouissoit. Elles ne furent d'abord accordées que pour une année. Ce terme se prolongea peu-à-peu, & s'étendit enfin à toute la vie. On alla même plus loin, lorsque les ressorts du gouvernement furent relâchés entierement ; & sous les foibles descendans de Charlemagne, l'hérédité s'établit assez généralement. Cette usurpation fut consacrée par une convention solemnelle à l'élévation de Hugues-Capet au trône ; & alors, le plus destructeur de tous les droits, le droit féodal régna dans toute sa force.

La France ne fut plus alors qu'un assemblage de petites souverainetés, placées à côté les unes des autres, mais sans aucun lien. Dans cette anarchie, les seigneurs entierement indépendans du chef apparent de la nation, opprimoient à leur gré leurs sujets ou leurs esclaves. Si le monarque vouloit s'intéresser pour ces malheureux, on lui faisoit la guerre. Si ces malheureux eux-mêmes, osoient quelquefois réclamer les droits de l'humanité, ce n'étoit que pour voir s'appésantir les fers qui les écrasoient.

Cependant l'extinction de quelques maisons puissantes, des traités ou des conquêtes ajoutoient successivement au domaine royal des territoires plus ou moins étendus. Cette acquisition de plusieurs provinces forma à la couronne une masse de puissance qui lui donna de l'activité. Une lutte perpétuelle entre les rois & la noblesse, une alternative de prépondérance entre le pouvoir d'un seul & celui de plusieurs : cette sorte de confusion dura, presque sans intervalle, jusque vers le milieu du quinzieme siecle.

Alors changea le caractere des François, par une suite d'évènemens qui avoient changé la forme du gouvernement. La guerre, que les Anglois, unis ou soumis aux Normands, n'avoient cessé de faire à ce royaume depuis deux ou trois cens ans, y répandit l'alarme, & fit de grands ravages. Les victoires de l'ennemi, la tyrannie des grands ; tout fit desirer à la nation que le prince devint assez puissant pour chasser les étrangers & soumettre les seigneurs. Pendant que des rois sages & belliqueux travailloient à ce grand ouvrage, il naquit une nouvelle génération. Chacun, après le danger, se crut assez riche des droits qui étoient restés à son pere. On ne remonta pas jusqu'à l'origine du pouvoir des rois, qui dérivoit de la nation ; & Louis XI se trouva, sans de grands efforts, plus puissant que ses prédécesseurs.

Avant lui, l'histoire de France offre une complication d'états, tantôt divisés & tantôt unis. Depuis ce prince, c'est l'histoire d'une grande monarchie. L'autorité de plusieurs tyrans est concentrée dans une même main. Le peuple n'en est pas plus libre : mais c'est une autre police. La paix est plus sûre au-dedans, & la guerre plus vigoureuse au-dehors.

Les guerres civiles qui menent les peuples libres à l'esclavage, & les peuples esclaves à la liberté, n'ont fait en France qu'abaisser les grands, sans relever le peuple. Les ministres qui seront toujours les hommes du prince, tant que la nation n'influera pas dans le gouvernement, ont tous vendu leurs concitoyens à leur maitre; & comme le peuple qui n'avoit rien, ne pouvoit rien perdre à cet asservissement, les rois y ont trouvé d'autant plus de facilité, qu'il a toujours été coloré d'un prétexte de police ou même de soulagement. L'antipathie que produit une excessive inégalité des conditions & des fortunes, a favorisé tous les projets qui devoient aggrandir l'autorité royale. Les princes ont eu la politique d'occuper la nation, tantôt de guerres au-dehors, tantôt de disputes religieuses au-dedans; de laisser diviser les esprits par les opinions, & les cœurs par les intérêts; de semer & d'entretenir des rivalités entre les divers ordres de l'état; de caresser tour-à-tour chaque ambition, par une apparence de faveur, & de consoler l'envie naturelle du peuple par l'humiliation de toutes. La multitude, pauvre, dédaignée, en voyant successivement abattre tous les corps puissans, a du-moins aimé dans le monarque l'ennemi de ses ennemis.

La nation déchue par son inadvertance du privilege de se gouverner, n'a pas cependant encore subi tous les outrages du despotisme. C'est que la perte de sa liberté n'est pas l'ouvrage d'une révolution orageuse & subite, mais de la lime de plusieurs siecles. Le caractere national, qui a toujours influé dans l'esprit des princes & des cours, ne fût-ce que par les femmes, a formé comme un balancement de puissance, qui, tempérant par les mœurs l'action de la force & la réaction des volontés, a prévenu ces éclats, ces violences, d'où résulte ou la tyrannie monarchique, ou la liberté populaire.

L'inconséquence naturelle à l'esprit d'une nation gaie & vive comme les enfans, a heureusement prévalu sur les systêmes de quelques ministres despotes. Les rois ont trop aimé les plaisirs, & en ont trop bien connu la source, pour ne pas déposer souvent ce sceptre de fer, qui auroit effrayé la société, & dissipé les frivoles amusemens dont ils étoient idolâtres. L'intrigue qui les a toujours assiégés depuis qu'ils ont appellé les grands à la cour, n'a point cessé de renverser les gens en place avec leurs projets. Comme le gouvernement s'est altéré d'une maniere insensible, les sujets ont conservé une sorte de dignité dans laquelle le monarque même sembloit respecter la source où l'effet de la sienne propre. Il s'est trouvé long-tems le suprême législateur, sans vouloir ou pouvoir abuser de toute sa puissance. Arrêté par le seul nom des loix fondamentales de sa nation, il a craint souvent d'en choquer les maximes. Il a senti qu'on avoit des droits à lui opposer. En un mot, il n'y a point eu de tyran, lors même qu'il n'y avoit plus de liberté.

Tels, & plus absolus encore, ont été les gouvernemens d'Espagne & de Portugal, de Naples & de Piémont ; toutes les petites principautés d'Italie. Les peuples du Midi, soit paresse d'esprit ou foiblesse de corps, semblent être nés pour le despotisme. L'Espagne avec beaucoup d'orgueil ; l'Italie, malgré tous les dons du génie, ont perdu tous les droits, toutes les traces de la liberté. Par-tout où la monarchie est illimitée, on ne peut assigner la forme du gouvernement, puisqu'elle varie, non-seulement avec le caractere de chaque souverain, mais à chaque âge du même prince. Ces états ont des loix écrites, ont des usages & des corps privilégiés : mais quand le législateur peut bouleverser les loix & les tribunaux ; quand son autorité n'a plus d'autre base que la force, & qu'il invoque Dieu pour se faire craindre, au lieu de l'imiter pour se faire aimer ; quand le droit originel de la société, le droit inaliénable de la propriété des citoyens, les conventions nationales, les engagemens du prince font en vain réclamés ; enfin quand le gouvernement est arbitraire, il n'y a plus d'état : ce n'est plus que la terre d'un seul homme.

Dans ces sortes de pays, il ne se formera point des hommes d'état. Loin que ce soit un devoir de s'instruire des affaires publiques, c'est un crime, un danger d'être éclairé sur l'administration. Là, comme dans le ministere de l'église, la vocation s'appelle grace ; on l'obtient par des prieres. La faveur de la cour, le choix du prince, suppléent aux talens. Ce n'est pas qu'ils ne soient utiles ; on en a besoin quelquefois pour servir, jamais pour commander. Aussi dans ces contrées, le peuple finit par se laisser gouverner, pourvu qu'on le laisse dormir. Une seule législation mérite d'être observée dans ces belles régions de l'Europe ; c'est le gouvernement de Venise. Cet état présente trois grands phénomenes ; sa fondation premiere ; sa puissance au tems des croisades, & son administration actuelle.

Une ville, grande, magnifique, riche, inexpugnable, sans enceinte & sans forteresses, domine sur soixante-douze isles. Ce ne sont pas des rochers & des montagnes élevés par le tems au sein d'une vaste mer : c'est plutôt une plaine morcelée & coupée en lagunes par les stagnations d'un petit golfe, sur la pente d'un terrein bas. Ces isles, séparées par des canaux, sont jointes aujourd'hui par des ponts. Les ravages de la mer les ont formées, les ravages de la guerre les ont peuplées vers le milieu du cinquieme siecle. Les habitans de l'Italie fuyant devant Attila, chercherent un asyle dans l'élément des tempêtes.

Les lagunes Vénitiennes ne composoient dans les premiers tems, ni la même ville, ni la même république. Unies par un intérêt commun de commerce, ou plutôt par le besoin de se défendre ; elles étoient du reste divisées en autant de gouvernemens que d'isles soumises chacune à son tribun.

De la pluralité des chefs naquit la division des esprits, & la destruction du bien public. Ces peuples élurent donc pour ne faire qu'un corps, un prince qui, sous le nom de duc ou de doge, jouit long-tems de tous les droits de la souveraineté, dont il ne lui reste aujourd'hui que les marques. Les doges furent élus par le peuple jusqu'en 1173. A cette époque les nobles s'approprierent le droit exclusif de nommer le chef de la république ; ils s'emparerent de l'autorité, & formerent une aristocratie.

Ceux des écrivains politiques qui ont donné la préférence à cette espece de gouvernement, ont dit avec une apparence de raison, que toutes les sociétés, de quelle maniere qu'elles se soient formées, ont été ainsi régies. Si dans les états démocratiques, le peuple vouloit régler lui-même son administration, il tomberoit nécessairement dans le délire; & le soin de sa conservation le force de se livrer à un sénat plus ou moins nombreux. Si dans les monarchies, les rois prétendoient tout voir, tout faire eux-mêmes, rien ne se verroit, rien ne se feroit; & il a fallu recourir à des conseils, pour préserver les empires d'une stagnation plus funeste peut-être qu'une activité mal dirigée. Tout ramene donc à l'autorité de plusieurs & d'un petit nombre; tout se conduit aristocratiquement.

Mais dans cet ordre de choses, le commandement n'est pas fixe dans une classe de citoyens, & l'obéissance dans les autres: mais la carriere de l'honneur & des emplois n'est pas fermée à quiconque a les talens nécessaires pour y parvenir; mais les nobles ne sont pas tout & le peuple rien. Substituez l'aristocratie, & vous ne trouverez que l'esclavage & le despotisme.

Dans l'origine, Venise tempéra autant qu'il étoit possible, les vices de cet odieux & injuste gouvernement. On y distribua, on y balança les branches du pouvoir avec une harmonie remarquable. Des loix sages & séveres furent portées pour réprimer, pour épouvanter l'ambition des nobles. Les grands régnerent sans bruit, avec une sorte d'égalité, comme les étoiles brillent au firmament dans le silence de la nuit. Ils dûrent se conformer extérieurement aux usages de tous les ordres de la république, pour que la distinction entre les patriciens & les plébéiens devînt moins choquante. L'espoir même de partager, avec le tems, la souveraineté fut conservé à ceux qui en étoient exclus, si par leurs services & leur industrie ils acquéroient un jour de la considération & des richesses.

C'étoit le seul gouvernement régulier qui fût alors en Europe. Un pareil avantage éleva les Vénitiens à une grande opulence, les mit en état de soudoyer des armées, & leur donna des lumieres qui en firent un peuple politique avant tous les autres. Ils régnerent sur les mers; ils eurent une prépondérance marquée dans le continent; ils formerent ou dissiperent des ligues, suivant qu'il convenoit à leurs intérêts.

Lorsque la découverte du Nouveau-Monde & du passage des Indes par le cap de Bonne-Espérance eut ruiné le commerce de la république, elle se vit privée de tout ce qui lui avoit donné de la grandeur, de la force, du courage. A ces illusions qui consoloient en quelque sorte ses sujets de la perte de la liberté, fut substituée la séduction des voluptés, des plaisirs & de la mollesse. Les grands se corrompirent comme le peuple, les femmes comme les hommes, les prêtres comme les laïcs; & la licence ne connut plus de bornes. Venise devint le pays de la terre où il y avoit le moins de vices & de vertus factices.

A mesure qu'on énervoit les bras, les esprits, les cœurs au-dedans ; c'étoit une nécessité qu'on montrât moins de vigueur, moins d'action au-dehors. Aussi la république tomba-t-elle dans une circonspection pusillanime. Elle prit, elle renforça le caractere national de toute l'Italie ombrageuse & défiante. Avec la moitié des trésors & des veilles que lui a coûté depuis deux siecles sa neutralité, elle se seroit peut-être à jamais délivrée des dangers dont à force de précautions elle s'environne.

Au milieu de tant de soins pour sa sûreté, la république ne paroît pas tranquille. Son inquiétude se manifeste par les principes de son gouvernement toujours plus sévere, par une horreur extrême de tout ce qui a quelque élévation ; par l'éloignement qu'elle montre pour la raison, dont l'usage lui paroît un crime ; par les voiles mystérieux & sombres dont elle couvre ses opérations ; par la précaution qu'elle prend constamment de ne placer que des chefs étrangers à la tête de ses foibles troupes, & de leur donner des surveillans ; par la défense qu'elle fait indistinctement à tous ceux qui lui sont soumis d'aller se former aux combats sur le théâtre de la guerre ; par l'espionnage, les raffinemens d'une politique insidieuse, mille autres moyens qui décelent des craintes & des alarmes continuelles. Sa plus grande confiance paroît être dans un inquisiteur qui rode perpétuellement entre les individus, la hache levée sur le cou de quiconque pourroit par ses actions ou par ses discours troubler l'ordre public.

Cependant tout n'est pas blâmable à Venise. L'impôt qui fournit au fisc vingt-cinq millions, n'a ni augmenté ni diminué depuis 1707. Tout est combiné pour dérober au citoyen l'idée de son esclavage, & le rendre tranquille & gai. Le culte est tourné vers les cérémonies. Point de grandes fêtes sans spectacles & sans musique. Ne parlez en public ni de politique, ni de religion; & dites, faites à Venise tout ce qui vous plaira. Un orateur chrétien prêchant devant les chefs de la république, crut devoir ouvrir son discours par un éloge du gouvernement: aussitôt un satellite le fait descendre de sa chaire; & le tribunal des inquisiteurs d'état devant lequel il est appellé le lendemain, lui dit: *Qu'avons-nous besoin de ton panégyrique ? sois plus réservé.* On savoit là qu'on ne tarde pas à censurer l'administration par-tout où il est permis de l'exalter. Les inquisiteurs d'état ne restent en fonction que dix-huit mois. Ils sont choisis parmi les personnages les plus modérés, & la moindre injustice est suivie de leur déposition. Ils tutoient tout le monde; ils tutoieroient le doge. Quand on est appellé devant eux, il faut comparoître sans délai. Un secrétaire d'état ne fut point excusé par la nécessité de finir ses dépêches. Il est vrai qu'ils instruisent les procès portes fermées : mais ces épouvantails de l'étranger sont les vrais protecteurs du peuple & le contrepoids à la tyrannie des aristocrates. Il y a quelques années qu'on mit en délibération dans le conseil, si l'on n'aboliroit pas ce redoutable tribunal. A l'instant les citoyens les plus opulens méditerent leur retraite ; & un roi voisin annonça que Venise n'auroit pas dix ans d'existence après la suppression de cette magistrature. En effet, sans la terreur qu'elle inspire, les citoyens seroient sans cesse exposés aux vexations d'une foule de patriciens qui languissent dans l'indigence. Après de violens débats, l'inquisition fut confirmée à la pluralité des voix, & les quatre moteurs de la délibération ne furent punis que par des fonctions honorables qui les éloignerent de la république.

Pendant le carnaval, les moines & les prêtres vont au spectacle & se masquent. On n'ignore pas qu'un ecclésiastique avili ne peut rien. Un patricien qui se fait moine ou prêtre, n'est plus qu'un citoyen commun. On entretient l'horreur des exécutions par leur rareté. Le peuple est persuadé que les diables voltigent au-dessus du gibet pour se saisir de l'ame du supplicié. Un capucin s'avisa de dire que *de cent noyés aucun ne seroit sauvé, que de cent pendus aucun ne seroit damné.*

Comme il importe aux Vénitiens qu'on ne craigne pas d'être noyé, & qu'on craigne d'être pendu, le prédicateur eut ordre d'enseigner le contraire, malgré l'autorité de S. Augustin.

Si les armées navales des Vénitiens ne sont commandées que par un patricien, c'est depuis que le célebre Morosini, amiral de leur flotte à l'expédition du Péloponnèse, les avertit qu'il avoit été le maître de les affamer. Si les troupes de terre ne peuvent avoir qu'un étranger pour général, c'est par la juste crainte qu'un citoyen n'abusât de l'amour du soldat pour devenir le tyran de sa patrie.

Il y a une multitude de magistrats préposés à différentes affaires, ce qui doit en accélérer l'expédition. Le doge peut solliciter des graces & les obtenir : mais il n'en accorde aucune. Il y a des conservateurs des loix auxquels les réglemens nouveaux, proposés au conseil par le sénat, sont renvoyés. Ils en font l'examen, & le conseil décide sur leur rapport. Ainsi le conseil représente la république ; le sénat le législateur subordonné au conseil ; & l'inquisiteur d'état est une espece de tribun, protecteur du peuple.

Un inquisiteur n'est pas, ce me semble, un personnage fort redoutable, si on peut le châtier lorsqu'il est insolent. Cherchez en France un huissier qui ose porter une assignation à un magistrat d'un ordre supérieur ;

vous ne le trouverez pas. A Venise, on procède juridiquement contre un patricien, contre un inquisiteur. On fait vendre ses biens; on se saisit de sa personne; on le conduit en prison.

Le ministere Vénitien a dans toutes les cours des agens obscurs qui l'instruisent du caractere des hommes en faveur & des moyens de les séduire : il se soutient par la finesse. Une autre république tire sa force de son courage : c'est la Suisse.

Les Suisses, connus dans l'antiquité sous le nom d'Helvétiens, ne devoient être subjugués, ainsi que les Gaulois & les Bretons, que par César, le plus grand des Romains, s'il eût plus aimé Rome. Ils furent unis à la Germanie, comme province Romaine, sous l'empire d'Honorius. Les révolutions faciles & fréquentes, dans un pays tel que les Alpes, diviserent des peuplades, séparées par de grands lacs ou de grandes montagnes, en différentes seigneuries. La plus considérable, occupée par la maison d'Autriche, s'empara à la longue de toutes les autres. La conquête entraîna la servitude; l'oppression amena la révolte; & de l'excès de la tyrannie, sortit la liberté.

Treize cantons de paysans robustes, qui gardent presque tous les rois de l'Europe, & n'en craignent aucun; qui sont mieux instruits de leurs vrais intérêts qu'aucune autre nation; qui forment le peuple le plus sensé de notre politique moderne : ces treize cantons composent entre eux, non pas une république comme les sept provinces de la Hollande, ni une simple confédération comme le corps Germanique ; mais plutôt une ligue, une association naturelle d'autant d'états indépendans. Chaque canton a sa souveraineté, ses alliances, ses traités à part. La diete générale ne peut faire des loix, ni des réglemens pour aucun.

Les trois plus anciens se trouvent liés directement avec chacun des autres. C'est par cette liaison de convenance, non de constitution, que si l'un des treize cantons se trouvoit attaqué, tous marcheroient à son secours. Mais il n'y a point d'alliance commune entre tous & chacun d'eux. Ainsi les branches d'un arbre se trouvent liées entre elles, sans tenir immédiatement au tronc commun.

Cependant l'union des Suisses fut inaltérable jusqu'au commencement du seizieme siecle. Alors la religion, ce lien de paix & de charité, vint les diviser. La réformation fendit en deux le corps Helvétique. L'état fut scié par l'Eglise. Toutes les affaires publiques se traitent dans les dietes particulieres des deux communions, Catholique & Protestante. Les dietes générales ne s'assemblent que pour conserver une apparence d'union. Malgré ce germe de dissension, la Suisse a joui de la paix, bien plus qu'aucune contrée de l'Europe.

Sous le gouvernement Autrichien, l'oppreſſion & les levées de la milice, empêcherent la population de fleurir. Après la révolution, les hommes ſe multiplierent trop, en raiſon de la ſtérilité des rochers. Le corps Helvétique ne pouvoit groſſir, ſans crever; à moins qu'il ne fît des excurſions au-dehors. Les habitans de ſes montagnes devoient, comme les fleuves qui en deſcendent, s'épancher dans les plaines qui bordent les Alpes. Ces peuples ſe feroient détruits eux-mêmes, s'ils fuſſent reſtés iſolés. Mais l'ignorance des arts, le manque de matieres pour les fabriques, le défaut d'argent pour attirer chez eux les denrées, ne leur ouvroient aucune iſſue pour l'aiſance & l'induſtrie. Au lieu de devenir conquérans, comme tant de circonſtances réunies ſembloient les y porter, ils tirerent de leur population même un moyen de ſubſiſtance & de richeſſes, une ſource & une matiere de commerce.

Le duc de Milan, maître d'un pays riche, qui étoit ouvert à l'invaſion & difficile à défendre, avoit beſoin de ſoldats. Les Suiſſes, comme des voiſins les plus forts, devoient être ſes ennemis, s'ils n'étoient ſes alliés, ou plutôt ſes gardiens. Il s'établit donc entre ce peuple & le Milanès une ſorte de trafic, où la force devint l'échange de la richeſſe. La nation engagea ſucceſſivement des troupes à la France, à l'empereur, au pape, au duc de Savoie, à tous les potentats d'Italie. Elle vendit son sang à des puissances éloignées, aux nations les plus ennemies, à la Hollande, à l'Espagne, au Portugal; comme si ses montagnes n'étoient qu'une miniere d'armes & de soldats, ouverte à quiconque voudroit acheter des instrumens de guerre.

Chaque canton traite avec la puissance qui lui offre les meilleures capitulations. Il est libre aux sujets du pays d'aller faire la guerre au loin, chez quelque nation alliée. Le Hollandois est par état un citoyen du monde; le Suisse est par état un destructeur de l'Europe. Plus on cultive, plus on consomme de denrées, plus la Hollande gagne; plus il y a de batailles & de carnage, & plus la Suisse prospere.

C'est de la guerre, ce fléau inséparable du genre-humain, sauvage ou policé, que les républiques du corps Helvétique sont forcées de vivre & de subsister. C'est par-là qu'elles tiennent au-dedans le nombre des habitans en proportion avec l'étendue & le rapport de leurs terres, sans forcer aucun des ressorts du gouvernement, sans gêner l'inclination d'aucun individu. C'est par ce commerce de troupes avec les puissances belligérantes, que la Suisse s'est préservée de la nécessité des émigrations subites qui font les invasions, & de la tentation des conquêtes qui eût causé la ruine de la liberté de ces républiques, comme elle perdit toutes les républiques de la Grèce.

Autant

Autant que la prévoyance humaine peut lire dans l'avenir, la situation de ce peuple doit être plus permanente que celle de tous les autres, si des variétés dans le culte ne deviennent pour lui un instrument fatal de discorde. Du haut de ses stériles montagnes, il voit gémir sous l'oppression de la tyrannie, des nations entieres que la nature a placées dans les contrées les plus abondantes ; tandis qu'il jouit en paix de son travail, de sa frugalité, de sa modération, de toutes les vertus qui accompagnent la liberté. Si l'habitude pouvoit émousser sa sensibilité pour un sort si doux, il y seroit sans cesse ramené par cette foule de voyageurs qui vont chercher dans son sein le spectacle d'une félicité qu'on ne voit pas ailleurs. Sans doute que l'amour des richesses a un peu altéré cette aimable simplicité de mœurs, dans ceux des cantons où les arts & le commerce ont fait des progrès assez considérables : mais les traits de leur caractere primitif ne sont pas entierement effacés ; & il leur reste toujours une sorte de bonheur inconnue aux autres hommes. Peut-on craindre qu'une nation puisse se lasser d'une pareille existence ?

Le poids des impôts ne sauroit corrompre les avantages de cette destinée. Ces fléaux du genre-humain sont ignorés dans la plupart des cantons, & ne sont rien ou presque rien dans les autres. Seulement en quelques endroits s'est introduit un abus bien dangereux,

Des administrateurs, connus sous le nom de baillis, se permettent d'ordonner arbitrairement des amendes dans leur jurisdiction, & de les détourner à leur utilité particuliere. Ce délire des loix féodales ne peut durer ; & l'on perdra bientôt jusqu'à la trace d'un usage odieux, qui, avec le tems, altéreroit la félicité publique.

Le génie de la nation ne la troublera jamais. Ses penchans la portent à l'ordre, à la tranquillité, à l'harmonie. Ce qui pourroit s'y trouver de caracteres inquiets & dangereux, amis des factions & des orages, vont chercher dans les guerres étrangeres des alimens à leur inquiétude.

Il n'est pas possible que les divers cantons cherchent à se subjuguer réciproquement. Ceux où la démocratie est établie sont évidemment trop foibles pour concevoir un projet déraisonnable ; & dans les autres, les patriciens & les plébéiens ne réuniront jamais leurs vœux & leurs forces pour un agrandissement, dont les suites pourroient devenir funestes à l'un des ordres.

La tranquillité du corps Helvétique est encore moins menacée par ses voisins que par ses citoyens. Comme dans les démêlés des couronnes, les Suisses observent une neutralité très-impartiale ; comme ils ne se rendent garans d'aucun engagement, on ne leur connoît point d'ennemis. Une puissance crût-elle avoir à se plaindre d'eux, elle étoufferoit son ressentiment dans la crainte bien fondée d'échouer dans ses projets de vengeance contre un pays tout militaire & qui compte autant de soldats que d'hommes. Fût-on même assuré de le conquérir, il ne seroit pas encore attaqué ; parce que la politique la plus aveugle & la plus violente n'égorge pas un peuple pour n'occuper que des rochers. Tels sont les motifs qui peuvent faire croire à la stabilité de la république des Suisses.

Il nous reste à parler du gouvernement ecclésiastique. Si la fondation du christianisme présente à l'esprit un tableau qui l'étonne, l'histoire des révolutions du gouvernement de l'église n'est pas moins surprenante. Quelle énorme distance de Pierre, pauvre pêcheur sur les bords du lac de Génézareth & serviteur des serviteurs de Dieu, à quelques-uns de ses orgueilleux successeurs, le front ceint d'un triple diadême, maîtres de Rome, d'une grande partie de l'Italie, & se disant les rois des rois de la terre ! Prenons les choses à leur origine ; suivons rapidement les progrès de la splendeur & de la corruption de l'église ; voyons ce que son gouvernement est devenu dans l'intervalle de dix-huit siecles ; & que les souverains présens & à venir s'instruisent de ce qu'ils doivent attendre du sacerdoce, dont l'unique principe est de subordonner l'autorité des magistrats à l'autorité divine, dont il est le dépositaire.

E ij

Dans une bourgade obscure de la Judée, au fond de l'attelier d'un pauvre charpentier, s'élevoit un homme d'un caractere austere. L'hypocrisie des prêtres de son tems révoltoit sa candeur. Il avoit reconnu la vanité des cérémonies légales & le vice des expiations. A l'âge de trente ans, ce vertueux personnage quitte les instrumens de son métier, & se met à prêcher ses opinions. La populace des bourgs & des campagnes s'attroupe autour de lui, l'écoute & le suit. Il s'associe un petit nombre de coopérateurs ignorans, pusillanimes, & tirés des conditions abjectes. Il erre quelque tems autour de la capitale. Il ose enfin s'y montrer. Un des siens le trahit; un autre le renie. Il est pris, accusé de blasphème & supplicié entre deux voleurs. Après sa mort, ses disciples paroissent sur les places publiques, dans les grandes villes, à Antioche, à Alexandrie, à Rome. Ils annoncent aux barbares & aux peuples policés, dans Athènes, à Corinthe, la résurrection de leur maître. Par-tout on croit à une doctrine qui révolte la raison. Par-tout des hommes corrompus embrassent une morale austere dans ses principes, insociable dans ses conseils. La persécution s'éleve. Les prédicateurs & leurs prosélites sont emprisonnés, flagellés, égorgés. Plus on verse de sang, plus la secte s'étend. En moins de trois siecles, les temples de l'idolâtrie sont renversés ou déserts; & malgré les haines, les héréſies, les ſchiſmes & les querelles ſanglantes qui ont déchiré le chriſtianiſme depuis ſon origine juſqu'à nos derniers tems, il ne reſte preſque d'autres autels élevés qu'à l'homme Dieu mort ſur une croix.

Il n'étoit pas difficile de démontrer aux païens l'abſurdité de leur culte; & dans toutes les diſputes en général, dans celles de religion en particulier, ſi l'on parvient à prouver à ſon adverſaire qu'il ſe trompe, il en conclut auſſi-tôt que vous avez raiſon. La providence, qui tend à ſes fins par toutes ſortes de moyens, voulut que cette mauvaiſe logique conduiſit les hommes dans la voie du ſalut. Le fondateur du chriſtianiſme ne s'arrogea aucune autorité, ni ſur les aſſociés de ſa miſſion, ni ſur ſes ſectateurs, ni ſur ſes concitoyens. Il reſpecta l'autorité de Céſar. En ſauvant la vie à la femme adultere, il ſe garda bien d'attaquer la loi qui la condamnoit à mort. Il renvoie deux freres, diviſés ſur le partage d'une ſucceſſion, au tribunal civil. Perſécuté, il ſouffre la perſécution. Au milieu des intolérans, il recommande la tolérance. *Vous ne ferez point*, dit-il à ſes diſciples, *deſcendre le feu du ciel ſur la tête de l'incrédule; vous ſecouerez la pouſſiere de vos ſandales, & vous vous éloignerez.* Attaché ſur la croix, la tête couronnée d'épines, le côté percé d'une lance, il dit à Dieu ſon pere: *Pardonne-leur, Seigneur; car ils ne ſavent ce qu'ils font.* Inſtruire les nations & les baptiser : voilà l'objet de la mission des apôtres. Employer la persuasion, s'interdire la violence, aller comme Dieu avoit envoyé son fils : voilà les moyens. Dans aucun tems, le sacerdoce ne s'est conformé à ces maximes ; & la religion n'en a pas moins prospéré.

A mesure que la doctrine nouvelle fait des progrès, il s'institue entre ses ministres une sorte d'hiérarchie, des évêques, des prêtres, des acolytes, des sacristains ou portiers. L'objet de l'administration est déterminé. Il embrasse le dogme, la discipline & les mœurs. Conférer les ordres sacrés fut le premier acte de la jurisdiction de l'église. Lier, délier, ou assigner aux fautes une expiation spirituelle & volontaire, ce fut le second. Excommunier le pêcheur rebelle ou hérétique, ce fut le troisieme ; & le quatrieme, commun à toute association, d'instituer des réglemens de discipline. Ces réglemens, secrets d'abord, principalement sur l'administration des sacremens, deviennent publics. Il y eut des assemblées ou conciles. Les évêques sont les représentans des apôtres ; le reste du clergé leur est subordonné. Rien ne se décide sans l'intervention des fideles. C'est une véritable DÉMOCRATIE. Dans les affaires civiles, on s'en rapportoit à l'arbitrage des évêques. On blâmoit les chrétiens d'avoir des procès ; on les blâmoit encore davantage de se traduire devant le magistrat. Il est probable que les biens étoient en commun, & que l'évêque en disposoit à son gré.

Jusqu'ici tout se passe sans l'intervention de la puissance séculiere. Mais sous Aurélien, les chrétiens demandent main forte à l'empereur contre Paul de Samozate; Constantin exile Arius & condamne au feu ses écrits; Théodose sévit contre Nestorius; & ces innovations fixent l'époque d'un second état de la jurisdiction ecclésiastique; un écart de sa simplicité primitive; un mélange de puissance spirituelle & d'autorité coactive. Les fideles, en nombre prodigieux dès le second siecle, sont distribués en différentes églises, soumises à la même administration. Entre ces églises, il y en avoit de plus ou de moins importantes; l'autorité séculiere se mêle de l'élection des évêques, & la confusion des deux puissances s'accroît. Il y en avoit de pauvres & de riches; & voilà la premiere origine de l'ambition des pasteurs. Dans chacun, il y avoit des fideles indigens; les évêques furent les dépositaires des aumônes; & voilà la source la plus ancienne de la corruption de l'église.

Que les progrès de l'autorité ecclésiastique depuis la fin du troisieme siecle sont rapides! On plaide devant les évêques. Ils sont arbitres en matieres civiles. La sentence arbitrale de l'évêque est sans appel, & son exécution renvoyée aux magistrats. Le procès d'un clerc ne peut être porté hors de la province. La distinction du crime civil & du crime ecclésiastique, & avec cette distinction celle du privilege clérical naissent. L'appel au souverain est permis, s'il arrive que la sentence de l'évêque soit infirmée au tribunal du magistrat. Long-tems avant ces concessions, les évêques ont obtenu l'inspection sur la police & les mœurs; ils connoissent de la prostitution, des enfans-trouvés, des curatelles, des insensés, des mineurs; ils visitent les prisons; ils pressent les élargissemens; ils déferent au souverain la négligence des juges; ils s'immiscent de l'emploi des deniers publics, de la construction & réparation des grandes routes & d'autres édifices. Et c'est ainsi que, sous prétexte de s'entr'aider, les deux autorités se méloient & préparoient les dissentions qui devoient un jour s'élever entre elles. Tel fut dans les premiers siecles, dans les beaux jours de l'église, le troisieme état de son gouvernement, MOITIÉ CIVIL, MOITIÉ ECCLÉSIASTIQUE, auquel on ne sait plus quel nom donner. Est-ce par la foiblesse des empereurs? est-ce par leur crainte? est-ce par l'intrigue? est-ce par la sainteté des mœurs, que les chefs du christianisme se concilierent tant & de si importantes prérogatives? Alors la terreur religieuse avoit peuplé les déserts de solitaires. On en comptoit plus de soixante-seize mille. C'étoit une pepiniere de diacres, de prêtres & d'évêques.

Constantin a transféré le siege de l'empire à Bizance. Rome n'en est plus la capitale. Les barbares, qui l'ont prise, reprise & pillée, se convertissent. La destinée du christianisme vainqueur des dieux du capitole étoit de s'emparer des destructeurs du trône des Césars ; mais en changeant de religion, ces chefs de horde ne changerent pas de mœurs. Les étranges chrétiens, s'écrie l'historien de l'église, que Clovis & ses successeurs ! Malgré l'analogie du régime ecclésiastique avec le régime féodal, ce seroit une vision que de faire de l'un le modele de l'autre. Les études tombent ; les prêtres emploient le peu de lumieres qu'ils ont conservées, à forger des titres & à fabriquer des légendes. Le concert des deux puissances s'altere. La naissance & la richesse des évêques attachent les Romains qui n'ont & ne peuvent avoir que du mépris & de l'aversion pour de nouveaux maitres, les uns païens, les autres hérétiques, tous féroces. Personne ne doute de la donation de Constantin, Charlemagne confirme celle de Pepin. La grandeur de l'évêque de Rome s'accroît sous Louis-le-débonnaire & sous Othon. Il s'attribue une souveraineté que les bienfaiteurs s'étoient réservée. La prescription fait son titre comme celui des autres potentats. L'église étoit déja infectée de maximes pernicieuses ; & l'opinion que l'évêque de Rome pouvoit déposer les rois étoit générale. Originairement, la primauté de ce

E v

siege sur les autres n'étoit fondée que sur un jeu de mots : *Tu es pierre , & sur cette pierre, j'édifierai mon église.*

Différentes causes concoururent dans la suite à cimenter cette prérogative. Le prince des apôtres avoit été le premier évêque de Rome. Rome étoit le centre de réunion de toutes les autres églises dont elle soulageoit l'indigence. Elle avoit été la capitale du monde ; & le nombre des chrétiens n'étoit nulle part aussi grand. Le titre de pape étoit un titre commun à tous les évêques sur lesquels celui de Rome n'obtint la supériorité qu'au bout de onze siecles. Alors le gouvernement ecclésiastique ne penche pas seulement vers la MONARCHIE, il a fait des pas vers LA MONARCHIE UNIVERSELLE.

Sur la fin du huitieme siecle paroissent les fameuses décrétales d'Isidore de Seville. Le pape s'annonce comme infaillible. Il s'affranchit de la soumission aux conciles. Il tient dans sa main deux glaives, l'un symbolique de la puissance spirituelle, l'autre de la puissance temporelle. Il n'y a plus de discipline. Les prêtres sont les esclaves du pape ; les rois sont ses vassaux. Il leur impose des tributs ; il anéantit les anciens juges ; il en crée de nouveaux. Il fait des primats. Le clerc est soustrait à toute jurisdiction civile. Le décret du moine Gratien comble le mal causé par les décrétales. Le clergé s'occupe du soin d'accroître ses revenus par toute voie. La possession de ses biens est déclarée immuable & sacrée. On effraya par des menaces spirituelles & temporelles. La dixme fut imposée. On trafiqua des reliques ; on encouragea les pélerinages. Ce fut la ruine des mœurs & le dernier coup porté à la discipline de l'église. On expioit une vie criminelle par une vie vagabonde. On imagina les jugemens de Dieu, ou les décisions par l'eau, par le feu, par le sort des saints. Aux opinions superstitieuses se joignit la folie de l'astrologie judiciaire. Tel fut l'état de l'église d'occident, UN DESPOTISME ABSOLU avec toutes ses atrocités.

L'église d'orient eut aussi ses calamités. L'empire Grec avoit été démembré par les Arabes musulmans, les Scythes modernes, les Bulgares & les Russes. Ces derniers n'étoient pas sortis meilleurs des eaux du baptême. Le mahométisme ravit au christianisme une partie de ses sectateurs, & jetta l'autre dans l'esclavage. En occident, le barbare christianisé avoit porté ses mœurs dans l'église. En orient, le Grec s'étoit dépravé par le commerce avec une race d'hommes toute semblable. Cependant les études parurent se réveiller sous le savant & scélérat Photius. Tandis que ce clergé lutte contre les ténèbres, le nôtre devient chasseur & guerrier, & possède des seigneuries à la charge du service militaire ; des évêques & des moines marchent sous des drapeaux, massacrent &

font massacrés. Les privileges de leurs domaines les ont engagés dans les affaires publiques. Ils errent avec les cours ambulantes; ils assistent aux assemblées nationales, devenues parlemens & conciles; & voilà l'époque de l'entiere confusion des deux puissances. C'est alors que les évêques se prétendent nettement juges des souverains; que Vamba est mis en pénitence, revêtu d'un froc & déposé; que le droit de régner est contesté à Louis-le-débonnaire; que les papes s'immiscent des querelles de nation à nation, non comme médiateurs, mais comme despotes; qu'Adrien II défend à Charles-le-chauve d'envahir les états de Clotaire son neveu; & que Grégoire IX écrit à S. Louis: *Nous avons condamné Fréderic II, soi-disant empereur; nous l'avons déposé, & élu à sa place le comte Robert, votre frere.*

Mais si les clercs empietent sur les droits de la puissance temporelle, des seigneurs laïcs nomment & installent des pasteurs sans la participation des évêques; des bénéfices réguliers passent à des séculiers; les cloitres sont mis au pillage. On ne rougit, ni de l'incontinence, ni de la simonie. Les évêchés sont vendus. Les abbayes sont achetées. Le prêtre a sa femme ou sa concubine. Les temples publics sont abandonnés. Ce désordre amene l'abus & le mépris des censures. Elles pleuvent sur les rois, sur leurs sujets; & le sang coule dans toutes les contrées. L'église & l'empire sont dans L'ANARCHIE. Les pélerinages servent de prélude aux croisades, ou à l'expiation des crimes par des assassinats. Des ecclésiastiques de tous les ordres; des fideles de toutes les conditions s'enrôlent. Des gens écrasés de dettes sont dispensés de les payer. Des malfaiteurs échappent à la poursuite des loix. Des moines pervers rompent la clôture de leur solitude. Des maris dissolus quittent leurs femmes. Des courtisannes vont exercer leur infâme métier au pied du sépulcre de leur dieu & proche de la tente de leur roi. Mais il est impossible de suffire à ces expéditions & aux suivantes sans finance. On lève un impôt; & de-là naît la prétention du pape sur tous les biens de l'église; l'institution d'une multitude d'ordres militaires; l'alternative pour les vaincus de l'esclavage ou du christianisme, de la mort ou du baptême; & pour consoler le lecteur de tant de maux, l'accroissement de la navigation & du commerce qui enrichirent Venise, Gênes, Pise, Florence; la décadence du gouvernement féodal par le dérangement de la fortune des seigneurs, & l'habitude de la mer qui peut-être prépara de loin la découverte du Nouveau-Monde. Mais je n'ai pas le courage de suivre plus loin la peinture des désordres & l'accroissement exhorbitant de l'autorité papale. Sous INNOCENT III il n'y a plus qu'un tribunal au monde: il est à Rome. Il n'y a plus qu'un maître: il est à Rome, d'où il règne sur l'Europe par ses légats. L'hiérarchie ecclésiastique s'étend d'un degré par la création des cardinaux. Il ne manquoit plus au despote que des janissaires : il en eut par la création d'une multitude d'ordres monastiques. Rome, autrefois la maîtresse du monde par les armes, l'est devenue par l'opinion. Eh pourquoi les papes, tout puissans sur les esprits, oublierent-ils de conserver aux foudres spirituelles leur terreur, en ne les lançant que contre les souverains ambitieux & injustes ? Qui sait si ce tribunal tant desiré, où les têtes couronnées pussent être citées, n'auroit pas existé dans Rome; & si la menace d'un pere commun, appuyée d'une superstition générale, n'auroit pas amené la fin des guerres ?

La milice papale, laborieuse & sévere dans son origine, les moines se corrompent. Les évêques excédés des entreprises des légats, des magistrats séculiers & des moines sur leur jurisdiction, attentent de leur côté sur la jurisdiction séculiere, avec une audace dont il est difficile de se faire une idée. Si le clerc eût pu se résoudre à faire élever des gibets, nous serions peut-être à présent sous un gouvernement tout-à-fait sacerdotal. C'est la maxime que *l'église abhorre le sang* qui nous en a garantis. Il y avoit des écoles en France & en Italie. Celles de Paris étoient célebres vers la fin du onzieme siecle. Les colleges se multiplioient, & toutefois cet état de l'église que nous avons exposé sans fiel & sans exagération, se perpétue dans tous les pays chrétiens depuis le neuvieme jusqu'au quatorzieme siecle, intervalle de quatre à cinq cens ans. Les empereurs ont perdu l'Italie. Les papes y ont acquis une grande puissance temporelle. Personne ne s'est encore élevé contre leur puissance spirituelle. Les intérêts de ce souverain sont embrassés par tous les Italiens. La dignité de l'épiscopat reste éclipsée par le cardinalat. Le clergé séculier est toujours dominé par le clergé régulier. Venise seule a connu & défendu ses droits. L'irruption des Maures en Espagne y a jetté le christianisme dans une abjection dont il s'est à peine relevé depuis deux cens ans ; & l'inquisition l'y montre jusqu'à nos jours sous l'aspect le plus hideux : l'inquisition, tribunal terrible, tribunal insultant à l'esprit de J. C., tribunal qui doit être détesté, & des souverains, & des évêques, & des magistrats & des sujets; des souverains, qu'il ose menacer & contre lesquels il a quelquefois cruellement sévi; des évêques, dont il anéantit la jurisdiction ; des magistrats, dont il usurpe l'autorité légitime; des sujets, qu'il tient dans une continuelle terreur, qu'il réduit au silence & qu'il condamne à la stupidité, par le péril de s'instruire, de lire, d'écrire & de parler ; tribunal qui n'a dû son institution & qui ne doit sa durée dans les contrées où il s'est maintenu, qu'à une politique sacrilege

& jalouse d'éterniser des préjugés & des prérogatives qui ne pourroient être discutés sans s'évanouir.

Avant le schisme de Henri VIII, l'Angleterre étoit soumise au pape, même pour le temporel. Londres a secoué le joug de Rome, mais on voit moins dans la réforme l'ouvrage de la raison que de la passion. L'Allemagne a opposé des excès à des excès ; & depuis Luther, les Catholiques & les Schismatiques s'y sont montrés également ivres, les uns de la tyrannie papale, les autres de l'indépendance. Le christianisme s'établit en Pologne avec toutes les prétentions de l'autorité papale. En France, on regardoit la puissance temporelle comme subordonnée à la puissance spirituelle. Au sentiment des fauteurs des opinions ultramontaines, ce royaume, ainsi que tous ceux de la terre relevoit de l'église de Rome ; les princes pouvoient être excommuniés, & les sujets déliés du serment de fidélité. Mais le colosse papal y chanceloit, & dès le quatorzieme siecle, il touchoit au moment de sa chûte. Alors les études se renouvellent. On s'applique aux langues anciennes. La premiere grammaire Hébraïque est publiée. Le college royal est fondé. Vers le milieu du quinzieme, l'art de l'imprimerie est inventé. Une multitude d'ouvrages en tout genre sortent de la poussiere des bibliotheques monastiques pour passer dans les mains des peuples. La langue vulgaire se perfectionne. On traduit. Le souverain & des particuliers forment d'amples collections de livres. Les conciles, les peres, l'écriture-sainte sont lus. On s'occupe du droit canonique. On s'instruit de l'histoire de l'église. L'esprit de critique naît. Les apocryphes sont démasqués ; les originaux restitués dans leur pureté. Les yeux des souverains & des ecclésiastiques s'ouvrent ; les disputes de religion les éclairent. On recherche l'origine des immunités, des exemptions, des privileges, & l'on s'en démontre la vanité. On remonte aux tems anciens, & l'on en compare la discipline avec les usages modernes. L'ordre hyérarchique de l'église se releve ; les deux puissances rentrent dans leurs limites. Les décisions de l'église reprennent leur vigueur ; & si la tyrannie papale n'a pas été étouffée en France, elle y gémit sous des chaînes très-étroites. Notre clergé, en 1681, décida que la puissance temporelle étoit indépendante de la spirituelle, & que le pape étoit soumis aux canons de l'église. Si la mission du prêtre est de droit divin ; s'il lui appartient de lier & de délier, peut-il ne pas excommunier l'impénitent & l'hérétique, souverain ou particulier ? Dans nos principes, c'est un pouvoir qu'on ne sauroit lui refuser : mais les hommes sages voient à cette procédure violente de si fâcheuses conséquences qu'ils ont déclaré qu'il n'y falloit presque jamais recourir. L'excommunication entraîne-t-elle la déposition du souverain & délie-t-elle les sujets du serment de fidélité ? Ce seroit un crime de lèze-majesté de le penser. D'où l'on voit que le gouvernement ecclésiastique, du moins en France, a passé de la TYRANNIE ANARCHIQUE à une sorte D'ARISTOCRATIE TEMPÉRÉE.

Mais s'il m'étoit permis de m'expliquer sur une matiere aussi importante, j'oserois assurer que ni en Angleterre, ni dans les contrées hérétiques de l'Allemagne, des Provinces-Unies & du Nord, on n'est remonté aux véritables principes. Mieux connus, que de sang & de troubles ils auroient épargné ; de sang païen, de sang hérétique, de sang chrétien, depuis la premiere origine des cultes nationaux jusqu'à ce jour ; & combien ils en épargneroient dans l'avenir, si les maîtres de la terre étoient assez sages & assez fermes pour s'y conformer.

L'état, ce me semble, n'est point fait pour la religion, mais la religion est faite pour l'état. Premier principe.

L'intérêt général est la regle de tout ce qui doit subsister dans l'état. Second principe.

Le peuple, ou l'autorité souveraine dépositaire de la sienne, a seule le droit de juger de la conformité de quelque institution que ce soit avec l'intérêt général. Troisieme principe.

Ces trois principes me paroissent d'une

évidence incontestable, & les propositions qui suivent n'en sont que des corollaires.

C'est donc à cette autorité & à cette autorité seule qu'il appartient d'examiner les dogmes & la discipline d'une religion ; les dogmes, pour s'assurer, si, contraires au sens commun, ils n'exposeroient point la tranquillité à des troubles d'autant plus dangereux que les idées d'un bonheur à venir s'y compliqueront avec le zèle pour la gloire de Dieu & la soumission à des vérités qu'on regardera comme révélées ; la discipline, pour voir si elle ne choque pas les mœurs régnantes, n'éteint pas l'esprit patriotique, n'affoiblit pas le courage, ne dégoûte point de l'industrie, du mariage & des affaires publiques, ne nuit pas à la population & à la sociabilité, n'inspire pas le fanatisme & l'intolérance, ne sème point la division entre les proches de la même famille, entre les familles de la même cité, entre les cités du même royaume, entre les différens royaumes de la terre ; ne diminue point le respect dû au souverain & aux magistrats, & ne prêche ni des maximes d'une austérité qui attriste, ni des conseils qui mènent à la folie.

Cette autorité, & cette autorité seule, peut donc proscrire le culte établi, en adopter un nouveau, ou même se passer de culte, si cela lui convient. La forme générale du gouvernement en étant toujours au premier instant de son adoption ; comment la religion pourroit-elle prescrire par sa durée ?

L'état a la suprématie en tout. La distinction d'une puissance temporelle & d'une puissance spirituelle est une absurdité palpable ; & il ne peut & ne doit y avoir qu'une seule & unique jurisdiction, par-tout où il ne convient qu'à l'utilité publique d'ordonner ou de défendre.

Pour quelque délit que ce soit, il n'y aura qu'un tribunal ; pour quelque coupable, qu'une prison ; pour quelque action illicite, qu'une loi. Toute prétention contraire blesse l'égalité des citoyens ; toute possession est une usurpation du prétendant aux dépens de l'intérêt commun.

Point d'autre concile que l'assemblée des ministres du souverain. Quand les administrateurs de l'état sont assemblés, l'église est assemblée. Quand l'état a prononcé, l'église n'a plus rien à dire.

Point d'autres canons que les édits des princes & les arrêts des cours de judicature.

Qu'est-ce qu'un délit commun & un délit privilégié, où il n'y a qu'une loi, une chose publique, des citoyens ?

Les immunités & autres privileges exclusifs sont autant d'injustices commises envers les autres conditions de la société qui en sont privées.

Un évêque, un prêtre, un clerc peut s'expatrier, s'il lui plait : mais alors il n'est plus rien. C'est à l'état à veiller à sa conduite; c'est à l'état à l'installer & à le déplacer.

Si l'on entend par bénéfice autre chose que le salaire que tout citoyen doit recueillir de son travail; c'est un abus à réformer promptement. Celui qui ne fait rien n'a pas le droit de manger.

Eh pourquoi, le prêtre ne pourroit-il pas acquérir, s'enrichir, jouir, vendre, acheter & tester comme un autre citoyen?

Qu'il soit chaste, docile, humble, indigent même; s'il n'aime pas les femmes; s'il est d'un caractere abject, & s'il préfere du pain & de l'eau à toutes les commodités de la vie. Mais qu'il lui soit défendu d'en faire le vœu. Le vœu de chasteté répugne à la nature & nuit à la population; le vœu de pauvreté n'est que d'un inepte ou d'un paresseux; le vœu d'obéissance à quelqu'autre puissance qu'à la dominante & à la loi, est d'un esclave ou d'un rebelle.

S'il existoit donc dans un recoin d'une contrée soixante mille citoyens enchaînés par ces vœux, qu'auroit à faire de mieux le souverain, que de s'y transporter avec un nombre suffisant de satellites armés de fouets, & de leur dire: sortez, canaille fainéante, sortez: aux champs, à l'agriculture, aux atteliers, à la milice?

L'aumône est le devoir commun de tous ceux qui ont au-delà du besoin absolu.

Le soulagement des vieillards & des infirmes indigens, celui de l'état qu'ils ont servi.

Point d'autres apôtres que le législateur & les magistrats.

Point d'autres livres sacrés que ceux qu'ils auront reconnus pour tels.

Rien de droit divin que le bien de la république.

Je pourrois étendre ces conséquences à beaucoup d'autres objets : mais je m'arrête ici, protestant que si dans ce que j'ai dit, il y a quelque chose de contraire au bon ordre d'une société raisonnable, & à la félicité des citoyens, je le rétracte ; quoique j'aie peine à me persuader que les nations puissent s'éclairer & ne pas sentir un jour la vérité de mes principes. Au reste, je préviens mon lecteur, que je n'ai parlé que de la religion extérieure. Quant à l'intérieure, l'homme n'en doit compte qu'à Dieu. C'est un secret entre lui & celui qui l'a tiré du néant & qui peut l'y replonger.

Maintenant, si nous revenons sur nos pas, nous trouverons que tous les gouvernemens sont compris sous quelqu'une des formes que nous avons décrites, & qui sont diversement modifiées, par la situation locale, la masse de la population, l'étendue du territoire, l'influence des opinions & des occupations, les relations extérieures & la vicissitude des événemens qui agissent sur l'organisation des corps politiques, comme l'impression des fluides environnans agit sur les corps physiques.

Ne croyez pas, comme on le dit souvent, que les gouvernemens soient à-peu-près les mêmes, sans autre différence que celle du caractere des hommes qui gouvernent. Cette maxime est peut-être vraie dans les gouvernemens absolus, chez les nations qui n'ont pas en elles-mêmes le principe de leur volonté. Elles prennent le pli que le prince leur donne : élevées, fieres & courageuses pour un monarque actif, amoureux de la gloire ; indolentes & mornes sous un roi superstitieux ; pleines d'espérance ou de crainte, sous un jeune prince ; de foiblesse & de corruption sous un vieux despote ; ou plutôt alternativement confiantes & lâches, sous les ministres que l'intrigue suscite. Dans ces états, le gouvernement prend le caractere de l'administration : mais dans les états libres, l'administration prend le caractere du gouvernement.

Quoi qu'il en soit de la nature & du ressort des constitutions qui gouvernent les hommes, l'art de la législation étant celui qui demande le plus de perfection, est aussi le plus digne d'occuper les meilleurs génies. La science du gouvernement ne contient pas des vérités isolées, ou plutôt elle n'a pas un seul principe qui ne tienne à toutes les branches d'administration.

L'état est une machine très-compliquée,

qu'on ne peut monter ni faire agir, sans en connoître toutes les pieces. On n'en sauroit presser ou relâcher une seule, que toutes les autres n'en soient dérangées. Tout projet utile pour une classe de citoyens ou pour un moment de crise, peut devenir funeste à toute la nation, & nuisible pour un long avenir. Détruisez ou dénaturez un grand corps, ces mouvemens convulsifs, qu'on appelle coups d'état, agiteront la masse nationale, qui s'en ressentira peut-être durant des siecles. Toutes les innovations doivent être insensibles, naître du besoin, être inspirées par une sorte de cri public, ou du moins s'accorder avec le vœu général. Anéantir ou créer tout-à-coup, c'est empirer le mal & corrompre le bien. Agir sans consulter la volonté générale, sans recueillir, pour ainsi dire, la pluralité des suffrages dans l'opinion publique ; c'est aliéner les cœurs & les esprits, tout décréditer, même le bon & l'honnête.

L'Europe auroit à désirer que les souverains, convaincus de la nécessité de perfectionner la science du gouvernement, voulussent imiter un établissement de la Chine. Dans cet empire, on distingue les ministres en deux classes, celle des *penseurs* & celle des *signeurs*. Tandis que la derniere est occupée du détail & de l'expédition des affaires, la premiere n'a d'autre travail que de former des projets, ou d'examiner ceux qu'on lui présente. Au sentiment des admirateurs du gouververnement Chinois, c'est la source de tous les réglemens judicieux qui font régner dans ces régions la législation la plus savante, par l'administration la plus sage. Toute l'Asie est sous le despotisme, mais en Turquie, en Perse, c'est le despotisme de l'opinion par la religion ; à la Chine, c'est le despotisme des loix par la raison. Chez les Mahométans, on croit à l'autorité divine du prince : chez les Chinois, on croit à l'autorité naturelle de la loi raisonnée. Mais dans ces empires, c'est la persuasion qui meut les volontés.

Dans l'heureux état de police & de lumiere où l'Europe est parvenue, on sent bien que cette conviction des esprits qui opere une obéissance libre, aisée & générale, ne peut venir que d'une certaine évidence de l'utilité des loix. Si les gouvernemens ne veulent pas soudoyer des *penseurs*, qui peut-être deviendroient suspects ou corrompus dès qu'ils seroient mercenaires ; qu'ils permettent du moins aux esprits supérieurs de veiller en quelque sorte sur le bien public. Tout écrivain de génie est magistrat né de sa patrie. Il doit l'éclairer, s'il le peut. Son droit c'est son talent. Citoyen obscur ou distingué, quels que soient son rang ou sa naissance, son esprit toujours noble, prend ses titres dans ses lumieres. Son tribunal, c'est la nation entiere ; son juge est le public, non le despote qui ne l'entend pas, ou le ministre qui ne veut pas l'écouter.

Toutes ces vérités ont leurs limites, sans doute; mais il est toujours plus dangereux d'étouffer la liberté de penser, que de l'abandonner à sa pente, à sa fougue. La raison & la vérité triomphent de l'audace des esprits ardens, qui ne s'emportent que dans la contrainte, & ne s'irritent que de la persécution. Rois & ministres, aimez le peuple; aimez les hommes, & vous serez heureux. Ne craignez alors ni les esprits libres & chagrins, ni la révolte des méchans. Celle des cœurs est bien plus dangereuse: car la vertu s'aigrit & s'indigne jusqu'à l'atrocité. Caton & Brutus étoient vertueux; ils n'eurent à choisir qu'entre deux grands attentats, le suicide ou la mort de César.

Souvenez-vous que l'intérêt du gouvernement n'est que celui de la nation. Quiconque divise en deux cet intérêt si simple, le connoît mal, & ne peut qu'y préjudicier.

L'autorité divise ce grand intérêt, lorsque les volontés particulieres sont substituées à l'ordre établi. Les loix & les loix seules doivent régner. Cette règle universelle n'est pas un joug pour le citoyen, mais une force qui le protege, une vigilance qui assure sa tranquillité. Il se croit libre; & cette opinion qui fait son bonheur décide de sa soumission. Les fantaisies arbitraires d'un administrateur inquiet & entreprenant viennent-elles renverser cet heureux système; les peuples qui par habitude, par préjugé ou par amour-propre sont assez généralement portés à regarder le gouvernement sous lequel ils vivent comme le meilleur de tous, perdent une illusion que rien ne peut remplacer.

L'autorité divise ce grand intérêt, lorsqu'elle persévere opiniâtrément dans une erreur où elle est tombée. Qu'un fol orgueil ne l'aveugle pas, & elle verra que des variations qui la rameneront au vrai & au bon, loin d'affoiblir ses ressorts les fortifieront. Revenir d'une méprise dangereuse, ce n'est pas se démentir, ce n'est pas étaler aux peuples l'inconstance du gouvernement; c'est leur en démontrer la sagesse & la droiture. Si leur respect devoit diminuer, ce seroit pour la puissance qui ne connoîtroit jamais ses torts ou les justifieroit toujours, & non pour celle qui les avoueroit & s'en corrigeroit.

L'autorité divise ce grand intérêt, lorsqu'elle sacrifie à l'éclat terrible & passager des exploits guerriers, la tranquillité, l'aisance & le sang des peuples. Vainement cherche-t-on à justifier ces penchans destructeurs par des statues & des inscriptions. Ces monumens de l'arrogance & de la flatterie seront détruits un jour par le tems, ou renversés par la haine. Il n'y aura de mémoire respectée que celle du prince qui aura préféré la paix qui devoit rendre ses sujets heureux, à des victoires qui n'eussent été que pour lui; qui aura regardé son empire comme sa famille;

qui n'aura ufé de fon pouvoir que pour l'avantage de ceux qui le lui avoient confié. Son nom & fon caractere feront généralement chéris. Les peres inftruiront leur poftérité du bonheur dont ils ont joui. Ces enfans le rediront à leurs neveux ; & ce délicieux fouvenir confervé d'âge en âge fe perpétuera dans chaque foyer, & dans tous les fiecles.

L'autorité divife ce grand intérêt, lorfque celui aux mains de qui la naiffance ou l'élection ont mis les rênes du gouvernement, les laiffe flotter au gré d'un hafard aveugle ; lorfqu'il préfere un lâche repos à la dignité, à l'importance des fonctions dont il a été chargé. Son inaction eft un crime, eft une infamie. L'indulgence qu'on auroit eue pour fes fautes, on la refufera juftement à fon indolence. Cette févérité fera d'autant plus légitime, que fon caractere l'aura décidé à fe laiffer remplacer par les premiers ambitieux qui fe feront offerts, & prefque néceffairement par des hommes incapables. Eût-il eu le bonheur infiniment rare de faire un bon choix, il feroit encore impardonnable, parce qu'il n'eft pas permis de fe décharger de fes devoirs fur d'autres. Il mourra fans avoir vécu. Son nom fera oublié ; ou fi l'on fe fouvient de lui, ce fera comme de ces rois fainéans dont l'hiftoire a dédaigné avec raifon de compter les années.

L'autorité divife ce grand intérêt, lorfque les places qui décident du repos public font confiées à des intrigans vils & corrompus, lorsque la faveur obtient les récompenses dues aux services. Alors sont brisés ces ressorts puissans qui assurent la grandeur & la durée des empires. Toute émulation s'éteint. Les citoyens éclairés & laborieux se cachent ou se retirent. Les méchans, les audacieux se montrent insolemment & prospèrent. La présomption, l'intérêt, les passions les plus désordonnées mènent tout, décident de tout. On compte pour rien la justice. La vertu tombe dans l'avilissement ; & les bienséances, qui pourroient en quelque sorte la remplacer, sont regardées comme des préjugés antiques, comme des usages ridicules. Le découragement au-dedans, l'opprobre au-dehors : voilà ce qui reste à une nation autrefois puissante & respectée.

Un bon gouvernement peut quelquefois faire des mécontens : mais quand on fait beaucoup de malheureux sans aucune sorte de prospérité publique, c'est alors que le gouvernement est vicieux de sa nature.

Le genre-humain est ce qu'on veut qu'il soit ; c'est la maniere dont on le gouverne, qui le décide au bien ou au mal.

Un état ne doit avoir qu'un objet ; & cet objet est la félicité publique. Chaque état a sa maniere d'aller à ce but ; & cette maniere est son esprit, son principe auquel tout est subordonné.

Un peuple ne sauroit avoir d'industrie pour

les arts, ni de courage pour la guerre, fans confiance & fans amour pour le gouvernement. Mais dès que la crainte a rompu tous les autres refforts de l'ame, une nation n'eft plus rien, un prince eft expofé à mille entreprifes au-dehors, à mille dangers au-dedans. Méprifé de fes voifins, haï de fes fujets, il doit trembler jour & nuit fur le fort de fon royaume & fur fa propre vie. C'eft un bonheur pour une nation, que le commerce, les arts & les fciences y fleuriffent. C'eft même un bonheur pour ceux qui la gouvernent, quand ils ne veulent pas la tyrannifer. Rien n'eft fi facile à conduire que des efprits juftes: mais rien ne hait autant qu'eux la violence & la fervitude. Donnez des peuples éclairés aux monarques; laiffez les brutes aux defpotes.

Le defpotifme s'élève avec des foldats, & fe diffout par eux. Dans fa naiffance, c'eft un lion qui cache fes griffes pour les laiffer croître. Dans fa force, c'eft un frénétique qui déchire fon corps avec fes bras. Dans fa vieilleffe, c'eft Saturne qui, après avoir dévoré fes enfans, fe voit honteufement mutilé par fa propre race.

Le gouvernement peut fe divifer en législation & en politique. La législation agit au-dedans, & la politique au-dehors.

III. Politique.

Les peuples fauvages & chaffeurs ont plutôt une politique qu'une législation. Gouvernés chez eux par les mœurs & l'exemple, ils n'ont des conventions ou des loix que de nation à nation. Des traités de paix ou d'alliance font tout leur code.

Telles étoient à-peu-près les sociétés des tems anciens. Séparés par des déserts, sans communication de commerce ou de voyages, ces peuples n'avoient que des intérêts du moment à démêler. Finir une guerre en fixant les limites d'un état, c'étoit toutes leurs négociations. Comme il s'agissoit de persuader une nation, & non de corrompre une cour par les maîtresses ou les favoris du prince, ils employoient des hommes éloquens; & le nom d'orateur étoit synonyme à celui d'ambassadeur.

Dans le moyen âge, où tout jusqu'à la justice, se décidoit par la force ; où le gouvernement gothique divisoit par les intérêts tous les petits états qu'il multiplioit par sa constitution, les négociations n'avoient guere d'influence sur des peuples isolés & farouches, qui ne connoissoient d'autre droit que la guerre, ni des traités, que pour des trèves ou des rançons.

Durant ce long période d'ignorance & de férocité, la politique fut toute concentrée à la cour de Rome. Elle y étoit née des artifices qui avoient fondé le gouvernement des papes. Comme les pontifes influoient par les loix de la religion & par les règles de la hiérarchie, sur un clergé très-nombreux que le prosélytisme étendoit sans cesse au loin dans tous les états chrétiens, la correspondance qu'ils entretenoient avec les évèques établit de bonne heure à Rome, un centre de communication de toutes ces églises ou de ces nations. Tous les droits étoient subordonnés à une religion qui dominoit exclusivement sur les esprits ; elle entroit dans presque toutes les entreprises, ou comme motif, ou comme moyen ; & les papes ne manquoient jamais, par les émissaires Italiens qu'ils avoient placés dans les prélatures de la chrétienté, d'être instruits de tous les mouvemens, & de profiter de tous les événemens. Ils y avoient le plus grand intérêt : celui de parvenir à la monarchie universelle. La barbarie des siècles où ce projet fut conçu, n'en obscurcit point l'éclat & la sublimité. Quelle audace d'esprit pour soumettre sans troupes des nations toujours armées ! Quel art de rendre respectable & sacrée la foiblesse même du clergé ! Quelle adresse à remuer, à secouer les trônes les uns après les autres, pour les tenir tous dans la dépendance ! Un dessein si profond & si vaste ne pouvant s'exécuter qu'autant qu'il n'est pas manifesté, ne sauroit convenir à une monarchie héréditaire, où les passions des rois & les intrigues des ministres, mettent tant d'instabilité dans les affaires. Ce projet, & le plan général de conduite qu'il exige, ne pouvoient naître que dans un gouvernement électif, où le chef est pris dans un corps toujours animé du même esprit, imbu des mêmes maximes; où une cour aristocratique gouverne le prince, plutôt qu'elle ne se laisse gouverner par lui.

Pendant que la politique Italienne épioit dans toute l'Europe, & saisissoit les occasions d'aggrandir & d'affermir le pouvoir ecclésiastique, chaque souverain voyoit avec indifférence les révolutions qui se passoient au-dehors. La plupart étoient trop occupés à cimenter leur autorité dans leurs propres états, à disputer les branches du pouvoir aux différens corps qui en étoient en possession, ou qui luttoient contre la pente naturelle de la monarchie au despotisme: ils n'étoient pas assez maîtres de leur propre héritage, pour s'occuper des affaires de leurs voisins.

Le quinzieme siecle fit éclorre un autre ordre de choses. Quand les princes eurent rassemblés leurs forces, ils voulurent les mesurer. Jusqu'alors, les nations ne s'étoient fait la guerre que sur leurs frontieres. Le tems de la campagne se passoit à assembler les troupes que chaque baron levoit toujours lentement. C'étoient des escarmouches entre des partis, & non des batailles entre des armées. Quand un prince, par des alliances ou des héritages, eut acquis des domaines en différens états; les intérêts se confondirent, & les peuples se brouillerent. Il fallut des troupes réglées à la solde du monarque, pour aller défendre au loin des poſſeſſions qui n'appartenoient pas à l'état. La couronne d'Angleterre ceſſa d'avoir des provinces au cœur de la France : mais celle d'Eſpagne acquit des droits en Allemagne, & celle de France forma des prétentions en Italie. Dès-lors toute l'Europe fut dans une alternative perpétuelle de guerre & de négociation.

L'ambition, les talens, les rivalités de Charles-Quint & de François I, donnerent naiſſance au ſyſtème actuel de la politique moderne. Avant ces deux rois, les deux nations Eſpagnole & Françoiſe, s'étoient diſputé le royaume de Naples, au nom des maiſons d'Aragon & d'Anjou. Leurs querelles avoient excité une fermentation dans toute l'Italie, & la république de Veniſe étoit l'ame de cette réaction inteſtine contre deux puiſſances étrangeres. Les Allemands prirent part à ces mouvemens, ou comme auxiliaires, ou comme intéreſſés. L'empereur & le pape s'y engagerent avec preſque toute la chrétienté. Mais François I & Charles-Quint attacherent à leur ſort les regards, les inquiétudes & la deſtinée de l'Europe. Toutes les puiſſances ſemblerent ſe partager entre deux maiſons rivales, pour affoiblir tour à tour la dominante. La fortune ſeconda l'habileté, la force & la ruſe de Charles-Quint. Plus ambitieux & moins voluptueux que François I, ſon caractere emporta l'équilibre, & l'Europe pencha de son côté, mais ne plia pas sans retour.

Philippe II, qui avoit bien toutes les intrigues, mais non les vertus militaires de son pere, hérita des projets & des vues de son ambition, & trouva des tems favorables à son aggrandissement. Il épuisa son royaume d'hommes & de vaisseaux, même d'argent, lui qui avoit les mines du Nouveau-Monde; & laissa une monarchie plus vaste, mais l'Espagne plus foible qu'elle n'avoit été sous son pere.

Son fils crut renouer les chaînes de l'Europe, en s'alliant à la branche de sa maison qui régnoit en Allemagne. Philippe II s'en étoit détaché par la négligence; Philippe II reprit ce fil de politique. Mais il suivit du reste les principes erronnés, étroits, superstitieux & pédantesques de son prédécesseur. Au-dedans, beaucoup de formalités, mais point de regle, point d'économie. L'église ne cessa de dévorer l'état. L'inquisition, ce monstre informe, qui cache sa tête dans les cieux & ses pieds dans les enfers, tarit la population dans sa racine, tandis que les guerres & les colonies en moissonnoient la fleur. Au-dehors, toujours la même ambition, avec des moyens plus mal-adroits. Téméraire & précipité dans ses entreprises, lent & opiniâtre dans l'exécution, Philippe III réunit tous les défauts qui se nuisent, & font tout avorter, tout échouer. Il épuisa le peu de vie & de vigueur qui restoit au tronc de la monarchie. Richelieu profita de cette foiblesse de l'Espagne, de la foiblesse du roi qu'il maîtrisoit, pour remplir son siecle de ses intrigues, & la postérité de son nom. L'Allemagne & l'Espagne étoient comme liées par la maison d'Autriche : à cette ligue, il opposa par contrepoids celle de la France avec la Suede. Ce système auroit été l'ouvrage de son tems, s'il n'avoit pas été celui de son génie. Gustave Adolphe enchaîna tout le Nord à la suite de ses victoires. L'Europe entiere concourut à l'abaissement de l'orgueil Autrichien ; & la paix des Pyrenées fit passer les honneurs de la prépondérance de l'Espagne à la France.

On avoit accusé Charles-Quint d'aspirer à la monarchie universelle ; on accusa Louis XIV de la même ambition. Mais ni l'un ni l'autre ne conçut un projet si haut, si téméraire. Ils avoient tous les deux passionnement à cœur d'étendre leur empire, en élevant leurs familles. Cette ambition est également naturelle aux princes ordinaires, nés sans aucun talent, & aux monarques d'un esprit supérieur, qui n'ont point de vertus ou de morale. Mais ni Charles-Quint, ni Louis XIV n'avoient cette détermination, cette impulsion de l'ame à tout braver, qui fait les héros conquérans : ils n'avoient rien d'Alexandre. Cependant on prit, l'on sema des alarmes utiles. On ne sauroit les concevoir, les répandre trop tôt, quand il s'élève des puissances formidables à leurs voisins. C'est entre les nations sur-tout, c'est à l'égard des rois que la crainte opere la sûreté.

Quand Louis XIV voulut regarder autour de lui, peut-être dut-il être étonné de se voir plus puissant qu'il ne le croyoit. Sa grandeur venoit en partie du peu de concert qui régnoit entre les forces & les mesures de ses ennemis. L'Europe avoit bien senti le besoin d'un lien commun, mais n'en avoit pas trouvé le moyen. En traitant avec ce monarque, fier des succès & vain des éloges, on croyoit gagner beaucoup que de ne pas tout perdre. Enfin les insultes de la France multipliées avec ses victoires ; la pente de ses intrigues à diviser tout, pour dominer seule ; le mépris pour la foi des traités ; son ton de hauteur & d'autorité, acheverent de changer l'envie en haîne, de répandre l'inquiétude. Les princes même qui avoient vu sans ombrage ou favorisé l'accroissement de sa puissance, sentirent la nécessité de réparer cette erreur de politique & comprirent qu'il falloit combiner & réunir entre eux une masse de forces supérieures à la sienne, pour l'empêcher de tyranniser les nations.

Des ligues se formerent, mais long-tems sans effet. Un seul homme sut les conduire & les animer. Echauffé de cet esprit public, qui ne peut entrer que dans les ames grandes & vertueuses, ce fut un prince, mais né dans une république, qui se pénétra pour l'Europe entière de l'amour de la liberté, si naturel aux esprits justes. Cet homme tourna son ambition vers l'objet le plus élevé, le plus digne du tems où il vivoit. Jamais son intérêt ne put le détourner de l'intérêt public. Avec un courage qui étoit tout à lui, il sut braver les défaites qu'il prévoyoit ; attendant moins de succès de ses talens militaires, qu'une heureuse issue de sa patience & de son activité politique. Telle étoit la situation des choses, lorsque la succession au trône d'Espagne mit l'Europe en feu.

Depuis l'empire des Perses & celui des Romains, jamais une si riche proie n'avoit tenté l'ambition. Le prince qui auroit pu la joindre à sa couronne, seroit monté naturellement à cette monarchie universelle, dont le fantôme épouvantoit tous les esprits. Il falloit donc empêcher que ce trône n'échût à une puissance déja formidable, & tenir la balance égale entre les maisons d'Autriche & de Bourbon, qui seules y pouvoient aspirer par le droit du sang.

Des hommes versés dans la connoissance des mœurs & des affaires de l'Espagne, ont prétendu, si l'on en croit Bolingbrock, que sans les hostilités que l'Angleterre & la Hollande excitèrent alors, on eût vu Philippe V aussi bon Espagnol que les Philippes ses prédécesseurs, & que le conseil de France n'auroit aucune influence sur l'administration d'Espagne : mais que la guerre faite aux Espagnols pour leur donner un maître, les obligea de recourir aux flottes & aux armées d'une couronne, qui seule pouvoit les aider à prendre un roi qui leur convînt. Cette idée profonde & juste a été confirmée par un demi-siecle d'expérience. Jamais le génie Espagnol n'a pu s'accommoder au goût François. L'Espagne, par le caractere de ses habitans, semble moins appartenir à l'Europe qu'à l'Afrique.

Cependant les évènemens répondirent au vœu général. Les armées & les conseils de la quadruple alliance, prirent un égal ascendant sur l'ennemi commun. Au lieu de ces campagnes languissantes & malheureuses qui avoient éprouvé, mais non rebuté le prince d'Orange, on vit toutes les opérations réussir aux confédérés. La France, à son tour, par-tout humiliée & défaite, touchoit à sa ruine, lorsque la mort de l'empereur la releva.

Alors on sentit que l'archiduc Charles venant à hériter de tous les états de la maison d'Autriche, s'il joignoit les Espagnes & les Indes à ce grand héritage, surmonté de la couronne Impériale, auroit dans ses mains cette même puissance exorbitante que la guerre arrachoit à la maison de Bourbon.

Les ennemis de la France s'obstinoient cependant à détrôner Philippe V, sans songer à celui qui rempliroit sa place; tandis que les vrais politiques, malgré leurs triomphes, se lassoient d'une guerre, dont les succès devenoient toujours des maux, quand ils cessoient d'être des remedes.

Cette diversité d'opinions brouilla les alliés; & cette dissention empêcha que la paix d'Utrecht n'eût pour eux tous les fruits qu'ils devoient se promettre de leurs prospérités. Les meilleures barrieres dont on pouvoit couvrir les provinces des alliés, étoit de découvrir les frontieres de la France. Louis XIV avoit employé quarante ans à les fortifier, & ses voisins avoient vu tranquillement élever ces boulevards qui les menaçoient à jamais. Il falloit les démolir: car toute puissance forte qui se met en défense, projette d'attaquer. Philippe resta sur le trône d'Espagne; & les bords du Rhin, la Flandre, resterent fortifiés.

Depuis cette époque, aucune occasion ne s'est présentée pour réparer l'imprudence commise à la paix d'Utrecht. La France a toujours conservé la supériorité dans le continent: mais la fortune en a souvent diminué les influences. Les bassins de la balance politique ne seront jamais dans un parfait équilibre, ni assez justes pour déterminer les degrés de puissance, avec une exacte précision. Peut-être même ce système d'égalité n'est-il qu'une chimere? La balance ne peut s'établir que par des traités, & les traités n'ont aucune folidité, tant qu'ils ne font faits qu'entre des fouverains abfolus, & non entre des nations. Ces actes doivent fubfifter entre des peuples, parce qu'ils ont pour objet la paix & la fûreté qui font leurs plus grands biens: mais un defpote facrifie toujours fes fujets à fon inquiétude, & fes engagemens à fon ambition.

Mais ce n'eft pas uniquement la guerre qui décide de la prépondérance des nations, comme on l'a cru jufqu'à nos jours. Depuis un demi-fiecle le commerce y a beaucoup plus influé. Tandis que les puiffances du continent mefuroient & partageoient l'Europe en portions inégales, que la politique, par fes ligues, fes traités & fes combinaifons, mettoit toujours en équilibre; un peuple maritime formoit, pour ainfi dire, un nouveau fyftème, & foumettoit par fon induftrie la terre à la mer; comme la nature l'y a foumife elle-même par fes loix. Elle créoit ou développoit ce vafte commerce qui a pour bafe une excellente agriculture, des manufactures floriffantes, & les plus riches poffeffions des quatre parties du monde. C'eft cette efpece de monarchie univerfelle, que l'Europe doit ôter à l'Angleterre, en redonnant à chaque état maritime la liberté, la puiffance qu'il a droit d'avoir fur l'élément qui l'environne. C'eft un fyftème de bien public, fondé sur l'équité naturelle. Ici, la justice est l'expression de l'intérêt général. On ne sauroit trop avertir les peuples de reprendre toutes leurs forces, & d'employer les ressources que leur offrent le climat & le sol qu'ils habitent, pour acquérir l'indépendance nationale & individuelle où ils sont nés.

Si les lumieres étoient assez répandues en Europe, & que chaque nation connût ses droits & ses vrais biens, ni le continent, ni l'océan ne se feroient mutuellement la loi : mais il s'établiroit une influence réciproque entre les peuples de la terre & de la mer, un équilibre d'industrie & de puissance, qui les feroit tous communiquer ensemble pour l'utilité générale. Chacun cultiveroit & recueilleroit sur l'élément qui lui est propre. Les divers états auroient cette liberté d'exportation & d'importation qui doit régner entre les provinces d'un même empire.

Une grande erreur domine dans la politique moderne : c'est celle d'affoiblir, autant qu'on peut, ses ennemis. Mais aucune nation ne peut travailler à la ruine des autres, sans préparer & avancer son asservissement. Sans doute, il est des momens où la fortune offre tout-à-coup un grand accroissement de puissance à un peuple : mais une prospérité subite est peu durable. Souvent il vaudroit mieux soutenir des rivaux, que de les opprimer. Sparte refusa de rendre Athènes esclave ; & Rome se répentit d'avoir détruit Carthage.

Cette élévation de sentimens épargneroit bien des mensonges, bien des crimes à la politique, qui, depuis deux ou trois siecles, a eu des objets plus variés & plus importans. Son action étoit autrefois très-resserrée. Rarement passoit-elle les frontieres de chaque peuple. Sa sphère est singulierement aggrandie à mesure que les nations les plus éloignées les unes des autres ont formé des liaisons entre elles. Elle a sur-tout reçu un accroissement immense, lorsque, par des découvertes heureuses, ou malheureuses, toutes les parties de l'univers ont été subordonnées à celle que nous habitons.

Comme l'étendue qu'acquéroit la politique multiplioit ses opérations, chaque puissance crut convenable à ses intérêts de fixer dans les cours étrangeres des agens qui n'y avoient été employés que pour un tems fort court. L'habitude de traiter sans interruption, donna naissance à des maximes inconnues jusqu'à cette époque. A la franchise, à la célérité des négociations passageres, succéderent des longueurs & des ruses. On se tâta ; on s'étudia ; on chercha à se lasser, à se surprendre réciproquement. Les secrets qui n'avoient pu être pénétrés, devinrent le prix de l'or ; & la corruption acheva ce que l'intrigue avoit commencé.

Il paroiſſoit néceſſaire d'offrir des alimens continuels à cet eſprit d'inquiétude, qu'on avoit verſé dans l'ame de tous les ambaſſadeurs. Semblable à l'inſecte inſidieux qui fabrique ſes filets dans l'obſcurité, la politique tendit ſa toile au milieu de l'Europe, & l'attacha en quelque maniere à toutes les cours. On n'en peut toucher aujourd'hui un ſeul fil, ſans les tirer tous. Le moindre ſouverain a quelque intérêt caché, dans les traités entre les grandes puiſſances. Deux petits princes d'Allemagne ne peuvent faire l'échange d'un fief ou d'un domaine, ſans être croiſés ou ſecondés par les cours de Vienne, de Verſailles ou de Londres. Il faut négocier des années entieres dans tous les cabinets, pour un léger arrondiſſement de terrein. Le ſang des peuples eſt la ſeule choſe qu'on ne marchande pas. Une guerre eſt décidée en deux jours, une paix traîne des années entieres. Cette lenteur dans les négociations, qui vient de la nature des affaires, tient encore au caractere des négociateurs.

La plupart ſont des ignorans qui traitent avec quelques hommes inſtruits. Le chancelier Oxenſtiern ordonnoit à ſon fils de ſe diſpoſer à partir pour la Weſtphalie, où devoient ſe pacifier les troubles de l'empire... *Mais*, répondit le jeune homme, *je n'ai fait aucune étude préliminaire à cette importante commiſſion.... Je vous y préparerai*, lui répliqua son pere. Quinze jours après, sans avoir parlé depuis à son fils, Oxenstiern lui dit : *Mon fils, vous partirez demain....... Mais mon pere, vous m'aviez promis de m'instruire, & vous n'en avez rien fait ?.... Allez toujours,* ajouta l'expérimenté ministre, en haussant les épaules, *& vous verrez par quels hommes le monde est gouverné.* Il y a peut-être deux ou trois cabinets sages & judicieux en Europe. Tout le reste est livré à des intrigans, parvenus au maniement des affaires par les passions & les plaisirs honteux d'un maître & de ses maîtresses. Un homme arrive à l'administration, sans la connoître, prend le premier système qu'on offre à son caprice ; le suit sans l'entendre, avec d'autant plus d'entêtement qu'il y apporte moins de lumieres ; renverse tout l'édifice de ses prédécesseurs pour jetter les fondemens du sien qui n'ira pas à hauteur d'appui. Le premier mot de Richelieu, ministre, fut : *le conseil a changé de maximes.* Ce mot qui se trouva bon une fois dans la bouche d'un seul homme, peut-être n'est-il pas un des successeurs de Richelieu qui ne l'ait dit ou pensé. Tous les hommes publics ont la vanité, non-seulement de mesurer le faste de leur dépense, de leur ton & de leur air, à la hauteur de leur place : mais aussi d'enfler l'opinion qu'ils ont de leur esprit, par l'influence de leur autorité.

Quand une nation est grande & puissante,

que doivent être ceux qui la gouvernent ? La cour & le peuple le difent, mais en deux fens bien oppofés. Les miniftres ne voient dans leur place que l'étendue de leurs droits ; le peuple n'y voit que l'étendue de leurs devoirs. Le peuple a raifon, parce qu'enfin les devoirs & les droits de chaque gouvernement devroient être réglés par les befoins & les volontés de chaque nation. Mais ce principe de droit naturel n'eft point applicable à l'état focial. Comme les fociétés, quelle que foit leur origine, font gouvernées prefque toutes par l'autorité d'un feul homme, les mefures de la politique font fubordonnées au caractere des princes.

Qu'un roi foit foible & changeant, fon gouvernement variera comme fes miniftres, & fa politique avec fon gouvernement. Il aura tour-à-tour des miniftres aveugles, éclairés, fermes, légers, fourbes ou fincères, durs ou humains, enclins à la guerre ou à la paix ; tels en un mot que la viciffitude des intrigues les lui donnera. Un tel gouvernement n'aura ni fyftème, ni fuite dans fa politique. Avec un tel gouvernement tous les autres ne pourront affeoir des vues & des mefures conftantes. La politique alors ne peut qu'aller felon le vent du jour & du moment ; c'eft-à-dire, felon l'humeur du prince. On ne doit avoir que des intérêts momentanés & des liaifons fubordonnées à l'inftabilité du miniftere, fous un regne foible & changeant.

Une autre cause de cette instabilité, c'est la jalousie réciproque des dépositaires de l'autorité royale. L'un, contre le témoignage de sa conscience & de ses lumieres, croise, par une basse jalousie, une opération utile dont la gloire appartiendroit à son rival. Le lendemain celui-ci joue un rôle aussi infame. Le souverain accorde alternativement ce qu'il avoit refusé, ou refuse ce qu'il avoit accordé. Il sera toujours facile au négociateur de deviner quel est de ses ministres le dernier qu'il a consulté, mais il lui est impossible de pressentir quel sera son dernier avis. Dans cette perplexité, à qui s'adressera-t-il ? A l'avarice & aux femmes, s'il est envoyé dans une contrée gouvernée par un homme. A l'avarice & aux hommes, s'il est envoyé dans une contrée gouvernée par une femme. Il abdiquera le rôle d'ambassadeur ou de député pour prendre celui de corrupteur, le seul qui puisse lui réussir. C'est l'or : & quoi encore ? l'or qu'il substituera à la plus profonde politique. Mais si, par un hasard dont il n'y a peut-être aucun exemple, l'or manque son effet, que fera-t-il ? Il ne lui reste qu'à solliciter son rappel.

Mais le sort des nations & l'intérêt politique sont bien différens dans les gouvernemens républicains. Là, comme l'autorité réside dans la masse ou dans le corps du peuple, il y a des principes & des intérêts publics qui dominent dans les négociations. Il ne faut pas alors borner l'étendue d'un fystème à la durée d'un miniftere, ou à la vie d'un feul homme. L'efprit général qui vit & fe perpétue dans la nation eft la feule regle des négociations. Ce n'eft pas qu'un citoyen puiffant, un démagogue éloquent, ne puiffe entraîner quelquefois un gouvernement populaire dans un écart politique : mais on en revient aifément. Là, les fautes font des leçons, comme les fuccès. Ce font de grands évènemens, & non des hommes, qui font époque dans l'hiftoire des républiques. Il eft inutile de vouloir furprendre un traité de paix ou d'alliance par la rufe ou par l'intrigue, avec un peuple libre. Ses maximes le ramenent toujours à fes intérêts permanens, & tous les engagemens y cedent à la loi fuprême. Là, c'eft le falut du peuple qui fait tout, tandis qu'ailleurs c'eft le bon plaifir du maitre.

Ce contrafte de maximes politiques a rendu fufpectes ou odieufes les conftitutions populaires à tous les fouverains abfolus. Ils ont craint que l'efprit républicain n'arrivât jufqu'à leurs fujets, dont tous les jours ils appefantiffent de plus en plus les fers. Auffi s'apperçoit-on d'une confpiration fecrete entre toutes les monarchies, pour détruire & fapper infenfiblement les états libres. Mais la liberté naîtra du fein de l'oppreffion. Elle eft dans tous les cœurs : elle paffera, par les écrits publics, dans les ames éclairées; & par la tyrannie, dans l'ame du peuple.

Tous

Tous les hommes sentiront enfin, & le jour du réveil n'est pas loin, ils sentiront que la liberté est le premier don du ciel, comme le premier germe de la vertu. Les instrumens du despotisme en deviendront les destructeurs; & les ennemis de l'humanité, ceux qui semblent aujourd'hui n'être armés que pour l'exterminer, combattront un jour pour sa défense.

IV. Guerre.

Ici j'allois parler de la guerre, ou de cette fureur qui, allumée par l'injustice, par l'ambition ou par la vengeance, rassemble autour de deux chefs ennemis une multitude d'hommes armés, les précipite les uns sur les autres, trempe la terre de leur sang, la jonche de leurs cadavres, & prépare la pâture aux animaux qui les suivent, mais qui sont moins féroces qu'eux.

Tout-à-coup je me suis arrêté, & me suis demandé, qu'est-ce que la paix? Existe-t-elle? Ici, au centre de ma propre cité, une multitude d'intérêts opposés aux miens me pressent, & je les repousse. J'ai passé les limites de l'espace que j'appelle ma patrie? on me regarde avec inquiétude; on s'approche de moi; on m'interroge; qui es-tu? d'où viens-tu? où vas-tu? J'obtiens un lit, & j'allois prendre un peu de repos, lors-qu'un cri subit me force de m'éloigner. Je suis proscrit, si je reste; & demain des affaifins, qui parlent ma langue, incendieront l'afyle où je fus reçu, égorgeront celui qui me traita comme un concitoyen. La curiofité ou le defir de m'inftruire me promene dans une autre contrée ; je l'obferve, je deviens fufpect, & un efpion s'attache à mes pas. Ai-je le malheur d'adorer Dieu à ma maniere qui n'eft pas celle du pays ? le prêtre & le bourreau m'environnent ; je m'enfuis, en difant avec douleur : la paix ! Cette paix fi defirée n'exifte donc nulle part ?

Cependant l'homme de bien a fes rêves ; & j'avouerai que, témoin des progrès des connoiffances qui ont affoibli tant de préjugés, & porté dans les mœurs tant de douceur, je m'écriai : que l'efprit de difcorde ceffe ou fe perpétue entre les nations, non, il n'eft pas poffible que l'art infernal des combats s'éternife ! Il tombera dans l'oubli. Les peuples qui le perfectionnerent feront maudits ; & le moment où ces redoutables inftrumens de mort feront généralement brifés ne fauroit être fort éloigné. L'univers aura enfin en exécration ces odieux conquérans qui aimoient mieux être la terreur de leurs voifins que les peres de leurs fujets, & envahir des provinces que de gagner des cœurs ; qui vouloient que les cris de la douleur fuffent le feul hymne qui accompagnât leurs victoires ; qui élevoient les monumens lugubres deftinés à immortalifer leur fureur & leur vanité fur des campagnes qu'ils avoient dépouillées, sur des cités qu'ils avoient réduites en cendres, sur des cadavres que leur glaive avoit entassés; qui prétendoient que l'histoire de leur regne ne fût que le souvenir des maux qu'ils auroient faits. On ne trompera pas davantage l'humanité sur les sujets de son admiration. Aveugle & rampante, elle ne se prosternera plus devant ceux qui la fouloient aux pieds. Les fléaux seront regardés comme des fléaux; & des crimes éclatans cesseront d'occuper les veilles ou les talens des grands artistes. Les princes eux-mêmes partageront la sagesse de leur siecle. La voix de la philosophie ira réveiller au fond de leurs ames des sentimens trop long-tems assoupis, & leur inspirera de l'horreur & du mépris pour une gloire sanguinaire. Ils seront affermis dans ces idées par les ministres de la religion, qui, usant du privilege sacré de leur état, les traîneront au tribunal du grand Juge, où ils auroient à répondre des milliers de malheureux immolés à leurs haînes ou à leurs caprices. S'il étoit arrêté dans les décrets du ciel que les souverains persévéreront dans leur frénésie, ces innombrables hordes d'assassins qu'on soudoie, jetteront leurs armes loin d'eux. Rempli d'une juste horreur pour leur détestable métier, d'une profonde indignation pour l'abus cruel qu'on faisoit de leurs bras & de leur courage, ils enverront leurs insensés despotes vuider eux-mêmes leurs querelles.

Mon illusion dura peu. Bientôt je pensai que les disputes des rois ne finiroient non plus que leurs passions, & qu'elles ne pourroient se décider que par le fer. Je pensai qu'on ne dégoûteroit jamais des horreurs de la guerre des peuples qui, tandis que toutes les cruautés, toutes les dévastations possibles s'exerçoient sans scrupule & sans remords sur le théâtre des discordes, trouvoient encore dans leurs paisibles foyers qu'il n'y avoit pas assez de sieges, assez de batailles, assez de catastrophes pour satisfaire leur curiosité, pour amuser leur oisiveté. Je pensai qu'il n'y avoit rien de raisonnable & d'humain à se promettre d'un troupeau de bouchers subalternes qui, loin de s'abandonner au désespoir, de s'arracher les cheveux, de se détester & de verser des ruisseaux de larmes à l'aspect d'une vaste plaine, semée de membres déchirés, la traversoient d'un air triomphant, trempant leurs pieds dans le sang, marchant sur les cadavres de leurs amis, de leurs ennemis, & mêlant des chants d'allégresse aux accens plaintifs des moribonds. Il me sembla que j'entendois le discours d'un de ses tigres qui, mêlant la flatterie à la férocité, disoit à un monarque consterné à l'aspect d'un champ de bataille jonché de membres déchirés, palpitans & encore chauds: *Seigneur, ce n'est pas nous, ce sont ceux-là qui sont trop heureux*; & arrêta dans les yeux du jeune prince des larmes prêtes à couler, des

larmes qu'il auroit dû hâter, en lui difant :
,, Tiens, regarde les effets de ton ambition,
,, de ta folie, de tes fureurs, des nôtres ; &
,, fens defcendre fur tes joues les gouttes de
,, fang qui tombent du laurier dont nous
,, venons de ceindre ton front ,,. D'affligeantes réflexions me plongerent dans la trifteffe ; & ce ne fut pas fur le champ que je repris le fil de mes idées, & que je dis :

La guerre fut de tous les tems & de tous les pays, mais l'art militaire ne fe trouve que dans certains fiecles & chez quelques peuples. Les Grecs l'inftituerent & vainquirent toutes les forces de l'Afie. Les Romains le perfectionnerent & conquirent le monde. Ces deux nations, dignes de commander à toutes les autres, puifqu'elles s'éleverent par le génie & la vertu, dûrent leur fupériorité à l'infanterie, où l'homme feul eft dans toute fa force. Les phalanges & les légions menerent par-tout la victoire fur leurs pas.

Lorfque la molleffe eut fait prévaloir la cavalerie dans les armées, Rome perdit de fa gloire & de fes fuccès. Malgré la difcipline de fes troupes, elle ne put réfifter à des nations barbares qui combattoient à pied.

Cependant ces hommes demi-fauvages, qui, avec les feules armes & les feules forces de la nature, avoient foumis l'empire le plus étendu & le plus policé de l'univers, ne tarderent pas à changer auffi leur infanterie en cavalerie. Celle-ci fut proprement appellée *la bataille*, ou l'armée. La noblesse, qui possédoit seule les terres & les droits, ces apanages de la victoire, voulut monter à cheval; & la populace esclave fut laissée à pied, presque sans armes & sans honneur.

Dans un tems où le cheval faisoit la distinction du gentilhomme; où l'homme n'étoit rien, & le chevalier étoit tout; où les guerres n'étoient que des irruptions, & les campagnes qu'une journée; où l'avantage étoit dans la célérité des marches : alors la cavalerie décidoit du sort des armées. Durant le treizieme & le quatorzieme siecles, l'Europe n'avoit, pour ainsi dire, que de la cavalerie. L'adresse & la force des hommes ne se montroient plus à la lutte, au ceste, dans l'exercice des bras & dans tous les muscles du corps : mais dans les tournois, à manier un cheval, à pousser une lance au galop. Ce genre de guerre, plus convenable à des Tartares errans qu'à des sociétés fixes & sédentaires, étoit un des vices du gouvernement féodal. Une race de conquérans, qui portoit par-tout son épée; qui mettoit sa gloire & son mérite dans ses armes; qui n'avoit d'autre occupation que la chasse, ne pouvoit guere aller qu'à cheval, avec tout cet attirail d'orgueil & d'empire dont un esprit grossier devoit la surcharger. Mais des troupes d'une cavalerie pesamment armée, que pouvoient-elles pour attaquer & défendre des châteaux & des villes, où l'on étoit gardé par des murs & des eaux ?

C'est cette imperfection de l'art militaire qui fit durer pendant des siecles une guerre sans interruption, entre la France & l'Angleterre. C'est faute de combattans, qu'on combattoit sans cesse. Il falloit des mois pour assembler, pour armer, pour mener en campagne des troupes qui n'y devoient rester que des semaines. Les rois ne pouvoient convoquer qu'un certain nombre de vassaux, & à des tems marqués. Les seigneurs n'avoient droit d'appeller à leur banniere que quelques tenanciers, à de certaines conditions. Les formes & les règles emportoient tout le tems à la guerre, comme elles consument tout l'argent dans les tribunaux de justice. Enfin les François, las d'avoir éternellement à repousser les Anglois, semblables au cheval qui implore le secours de l'homme contre le cerf, se laisserent imposer le joug & le fardeau qu'ils portent aujourd'hui. Les rois leverent, à leur solde, des troupes toujours subsistantes. Charles VII, après avoir chassé les Anglois avec des mercenaires, quand il licentia son armée, conserva neuf mille hommes de cavalerie & seize mille hommes d'infanterie.

Ce fut-là l'origine de l'abaissement de la noblesse, & de l'accroissement de la monarchie; de la liberté politique de la nation au-dehors, mais de sa servitude civile au-dedans. Le peuple ne sortit de la tyrannie féodale, que pour tomber un jour sous le despotisme des rois : tant le genre-humain semble né pour l'esclavage ! Il fallut assigner des fonds à la solde d'une milice ; & les impôts devinrent arbitraires, illimités, comme le nombre des soldats. Ceux-ci furent distribués dans les différentes places du royaume, sous prétexte de couvrir les frontieres contre l'ennemi : mais, au fond, pour contenir & opprimer les sujets. Les officiers, les commandans, les gouverneurs, furent des instrumens toujours armés contre la nation même. Ils cesserent de se regarder, eux & leurs soldats, comme des citoyens de l'état, dévoués uniquement à la défense des biens & des droits du peuple. Ils ne connurent plus dans le royaume que le roi, prêts à égorger, en son nom, & leurs peres & leurs freres. Enfin la milice nationale ne fut plus qu'une milice royale.

L'invention de la poudre, qui demanda de grandes dépenses & de grands préparatifs, des forges, des magasins, des arsenaux, mit plus que jamais les armes dans la dépendance des rois, & acheva de donner l'avantage à l'infanterie sur la cavalerie. Celle-ci prêtoit au feu de l'autre le flanc de l'homme & du cheval. Un cavalier démonté, étoit un homme nul ou perdu ; un cheval sans guide, portoit le trouble & le désordre par tous les rangs. L'artillerie & la mousqueterie faisoient, dans les escadrons, un ravage plus difficile à réparer que dans les bataillons. Enfin les hommes pouvoient s'acheter & se discipliner à moins de frais que les chevaux : c'est ce qui fit que les rois eurent aisément des soldats.

C'est ainsi que l'innovation de Charles VII, funeste à ses sujets, du moins pour l'avenir, préjudicia, par son exemple, à la liberté de tous les peuples de l'Europe. Chaque nation eut besoin de se tenir en défense contre une nation toujours armée. La politique, s'il y en eût eu dans un tems où les arts, les lettres & le commerce n'avoient point encore ouvert la communication entre les peuples, la politique étoit que les princes eussent attaqué tous à la fois celui qui s'étoit mis dans un état de guerre continuel. Mais au lieu de l'obliger à poser les armes, ils les prirent eux-mêmes. Cette contagion gagna d'autant plus vite, qu'elle paroissoit le seul garant de la sécurité des nations.

Cependant on manquoit par-tout des connoissances nécessaires pour discipliner une infanterie, dont l'importance commençoit à se faire sentir. La maniere de combattre que les Suisses avoient employée comme les Bourguignons, les avoit rendus aussi fameux que formidables. Avec de pesantes épées & de longues hallebardes, ils avoient toujours renversé les chevaux & les hommes de la milice féodale. Impénétrables eux-mêmes, marchant en colonnes épaisses, ils abattoient tout ce qui les attaquoit, tout ce qu'ils rencontroient. Chaque puissance voulut avoir de ces soldats. Mais les Suisses sentant le besoin qu'on avoit de leurs bras, & se faisant acheter trop cher, il fallut se résoudre à s'en passer, & composer par-tout une infanterie nationale, pour ne pas dépendre de ces troupes auxiliaires.

Les Allemands furent les premiers à recevoir une discipline qui ne demandoit que la force du corps, & la subordination des esprits. Sortis d'une terre féconde en hommes & en chevaux, ils atteignirent presque à la réputation de l'infanterie Suisse, sans perdre l'avantage de leur cavalerie.

Les François, plus vifs, adopterent avec plus de peine & de lenteur, un genre de milice qui contraignoit tous les mouvemens, & qui sembloit exiger plus de patience que de fougue. Mais le goût de l'imitation & de la nouveauté prévalut chez une nation légere, sur cette vanité qui est amoureuse de ses usages.

Les Espagnols, malgré l'orgueil qu'on leur reproche, enchérirent sur les Suisses, en perfectionnant la discipline de ce peuple guerrier. Ils composerent une infanterie qui fut tour-à-tour la terreur & l'admiration de l'Europe.

A mesure que l'infanterie augmentoit, cet-

soient par-tout l'usage & le service de la milice féodale, & la guerre s'étendoit de plus en plus. La constitution nationale n'avoit guere permis durant des siecles aux différens peuples, de franchir les barrieres de leurs états pour aller s'égorger. La guerre ne se faisoit que sur les frontieres, entre les peuples limitrophes. Quand la France & l'Espagne eurent essayé leurs armes à l'extrémité la plus reculée de l'Italie, il ne fut plus possible de convoquer le ban & l'arriere-ban des nations ; parce que ce n'étoient pas réellement les peuples qui se faisoient la guerre, mais les rois avec leurs troupes, pour la gloire de leur personne ou de leur famille, sans aucun égard au bien de leurs sujets. Ce n'est pas que les princes ne tâchassent d'engager dans leurs querelles l'orgueil national des peuples, mais uniquement pour affoiblir ou pour soumettre cette indépendance, qui luttoit encore dans quelques corps, contre l'autorité absolue où ils s'étoient élevés par degrès.

Toute l'Europe fut en combustion. On vit les Allemands en Italie ; les Italiens en Allemagne ; les François dans l'une & l'autre de ces régions ; les Turcs devant Naples & devant Nice ; les Espagnols tout-à-la-fois, en Afrique, en Hongrie, en Italie, en Allemagne, en France, & dans les Pays-Bas. Toutes ces nations, en aiguisant, en trempant leurs armes dans leur sang, se formerent dans la science de se battre & de se détruire avec un ordre, une mesure infaillibles.

La religion mit aux prises les Allemands contre les Allemands; les François contre les François : mais sur-tout la Flandre avec l'Espagne. C'est dans les marais de la Hollande qu'échoua toute la fureur d'un roi bigot & despote; d'un prince superstitieux & sanguinaire; de deux Philippes & d'un duc d'Albe. C'est dans les Pays-Bas qu'on vit une république sortir des gibets de la tyrannie & des buchers de l'inquisition. Après que la liberté eut rompu ses chaînes, qu'elle eut trouvé son asyle dans l'océan, elle éleva ses remparts sur le continent. Les Hollandois imaginerent les premiers l'art de fortifier les places; tant le génie & la création appartiennent aux ames libres. Leur exemple fut imité par-tout. Les grands états n'avoient besoin que de fortifier leurs frontieres. L'Allemagne & l'Italie, partagées entre plusieurs princes, furent hérissées d'un bout à l'autre de fortes citadelles. On n'y voyage point sans trouver chaque soir des portes fermées & des ponts-levis à l'entrée des villes.

Tandis que Nassau, armé pour assurer l'indépendance de sa patrie, renouvelloit la science des fortifications, la passion de la gloire poussoit Gustave à chercher, sur les traces des anciens, les principes presque entierement perdus de la guerre de campagne. Il eut la gloire de les trouver, de les appliquer, de les répandre: mais, s'il en faut croire les juges les plus expérimentés, il n'y mit pas les modifications qu'auroit exigées la différence des esprits, des constitutions & des armes. Ses élèves, tout grands capitaines qu'ils étoient, n'oserent pas être plus hardis ou plus éclairés que lui; & cette timide circonspection empêcha les changemens, arrêta les progrès qu'on auroit dû faire. Seulement, Cohorn & Vauban ouvrirent les yeux à l'Europe sur l'art de défendre, mais sur-tout d'attaquer les places. Par une de ces contradictions qui se remarquent quelquefois dans les nations comme parmi les individus, il arriva que, malgré son caractere bouillant & impétueux, le François se montra plus propre qu'aucun peuple aux sieges, & qu'il parut acquérir au pied des murailles la patience & le sens froid qui lui manquent le plus souvent dans les autres opérations militaires.

Le roi de Prusse parut, & avec lui naquit un ordre inconnu de choses. Sans se laisser imposer par l'exemple ou l'autorité de ceux qui l'avoient précédé, ce prince créa une tactique presqu'entierement nouvelle. Il fit voir que des troupes, en quelque nombre qu'elles fussent, pouvoient être disciplinées & manœuvrieres; que les mouvemens des plus grandes armées n'étoient pas assujettis à des calculs plus compliqués ni moins certains que les plus foibles corps; & que les mêmes ressorts qui mettoient en action un bataillon pouvoient, bien maniés, combinés par un grand général, faire mouvoir cent mille hommes. Son génie lui fit imaginer des développemens savans dont personne n'avoit eu l'idée; & donnant en quelque sorte l'avantage aux jambes sur les bras, il introduisit dans ses évolutions, dans ses marches, une célérité devenue nécessaire & presque décisive depuis que les armées ont été si malheureusement multipliées, & qu'il a fallu leur faire occuper un front extrêmement étendu.

Ce prince qui, depuis Alexandre, n'a point eu son égal dans l'histoire pour l'étendue & la variété des talens; lui qui, sans avoir été formé par des Grecs, a su former des Lacédémoniens; enfin ce monarque qui mérita plus que tout autre d'attacher son nom à son siecle, & qui aura la gloire, puisque c'en est une, d'avoir élevé la guerre à un degré de perfection, dont elle ne peut heureusement que descendre : Frédéric a vu l'Europe entiere se jetter avec enthousiasme sur ses institutions. A l'exemple du peuple Romain, qui en s'instruisant à l'école de ses ennemis, s'étoit mis en état de leur résister, de les vaincre, de les asservir ; les nations modernes ont voulu copier un voisin redoutable par sa capacité militaire, & qui pouvoit devenir dangereux par ses succès. Ont-elles atteint leur but ? sans doute, on a réussi à imiter quelques pratiques extérieures de sa discipline : mais ses grands principes ont-ils été bien saisis, bien approfondis, bien combinés ? il seroit peut-être permis d'en douter.

Quand même cette doctrine sublime & terrible seroit devenue commune aux puissances, l'usage en seroit-il égal pour toutes ? Les Prussiens ne la perdent pas un moment de vue. Ils ne connoissent ni les intrigues des cours, ni les délices des villes, ni l'oisiveté des campagnes. Leurs drapeaux sont leur toit ; des chants guerriers, leur amusement ; les récits de leurs premiers exploits, leur conversation ; de nouveaux lauriers, le motif de leurs espérances. Sans cesse sous les armes, sans cesse dans les exercices, ils ont continuellement sous les yeux l'image, presque la réalité d'une guerre savante & opiniâtre, soit qu'ils soient réunis dans des camps, soit qu'ils soient dispersés dans des garnisons.

Militaires de tous les pays, opposez à ce tableau celui de votre éducation, de vos loix, de vos mœurs ; & comparez-vous à de tels hommes, si vous l'osez. Le son des trompettes vous tirera, j'y consens, de votre assoupissement. Du bal, des spectacles, du sein de vos maîtresses, vous volerez avec ardeur au péril. Mais une fougue passagere tiendra-t-elle lieu de cette vigilance, de cette prévoyance qui seules peuvent décider des opérations d'une guerre ou d'une campagne ? Un corps énervé par de molles habitudes, résistera-t-il aux horreurs de la disette, à la rigueur des saisons, à la diversité des climats ? Un esprit dominé par le goût des plaisirs, se pliera-t-il à des méditations suivies, profondes & sérieuses ? Dans un cœur rempli d'objets frivoles & divers, ne s'en trouvera-t-il aucun qui soit l'écueil du courage ? Sur les bords du Pô, du Rhin, du Danube ; au milieu de ces destructions, de ces ravages qui suivent toujours ses pas, un François couvert de poussiere, épuisé de forces, dénué de tout, ne tournera-t-il pas ses tristes regards vers les bords rians de la Loire ou de la Seine ? Ne soupirera-t-il pas après ces fêtes ingénieuses, ces douces liaisons, ces sociétés charmantes ; après tant de voluptés qu'il y a laissées & qui l'y attendent ? Imbu de l'absurde & malheureux préjugé que la guerre, qui est un métier pour les autres nations, n'est qu'un état pour lui, ne quittera-t-il pas les camps aussi-tôt qu'il croira le pouvoir, sans exposer trop ouvertement sa réputation ? Si l'exemple ou les circonstances ne lui permettent pas de suivre son inclination, n'épuisera-t-il pas en quelques mois le revenu de dix années pour métamorphoser un fourrage en amusement, ou pour étaler son luxe à la tête d'une tranchée ? Le dégoût de ses devoirs & son indifférence pour la chose publique, ne le rendront-ils pas le jouet d'un ennemi qui aura des principes différens, & une autre conduite ?

Ce n'est pas au Roi de Prusse, c'est à Louis XIV qu'il faut attribuer cette excessive multiplication de troupes qui nous offre le spectacle de la guerre jusques dans le sein de la paix. En tenant toujours sur pied des armées prodigieuses, l'orgueilleux monarque réduisit ses voisins ou ses ennemis à des efforts à-peu-près semblables. La contagion gagna même les princes, trop foibles pour allumer des incendies, trop pauvres pour les entretenir. Ils vendirent le sang de leurs légions aux grandes puissances; & le nombre des soldats s'éleva peu-à-peu en Europe jusqu'à deux millions.

On parle avec horreur des siecles de barbarie; & cependant la guerre étoit alors un état violent, un tems d'orage : aujourd'hui, c'est presque un état naturel. La plupart des gouvernemens sont ou deviennent militaires. La perfection même de la discipline en est une preuve. La sûreté dans les campagnes, la tranquillité dans les villes, soit que les troupes y passent ou qu'elles y séjournent, la police qui règne autour des camps & dans les places de garnison, annoncent bien que les armes ont un frein; mais que tout est soumis au pouvoir des armes.

Heureusement les hostilités de nos jours ne ressemblent pas à celles des tems anciens. A ces époques éloignées, les provinces conquises étoient dévastées; les villes prises réduites en cendres; les citoyens vaincus, égorgés ou réduits en servitude. La guerre est aujourd'hui beaucoup moins cruelle. Après le combat, il n'y a plus d'atrocités. On respecte les prisonniers. Les cités ne sont plus détruites, ni les campagnes ravagées. Ce qu'on exige des peuples assujettis en contributions, équivaut à peine à ce qu'ils payoient d'impôts avant leur désastre. Rentrent-ils à la paix dans leurs premiers liens, leur état se trouve n'avoir pas changé. Des traités assurent-ils au vainqueur leur soumission, ils jouissent des mêmes avantages que tous ses sujets, quelquefois même de plusieurs prérogatives très-importantes. Aussi les nations, même les moins éclairées, s'occupent-elles peu de ces dissentions des princes. Aussi regardent-elles ces querelles comme des démélés de gouvernement à gouvernement. Aussi verroient-elles ces événemens d'un œil tout-à-fait indifférent, sans l'obligation de soudoyer les mercénaires chargés d'appuyer l'ambition, l'inquiétude ou les caprices d'un maître tyrannique.

Ces mercénaires sont fort mal payés. Ils coûtent quatre ou cinq fois moins que le plus abject manœuvre. On ne leur donne que ce qui est précisément nécessaire pour les empêcher de mourir de faim. Cependant on a multiplié à tel point les troupes, les généraux, les places fortes, l'artillerie, tous les instrumens de guerre, que leur entretien a fait le désespoir des peuples. Pour subvenir à ces dépenses, il a fallu surcharger toutes les classes de la société qui, refoulant les unes sur les autres, écrasent la derniere, la plus nécessaire, celle des cultivateurs. L'accroissement des impôts, & la difficulté des recouvremens font mourir de faim & de misere ces mêmes familles qui sont les mères & les nourrices des armées.

Si une oppression universelle est le premier inconvénient de la multiplication de soldats, leur oisiveté en est le second. Qu'on les occupe sans excès, mais sans relâche, aussitôt que le bruit des armes aura cessé de se faire entendre, & leurs mœurs seront moins dissolues, moins contagieuses; les forces pour supporter les fatigues de leur profession ne leur manqueront plus, & leur santé sera rarement altérée; on ne les verra plus consumés par la faim, par l'ennui & par le chagrin; la désertion & les querelles cesseront d'être communes parmi eux; après le tems de leur service, ils pourront être encore utiles à la société. Pour une modique augmentation de solde, ils feront gaiement les chemins par lesquels ils doivent marcher; ils applaniront les montagnes qu'ils doivent gravir; ils fortifieront les villes qu'ils doivent défendre; ils creuseront les canaux qui doivent porter leurs subsistances; ils perfectionneront les ports dans lesquels ils doivent s'embarquer; ils délivreront le peuple de la plus cruelle, de la plus ignominieuse des vexations, la corvée. Après avoir expié dans des travaux utiles le malheur d'être dévoués par état à désoler la terre, à en massacrer les habitans, peut-être cesseront-ils d'être détestés, peut-être parviendront-ils un jour à l'honneur d'être comptés parmi les citoyens.

Les Romains avoient saisi ces vérités, & en avoient fait la base de leur conduite. Comment est-il arrivé que nous autrefois les esclaves, & aujourd'hui les disciples de ces maitres du monde, nous nous soyons si fort écartés sur ce point important de leurs principes ? C'est que l'Europe a cru, c'est que l'Europe croit encore que des mains destinées à manier des armes, à cueillir des lauriers, seroient avilies par des instrumens uniquement maniés par les dernieres classes du peuple. Jusques à quand cet absurde préjugé formé dans des tems barbares subsistera-t-il ? Jusques à quand serons-nous au douzieme siecle ?

Troisieme inconvénient : augmentation de soldats, diminution de courage. Peu d'hommes naissent propres à la guerre. Si l'on en excepte Lacédémone & Rome, où des citoyens, des femmes libres enfantoient des soldats ; où les enfans s'endormoient & s'éveilloient au bruit des fanfares & des chansons guerrieres ; où l'éducation dénaturoit les hommes, faisoit d'eux des êtres d'une nouvelle espece : tous les peuples n'ont jamais eu qu'un petit nombre de braves. Aussi, moins on en lève, plus ils valent. Autrefois chez nos peres, moins policés & plus forts que nous, les armées étoient beaucoup moins nombreuses que les nôtres, & les guerres plus décisives. Il falloit être noble ou riche pour faire le service militaire. C'étoit un droit, un honneur, que de prendre les armes. On ne voyoit sous les drapeaux que des volontaires. Les engagemens finissoient avec la campagne. Un homme qui n'auroit pas aimé la guerre, pouvoit s'en retirer. D'ailleurs, il y avoit plus de cette chaleur de sang & de cette fierté de sentimens, qui fait le vrai courage. Aujourd'hui, quelle gloire de servir des despotes qui mesurent les hommes à la toise, les prisent par leur paie, les enrôlent par force ou par subtilité, les retiennent, les congédient comme ils les ont pris, sans leur consentement ! Quel honneur d'aspirer au commandement des armées, sous la maligne influence des cours, où l'on donne & l'on ôte tout pour rien ; où l'on élève & l'on dégrade par caprice des hommes sans mérite & sans crime ; où l'on confie le ministere de la guerre à un protégé, qui ne s'est distingué dans aucune occasion, & à qui l'art n'est connu ni par la pratique ni par la méditation ; où une favorite trace, avec des mouches, sur une carte étendue sur la toilette, la marche que suivront les armées ; où pour livrer une bataille, il faut envoyer solliciter la permission de la cour ; délai funeste pendant lequel l'ennemi a changé de position, & le moment de la victoire s'est perdu; où, à l'insu du prince, on a quelquefois ordonné à un général, sous peine de disgrace, de se laisser battre ; où la jalousie, la haine, mille autres motifs détestables font échouer les espérances d'une campagne heureuse; où, par négligence ou par foiblesse, on laisse manquer les camps de vivres, de fourrages & de munitions; où celui qui doit obéir, s'arrêter ou marcher, exécuter des mouvemens combinés, trahit son chef & brave la discipline, sans compromettre sa tête? Aussi, hormis les empires naissans & les momens de crise, plus il y a de soldats dans un état, plus la nation s'affoiblit ; & plus un état s'affoiblit, plus on multiplie les soldats.

Quatrieme inconvénient : la multiplication de la milice achemine au despotisme. Les troupes nombreuses, les places fortes, les magasins & les arsenaux, peuvent empêcher les invasions : mais en préservant un peuple des irruptions d'un conquérant, ils ne le sauvent pas des attentats d'un despote. Tant de soldats ne font que tenir à la chaîne des esclaves tout faits. L'homme le plus foible est alors le plus fort. Comme il peut tout, il veut tout. Par les seules armes, il brave l'opinion & force les volontés. Avec des soldats, il lève des impôts ; avec des impôts, il lève des soldats. Il croit exercer & manifester sa puissance, en détruisant ce qu'il a créé ; mais il travaille dans le néant & pour le néant. Il refond perpétuellement sa milice, sans jamais retrouver une force nationale. C'est en vain qu'il arme des bras toujours levés sur la tête du peuple. Si ses sujets tremblent devant ses troupes, ses troupes fuiront devant l'ennemi. Mais alors la perte d'une bataille est celle d'un royaume. Tous les cœurs aliénés volent d'eux-mêmes sous un joug étranger, parce qu'avec un conquérant, il reste de l'espérance, & qu'avec un despote, on ne sent que la crainte. Quand les progrès du gouvernement militaire ont amené le despotisme, alors il n'y a plus de nation. Les troupes sont bientôt insolentes & détestées ; les familles se dessèchent & dépérissent dans la stérilité de la misere & du libertinage. L'esprit de désunion & de haine gagne entre tous les états, alternativement corrompus & flétris. Les corps se trahissent, se vendent, se dépouillent, & se livrent tour-à-tour les uns les autres aux verges du despote. Il les crible tous, il les vanne, il les pressure dans sa main, les dévore & les anéantit. Telle est la fin de cet art de la guerre, qui mène au gouvernement militaire. Voyons quelle est l'influence de la marine.

V. Marine.

Les anciens nous ont transmis presque tous les arts, qui sont ressuscités avec les lettres : mais nous l'emportons fur eux dans la marine militaire. Tyr & Sydon, Carthage & Rome, n'ont prefque vu que la Méditerranée ; & pour courir cette mer, il ne falloit que des radeaux, des galeres & des rameurs. Les combats alors pouvoient être fanglans, mais l'art de la conftruction & de l'armement des flottes ne devoit pas être favant. Pour traverfer de l'Europe en Afrique, il ne falloit, pour ainfi dire, que des bateaux plats, qui débarquoient des Carthaginois ou des Romains : car ce furent prefque les feuls peuples qui rougirent la mer de leur fang. Les Athéniens & les républiques de l'Afie, firent heureufement plus de commerce que de carnage.

Après que ces nations fameufes eurent laiffé la terre & la mer à des brigands & à des pirates, la marine refta durant douze siecles dans le néant où étoient tombés tous les autres arts. Ces effains de barbares, qui dévorerent le cadavre & le fquelette de Rome, vinrent de la mer Baltique, fur des radeaux ou des pirogues, ravager & piller nos côtes de l'océan ; mais fans s'écarter du continent. Ce n'étoient point des voyages, mais des defcentes qui fe renouvelloient chaque jour. Les Danois & les Normands n'étoient point armés en courfe, & ne favoient guere fe battre que fur terre.

Enfin, le hafard ou la Chine donna la bouffole à l'Europe, & la bouffole lui donna
l'Amé-

l'Amérique. L'aiguille aimantée montrant aux navigateurs de combien ils s'approchoient ou s'éloignoient du Nord, les enhardit à tenter les plus longues courses, à perdre la terre de vue durant des mois entiers. La géométrie & l'astronomie apprirent à mesurer la marche des astres; à fixer par eux les longitudes, & à estimer à-peu-près de combien on avançoit à l'est ou à l'ouest. Dès-lors on devoit savoir à quelle distance on se trouvoit de toutes les côtes de la terre. Quoique la connoissance des longitudes soit beaucoup plus inexacte que celle des latitudes, l'une & l'autre eurent bientôt assez hâté les progrès de la navigation, pour faire éclorre l'art de la guerre navale. Cependant, elle débuta par des galeres qui étoient en possession de la Méditerranée. La plus fameuse bataille de la marine moderne, fut celle de Lepante, qui fut livrée il y a deux cent ans, entre deux cent cinq galeres des chrétiens, & deux cent soixante des Turcs. L'Italie qui a tout trouvé & n'a rien gardé, l'Italie seule avoit construit ce prodigieux armement; mais alors elle avoit le double du commerce, des richesses, de la population qui lui restent aujourd'hui. D'ailleurs, ces galeres n'étoient ni si longues, ni si larges que celles de nos jours, comme l'attestent encore d'anciennes carcasses qui se conservent dans l'arsenal de Venise. La chiourme consistoit en cent cinquante rameurs, & les troupes n'étoient que de quatre-vingts hommes par bâtiment. Aujourd'hui Venise a de plus belles galeres, & moins de puissance sur cette mer qu'elle épouse, & que d'autres sillonnent & labourent.

Mais les galeres étoient bonnes pour des forçats ; il falloit de plus forts vaisseaux pour des soldats. L'art de la construction s'accrut avec celui de la navigation. Philippe II, roi de toutes les Espagnes & des deux Indes, employa tous les chantiers d'Espagne & de Portugal, de Naples & de Sicile, qu'il possédoit alors, à construire des navires d'une grandeur, d'une force extraordinaires ; & sa flotte prit le nom de l'*invincible armada*. Elle étoit composée de cent trente vaisseaux, dont près de cent étoient les plus gros qu'on eût encore vus sur l'océan. Vingt caravelles, ou petits bâtimens, suivoient cette flotte, voguoient & combattoient sous ses aîles. L'enflure Espagnole du seizieme siecle, s'est prodigieusement appésantie sur une description exagérée & pompeuse de cet armement si formidable. Mais ce qui répandit la terreur & l'admiration il y a deux siecles, serviroit de risée aujourd'hui. Les plus grands de ces vaisseaux ne seroient que du troisieme rang dans nos escadres. Ils étoient si pesamment armés & si mal gouvernés, qu'ils ne pouvoient presque se remuer, ni prendre le vent, ni venir à l'abordage, ni obéir à la manœuvre dans des tems orageux. Les matelots étoient aussi lourds que les vaisseaux étoient massifs les pilotes presqu'aussi ignorans que les matelots.

Les Anglois, qui connoissoient déjà toute la foiblesse & le peu d'habileté de leurs ennemis sur la mer, se reposerent du soin de leur défaite sur leur inexpérience. Contens d'éviter l'abordage de ces pesantes machines, ils en brûlerent une partie. Quelques-uns de ces énormes galions furent pris, d'autres désemparés. Une tempête survint. La plupart avoient perdu leurs ancres; ils furent abandonnés par l'équipage à la fureur des vagues, & jettés, les uns sur les côtes occidentales de l'Ecosse, les autres sur les côtes d'Irlande. A peine la moitié de cette invincible flotte put retourner en Espagne, où son délabrement, joint à l'effroi des matelots, répandit une consternation dont la nation ne se releva plus : abattue à jamais par la perte d'un armement qui lui avoit coûté trois ans de préparatifs, où ses forces & ses revenus s'étoient comme épuisés.

La chûte de la marine Espagnole fit passer le sceptre de la mer aux mains des Hollandois. L'orgueil de leurs anciens tyrans ne pouvoit être mieux puni, que par la prospérité d'un peuple forcé, par l'oppression, à briser le joug des rois. Lorsque cette république levoit la tête hors de ses marais, le reste de l'Europe étoit plongé dans les guerres civiles par le fanatisme. Dans tous les états, la persécution lui préparoit des citoyens. L'inquisition que la maison d'Autriche vouloit étendre dans les pays de sa domination ; les bûchers que Henri II allumoit en France ; les émissaires de Rome que Marie appuyoit en Angleterre : tout concourut à donner à la Hollande un peuple immense de réfugiés. Elle n'avoit ni terres, ni moissons pour les nourrir. Il leur fallut chercher une subsistance par mer, dans le monde entier. Lisbonne, Cadix & Anvers, faisoient presque tout le commerce de l'Europe sous un même souverain, que sa puissance & son ambition rendoient l'objet de la haine & de l'envie. Les nouveaux républicains, échappés à sa tyrannie, excités par le ressentiment & le besoin, se firent corsaires, & se formerent une marine aux dépens des Espagnols & des Portugais, qu'ils détestoient. La France & l'Angleterre, qui ne voyoient que l'humiliation de la maison d'Autriche dans les progrès de la république naissante, l'aiderent à garder des conquêtes & des dépouilles, dont elles ne connoissoient pas encore tout le prix. Ainsi les Hollandois s'assurerent des établissemens par-tout où ils voulurent porter leurs armes, s'affermirent dans leurs acquisitions, avant qu'on pût en être jaloux, & se rendirent insensiblement les maitres de tout le commerce par leur industrie, & de toutes les mers, par la force de leurs escadres.

Les troubles domestiques de l'Angleterre favoriserent quelque tems cette prospérité, sourdement acquise dans des pays éloignés. Mais enfin Cromwel éveilla dans sa patrie la jalousie du commerce. Elle étoit naturelle à un peuple insulaire. Partager avec lui l'empire de la mer, c'étoit le lui céder. Les Hollandois résolurent de le garder. Au lieu de s'allier avec l'Angleterre, ils combattirent long-tems avec des forces inégales ; & cette opiniâtreté contre les revers, leur conserva, du-moins, une honorable rivalité. La supériorité dans la construction, dans la forme des vaisseaux, donna souvent la victoire à leurs ennemis : mais les vaincus ne firent point de pertes décisives.

Cependant, ces longs & terribles combats avoient épuisé, du moins rallenti, la vigueur des deux nations, lorsque Louis XIV, voulant profiter de leur affoiblissement réciproque, aspira à l'empire des mers. En prenant les rênes de son royaume, ce prince n'avoit trouvé dans ses ports que huit ou neuf vaisseaux demi-pourris ; encore n'étoient-ils ni du premier, ni du second rang. Richelieu avoit su jetter une digue devant la Rochelle, mais non créer une marine, dont Henri IV & son ami Sully devoient pourtant avoir conçu le projet : mais tout ne pouvoit naître à la fois que dans le beau siecle de la nation Françoise. Louis, qui saisissoit, du-moins, toutes les idées de grandeur qu'il n'enfantoit pas, fit passer dans l'ame de ses sujets la passion qui le dévoroit. Cinq ports furent ouverts à la marine militaire. On créa des chantiers & des arsenaux, également commodes & magnifiques. L'art des constructions, encore très-imparfait par-tout, reçut des regles moins incertaines. Un code fort supérieur à celui des autres nations, & qui depuis leur servit de guide, obtint la sanction des loix. Des hommes de mer sortirent, pour ainsi dire, comme tout formés du sein de l'océan. En moins de vingt ans, les rades du royaume compterent cent vaisseaux de ligne.

Ces forces s'essayerent d'abord contre les Barbaresques, qui furent châtiés. Ensuite elles firent baisser le pavillon à l'Espagne. De-là, se mesurant avec les flottes, tantôt séparées, tantôt combinées, de l'Angleterre & de la Hollande, presque toujours elles emporterent l'honneur & l'avantage du combat. La premiere défaite mémorable qu'essuya la marine Françoise, fut en 1692, lorsque avec quarante vaisseaux, elle attaqua vis-à-vis de la Hogue quatre-vingt-dix vaisseaux Anglois & Hollandois, pour donner à l'Angleterre un roi qu'elle ne vouloit pas, & qui ne souhaitoit pas trop de l'être. Le parti le plus nombreux eut la victoire. Jacques II sentit un plaisir involontaire, en voyant triompher le peuple qui le repoussoit ; comme si dans ce moment, l'amour aveugle de la patrie l'eût emporté contre lui dans son cœur, sur l'ambition du trône. Depuis cette journée, la France vit décliner ſes forces navales, & il étoit impoſſible qu'il fût autrement.

Accoutumé à mettre plus de fierté que de méthode dans ſes entrepriſes, plus jaloux de paroître puiſſant que de l'être en effet, Louis XIV avoit commencé par poſer le faîte de ſa marine guerriere, avant d'en avoir aſſuré les fondemens. L'unique baſe ſolide qu'on eût pu lui donner, c'eût été une navigation marchande, vive, étendue; & il n'en exiſtoit preſque pas un commencement dans le royaume. Le commerce des Indes Orientales ne faiſoit que de naître. Les Hollandois s'étoient approprié le peu de denrées que produiſoient alors les iſles de l'Amérique. On n'avoit pas ſongé à donner aux grandes pêcheries l'extenſion dont elles étoient ſuſceptibles. Les rades du Nord ne recevoient pas un navire François, & celles du Sud n'en voyoient que rarement. L'état avoit abandonné juſqu'à ſon cabotage à des étrangers. N'étoit-ce donc pas une néceſſité qu'au premier échec remarquable que recevroit cet orgueilleux étalage de puiſſance, le coloſſe croulât, & que l'illuſion fût diſſipée?

L'Angleterre prit dès-lors une ſupériorité, qui l'a portée au comble de la proſpérité. Une nation, qui ſe voit aujourd'hui la premiere ſur toutes les mers, s'imagine aiſément qu'elle y a eu toujours de l'empire. Tantôt elle fait remonter ſa puiſſance maritime juſqu'au tems de César ; tantôt elle veut avoir régné sur l'océan, du-moins au neuvieme siecle. Peut-être un jour, les Corses, qui ne sont rien, quand ils seront devenus un peuple maritime, écriront & liront dans leurs fastes, qu'ils ont toujours dominé sur la méditerranée. Telle est la vanité de l'homme ; il a besoin d'aggrandir son néant dans le passé comme dans l'avenir. La vérité seule, qui subsiste avant & après les nations, dit qu'il n'y a point eu de marine en Europe depuis l'ère chrétienne jusqu'au seizieme siecle. Les Anglois eux-mêmes n'en avoient pas besoin, tant qu'ils furent les maîtres de la Normandie & des côtes de la France.

Lorsque Henri VIII voulut équiper une flotte, il fut obligé de louer des vaisseaux de Hambourg, de Lubeck, de Dantzick : mais sur-tout de Gênes & de Venise, qui savoient seules construire & conduire une marine ; qui fournissoient les navigateurs & les amiraux ; qui donnoient à l'Europe un Colomb, un Améric, un Cabot, un Verezani, ces hommes divins, par qui le monde est devenu si grand. Elizabeth eut besoin d'une force navale contre l'Espagne. Elle permit à des citoyens d'armer des vaisseaux, pour courir sur les ennemis de l'état. Cette permission forma des soldats matelots. La reine alla voir un vaisseau qui avoit fait le tour du monde ; elle y embrassa Drake, en le créant chevalier. Elle laissa quarante-deux vaisseaux de guerre à ses successeurs. Jacques I & Charles I ajoutèrent quelques navires aux forces navales qu'ils avoient reçues avec le trône : mais les commandans de cette marine étoient pris dans la noblesse, qui, contente des honneurs, laissoit les travaux à des pilotes. L'art ne faisoit point de progrès.

Le parti qui détrôna les Stuarts, avoit peu de nobles. Les vaisseaux de ligne furent donnés à des capitaines d'une naissance commune, mais d'une habileté rare dans la navigation. Ils perfectionnèrent, ils illustrèrent la marine Angloise.

Charles II, en remontant sur le trône, la trouva forte de cinquante-six vaisseaux. Elle s'augmenta sous son règne, jusqu'au nombre de quatre-vingt-trois bâtimens, dont cinquante-huit étoient de ligne. Cependant elle déclina vers les derniers jours de ce prince. Mais Jacques II, son frere, la rétablit dans son premier éclat, l'éleva même à plus de splendeur. Grand amiral avant d'être roi, il avoit inventé l'art de commander la manœuvre sur les flottes, par les signaux des pavillons. Heureux, s'il avoit mieux entendu l'art de gouverner un peuple libre ! Quand le prince d'Orange, son gendre, prit sa couronne, la marine Angloise étoit composée de cent soixante-trois vaisseaux de toute grandeur, armés de sept mille canons, & montés par quarante-deux mille hommes d'équipage. Cette force doubla pendant la guerre pour la succession d'Espagne. Elle a fait depuis des progrès tels, que l'Angleterre se croit en état de balancer seule par ses forces navales, toute la marine de l'Univers. Cette puissance est sur mer, ce qu'étoit Rome sur la terre, quand elle tomba de sa grandeur.

La nation Angloise regarde sa marine comme le rempart de sa sûreté, comme la source de ses richesses. C'est dans la paix, comme dans la guerre, le pivot de ses espérances. Aussi lève t-elle, & plus volontiers, & plus promptement, une flotte qu'un bataillon. Elle n'épargne aucun moyen de dépense, aucune ressource de politique pour avoir des hommes de mer.

Les fondemens de cette puissance furent jettés au milieu du dernier siecle, par ce fameux acte de navigation, qui assuroit aux Anglois toutes les productions de leur vaste empire, & qui leur promettoit une grande partie de celles des autres régions. Par cette loi, on sembloit dire à chaque peuple de ne penser qu'à soi. Cependant cette leçon a été inutile jusqu'à nos jours; & aucun gouvernement ne l'a prise pour regle de sa conduite. Il est possible que les yeux s'ouvrent & qu'ils s'ouvrent bientôt : mais la Grande-Bretagne aura toujours joui pendant plus d'un siecle des fruits de sa prévoyance, & peut-être acquis, dans ce long intervalle, assez de force pour perpétuer ses avantages. On doit la croire disposée à employer tous les moyens possibles, pour arrêter l'explosion de cette mine que le tems creuse d'une main lente sous les fondemens de sa fortune, & à déclarer la guerre au premier qui tentera d'y mettre le feu. Ses flottes redoutables attendent avec impatience le signal des hostilités. Leur activité & leur vigilance ont redoublé, depuis qu'il a été décidé que les prises appartiendroient en totalité aux officiers & à l'équipage du vaisseau vainqueur; depuis que l'état a accordé une gratification de cent trente deux livres dix sols à chacun des combattans qui s'élanceroit sur un navire ennemi, pris ou coulé à fond. Cet appât du gain sera, s'il le faut, augmenté par d'autres récompenses. Les nations, si habituellement divisées par leurs intérêts & leurs jalousies, se concerteront-elles pour réprimer tant d'audace; & si une seule l'entreprend séparément, sortira-t-elle avec succès de cette terrible lutte?

La marine est un nouveau genre de puissance qui a donné, en quelque sorte, l'univers à l'Europe. Cette partie si bornée du globe, a acquis, par ses escadres, un empire absolu sur les autres beaucoup plus étendues. Elle s'y est emparée des contrées qui étoient à sa bienséance, & a mis dans sa dépendance les habitans & les productions de toutes. Une supériorité si avantageuse durera toujours, à moins que quelque événement, qu'il est impossible de prévoir, ne dé-

H vj

goûtât nos descendans d'un élément fécond en naufrages. Tant qu'il leur restera des flottes, elles prépareront les révolutions, elles promeneront les destins des peuples, elles seront le levier du monde.

Mais ce n'est pas seulement aux extrémités de la terre ou dans des régions barbares que les vaisseaux ont porté la terreur & dicté des loix. Leur action s'est fait vivement sentir, même au milieu de nous, & a dérangé les anciens systèmes. Il s'est formé un nouvel équilibre. Du continent, la balance du pouvoir a passé aux nations maritimes. Comme la nature de leurs forces les rapprochoit de tous les pays qui bordoient l'océan & ses différens golfes, il leur a été possible de faire du bien ou du mal à plus d'états : elles ont donc dû avoir plus d'alliés, plus de considération & plus d'influence. Ces avantages ont frappé les gouvernemens que leur situation mettoit à portée de les partager ; & il n'en est presque aucun qui n'ait fait plus ou moins d'efforts, des efforts plus ou moins heureux pour y réussir.

Puisque la nature a décidé que les hommes s'agiteroient éternellement sur notre planète, & qu'ils la fatigueroient sans cesse par leur inquiétude, c'est un bonheur pour les tems modernes que les forces de la mer fassent une diversion à celles de la terre. Une puissance qui a des côtes à garder ne peut aisément franchir les barrieres de ses voisins.

Il lui faut des préparatifs immenses ; des troupes innombrables ; des arsenaux de toute espece ; une double provision de moyens & de ressources pour exécuter ses projets de conquête. Depuis que l'Europe navigue, elle jouit d'une plus grande sécurité. Ses guerres sont peut-être aussi fréquentes, aussi sanglantes ; mais elle en est moins ravagée, moins affoiblie. Les opérations y sont conduites avec plus de concert, de combinaison, & moins de ces grands effets qui dérangent tous les systêmes. Il y a plus d'efforts & moins de secousses. Toutes les passions y sont entraînées vers un certain bien général, un grand but politique, un heureux emploi de toutes les facultés physiques & morales qui est le commerce.

L'importance où s'est élevée la marine conduira, avec le tems, tout ce qui y a un rapport plus ou moins prochain au degré de perfection dont il est susceptible. Jusqu'au milieu du dernier siecle, des routines vagues présidoient à la construction des vaisseaux. *On ne sait ce que la mer veut*, étoit encore un proverbe. A cette époque, la géométrie porta son attention sur cet art qui devenoit tous les jours intéressant, & y appliqua quelques-uns de ses principes. Depuis elle s'en est occupée plus sérieusement, & toujours avec succès. Cependant on est bien éloigné des démonstrations, puisqu'il règne tant de variété dans les dimensions que suivent les différens atteliers.

A mesure que la marine devenoit une science, c'étoit une nécessité qu'elle fût étudiée par ceux qui suivoient cette profession. On parvint lentement, mais enfin on parvint à leur faire comprendre que des commandans qui auroient des idées générales, fondées sur des regles mathématiques, auroient une grande supériorité sur des officiers qui, n'ayant que des habitudes, ne pourroient juger des choses qu'ils auroient à faire que par leur analogie avec celles qu'ils auroient déja vues. Des écoles s'ouvrirent de tous les côtés, & de jeunes gens y furent instruits dans la tactique navale & dans d'autres connoissances aussi importantes.

C'étoit quelque chose, mais ce n'étoit pas tout. Dans un métier où la disposition de la mer & des courans, le mouvement des vaisseaux, la force & la variété des vents, les fréquens accidens du feu, la rupture ordinaire des voiles & des cordages, cent autres circonstances multiplient à l'infini les combinaisons ; où, sous le tonnerre du canon & au milieu des plus grands dangers, il faut prendre sur le champ un parti qui décide de la victoire & de la fuite ; où les résolutions doivent être si rapides qu'elles paroissent plutôt l'effet du sentiment que le fruit de la réflexion : dans une telle profession, la théorie la plus savante ne sauroit suffire. Dénuée de ce coup-d'œil sûr & rapide que la pratique seule & la pratique la plus suivie peut donner, elle perdroit en méditations le tems de l'action. Il faut donc que l'expérience acheve l'homme de mer que l'étude des sciences exactes aura commencé. Cette réunion doit se faire avec le tems par-tout où il y a des navigateurs, mais nulle part aussi promptement que dans une isle, parce que les arts se perfectionnent plutôt où ils sont d'une nécessité plus indispensable.

Par la même raison, il y aura de meilleurs & plus de matelots, mais seront-ils traités avec la justice & l'humanité qui leur sont dues? Un d'eux, qui a heureusement échappé aux feux dévorans de la ligne, à l'horreur des tempêtes, à l'intempérie des climats, revient d'un voyage de plusieurs années & des extrêmités du globe. Son épouse l'attend avec impatience; ses enfans soupirent après la vue d'un pere dont on leur a cent fois répété le nom; lui-même il charme ses ennuis par le doux espoir de revoir bientôt ce qu'il a de plus cher au monde; il hâte par ses desirs le moment délicieux où il soulagera son cœur dans les tendres embrassemens de sa famille. Tout-à-coup, à l'approche du rivage, à la vue de sa patrie, on l'arrache avec violence du navire où, pour enrichir ses concitoyens, il vient de braver les flots, & il se voit précipité par d'infâmes satellites dans une flotte où trente, quarante mille de ses braves compagnons doivent partager son infortune jusqu'à la fin des hostilités. C'est vainement que leurs larmes couleront, c'est vainement qu'ils réclameront les loix, leur destinée est irrévocablement fixée. Voilà une foible image des atrocités de la presse Angloise.

Dans nos gouvernemens absolus, c'est une autre méthode plus cruelle peut-être en effet, quoique en apparence plus modérée. Le matelot y est enrôlé & enrôlé pour toute sa vie. On le met en mouvement, on le retient dans l'inaction, quand on veut & comme on veut. Un caprice décide de sa solde, un caprice regle l'époque où elle lui sera payée. Durant la paix, durant la guerre, il n'a jamais de volonté qui lui soit propre : sans cesse il est sous la verge d'un despote subalterne le plus souvent injuste, féroce & intéressé. La plus grande différence que j'observerois entre la presse & les classes, c'est que l'une est une servitude passagere, & que l'esclavage des autres n'a point de terme.

Cependant vous trouverez des apologistes, des admirateurs peut-être de ces usages inhumains. Il faut, vous dira-t-on, que dans l'état de société, les volontés particulieres soient soumises à la volonté générale, & que les convenances des individus soient sacrifiées aux besoins publics. Telle a été la pratique de toutes les nations & de tous les âges. C'est sur cette base unique que les institutions, bien ou mal conçues, ont été fondées. Jamais elles ne s'écarteront de ce point central sans précipiter l'époque inévitable de leur ruine.

Sans doute, la république doit être servie, & doit l'être par ses citoyens: mais n'est-il pas de la justice que chacun y contribue selon ses moyens ? Faut-il que pour conserver à un millionnaire, souvent injuste, la jouissance entiere de sa fortune & de ses délices, on réduise l'infortuné matelot au sacrifice des deux tiers de son salaire, des besoins de sa famille, du plus précieux des biens, la liberté. La patrie ne seroit-elle pas servie avec plus de zèle, de vigueur & d'intelligence par des hommes qui lui voueroient volontairement les facultés physiques & morales qu'ils ont acquises ou exercées sur toutes les mers, que par des esclaves nécessairement & sans cesse occupés du soin de briser leurs chaines ? Mal-à-propos, les administrateurs des empires diroient-ils pour justifier leur conduite atroce que ces navigateurs refuseroient aux combats leurs bras & leur courage, si on ne les y trainoit contre leurs penchans. Tout assure qu'ils ne demanderoient pas mieux que d'exercer leur profession ; & il est démontré que quand ils y auroient quelque répugnance, des nécessités toujours renaissantes les y forceroient.

Le dirons-nous ? & pourquoi ne le dirions-nous pas ? les gouvernemens sont aussi convaincus que ceux qui les censurent du tort qu'ils font à leurs matelots: mais ils aiment mieux ériger la tyrannie en principe, que de convenir de l'impoſſibilité où ils ſont d'être juſtes. Dans l'état actuel des choſes, tous, quelques-uns principalement, ont élevé leurs forces navales plus haut que leur fortune ne le permettoit. Juſqu'ici leur orgueil n'a pu ſe réſoudre à deſcendre de cette grandeur exagérée dont ils s'étoient enivré, dont ils avoient enivré leurs voiſins. Le moment arrivera pourtant, & il ne doit pas être éloigné, où ce ſera une néceſſité de proportionner les armemens aux reſſources d'un fiſc obéré. Ce ſera une époque heureuſe pour l'Europe ſi elle ſuit un ſi bel exemple. Cette partie du monde, qui compte aujourd'hui trois cens quatre-vingt-douze vaiſſeaux de ligne, & quatre fois plus de bâtimens de guerre d'un ordre inférieur, tirera de grands avantages de cette révolution. L'océan ſera ſillonné alors par moins de flottes, & ſur-tout par des flottes moins nombreuſes. La navigation marchande s'enrichira des débris de la marine militaire; & le commerce recevra dans l'univers entier une extenſion nouvelle.

VI. Commerce.

Le commerce ne produit rien lui-même; il n'eſt pas créateur. Ses fonctions ſe réduiſent à des échanges. Par ſon miniſtere, une ville, une province, une nation, une partie du globe ſont débarraſſées de ce qui leur eſt inutile ; par son ministere, elles reçoivent ce qui leur manque. Les besoins respectifs de la société des hommes l'occupent sans cesse. Ses lumieres, ses fonds, ses veilles : tout est consacré à cet office honorable & nécessaire. Son action n'existeroit pas sans les arts & la culture : mais sans son action, la culture & les arts seroient peu de chose. En parcourant la terre, en franchissant les mers, en levant les obstacles qui s'opposoient à la communication des peuples, en étendant la sphere des besoins & le desir des jouissances, il multiplie les travaux, il encourage l'industrie ; il devient en quelque sorte le moteur du monde.

Les Phéniciens furent les premiers négocians dont l'histoire ait conservé le souvenir. Situés sur les bords de la mer aux confins de l'Asie & de l'Afrique, pour recevoir & pour répandre toutes les richesses de ces vastes contrées, ils ne fonderent des colonies, ne bâtirent des villes que pour le commerce. A Tyr, ils étoient les maîtres de la Méditerranée ; à Carthage, ils jetterent les fondemens d'une république qui commença par l'océan sur les meilleures côtes de l'Europe.

Les Grecs succéderent aux Phéniciens ; les Romains aux Carthaginois & aux Grecs. Ils furent les maîtres de la mer comme de la terre : mais ils ne firent d'autre commerce que celui d'apporter pour eux, en Italie, toutes les richesses de l'Afrique, de l'Asie

& du monde conquis. Quand Rome eut tout envahi, tout perdu, le commerce retourna, pour ainsi dire, à sa source vers l'Orient. C'est-là qu'il se fixa, tandis que les Barbares inondoient l'Europe. L'empire fut divisé. Les armes & la guerre resterent dans l'Occident : mais l'Italie conserva du moins une communication avec le Levant, où couloient toujours les trésors de l'Inde.

Les croisades épuiserent en Asie toutes les fureurs de zèle & d'ambition, de guerre & de fanatisme qui circuloient dans les veines des Européens : mais elles rapporterent dans nos climats le goût du luxe Asiatique; & elles racheterent par un genre de commerce & d'industrie, le sang & la population qu'elles avoient coûté. Trois siecles de guerre & de voyages en orient donnerent à l'inquiétude de l'Europe un aliment dont elle avoit besoin pour ne pas périr d'une sorte de consomption interne : ils préparerent cette effervescence de génie & d'activité qui, depuis, s'exhala & se déploya dans la conquête des Indes Orientales & de l'Amérique.

Les Portugais tenterent de doubler l'Afrique, mais avec lenteur & circonspection. Ce ne fut qu'après quatre-vingts ans de travaux & de combats ; qu'après s'être rendus les maîtres de toute la côte Occidentale de cette vaste région, qu'ils se hasarderent à doubler le cap de Bonne-Espérance. L'honneur de franchir cette barrière redoutable étoit réservé à Vasco de Gama, qui, en 1497, atteignit enfin le Malabar, où devoient se porter les riches productions des plus fertiles contrées de l'Asie. Tel fut le théâtre de la grandeur Portugaise.

Tandis que cette nation avoit les marchandises, l'Espagne s'emparoit de ce qui les achete, des mines d'or & d'argent. Ces métaux devinrent non-seulement un véhicule, mais encore une matiere de commerce. Ils attirerent d'abord tout le reste, & comme signe, & comme marchandise. Toutes les nations en avoient besoin pour faciliter l'échange de leurs denrées, pour s'approprier les jouissances qui leur manquoient. L'épanchement du luxe & de l'argent du midi de l'Europe, changea la face & la direction du commerce, en même tems qu'il en étendit les limites.

Cependant les nations conquérantes des deux Indes, négligerent les arts & la culture. Pensant que l'or devoit tout leur donner, sans songer au travail qui seul attire l'or; elles apprirent un peu tard, mais à leurs dépens, que l'industrie qu'elles perdoient, valoit mieux que les richesses qu'elles acquéroient; & ce fut la Hollande qui leur fit cette dure leçon.

Les Espagnols & les Portugais devinrent ou resterent pauvres avec tout l'or du monde; les Hollandois furent bientôt riches, sans terres & sans mines. Aussi-tôt que ces intré-

pides républicains se furent réfugiés au sein de l'océan avec leur divinité tutélaire, la liberté, ils s'apperçurent que leurs marais ne seroient jamais que le siege de leur domicile, & qu'il leur faudroit chercher ailleurs des ressources & des subsistances. Leur vue se promena sur la face du globe, & ils se dirent.
„ Notre domaine est le monde entier : nous
„ en jouirons par la navigation & par le
„ commerce. Les révolutions qui se passe-
„ ront sur ce théatre immense & continuel-
„ lement agité, ne nous seront jamais étran-
„ geres. L'indolence & l'activité, l'esclava-
„ ge & l'indépendance, la barbarie & la ci-
„ vilisation, l'opulence & la pauvreté, la
„ culture & l'industrie, les achats & les ven-
„ tes, les vices & les vertus des hommes :
„ tout tournera à notre avantage. Nous en-
„ couragerons les travaux des nations où
„ nous arrêterons leur fortune ; nous les
„ pousserons à la guerre, ou nous travail-
„ lerons à rétablir le calme entre elles, selon
„ qu'il conviendra à nos intérêts. „

Jusqu'à cette époque, la Flandre avoit été le lien de communication entre le nord & le midi de l'Europe. Les Provinces-Unies qui s'en étoient détachées pour n'appartenir qu'à elles-mêmes, prirent sa place, & devinrent à leur tour l'entrepôt de toutes les puissances qui avoient à faire plus ou moins d'échanges.

Ce premier succès ne borna pas l'ambition

de la nouvelle république. Après avoir appellé dans ses ports les productions des autres contrées, ses navigateurs allerent les chercher eux-mêmes. Bientôt la Hollande fut un magasin immense, où ce que fournissoient les divers climats se trouvoit réuni; & cette réunion de tant d'objets importans augmenta toujours, à mesure que les besoins des peuples se multiplioient, avec les moyens de les satisfaire. Une marchandise attiroit une marchandise. Les denrées de l'ancien monde appelloient celles du nouveau. Un acheteur amenoit des acheteurs; & les trésors acquis étoient une voie assurée pour en acquérir encore.

Tout favorisa la naissance & les progrès du commerce de la république : sa position sur les bords de la mer, à l'embouchure de plusieurs grandes rivieres : sa proximité des terres les plus abondantes ou les mieux cultivées de l'Europe : ses liaisons naturelles avec l'Angleterre & l'Allemagne, qui la défendoient contre la France : le peu d'étendue & de fertilité de son terrein qui forçoit ses habitans à devenir pêcheurs, navigateurs, courtiers, banquiers, voituriers, commissionnaires ; à vivre, en un mot, d'industrie au défaut de domaine. Les causes morales se joignirent à celles du climat & du sol, pour établir & hâter sa prospérité. La liberté de son gouvernement, qui ouvrit un asyle à tous les étrangers mécontens du leur ; la liberté de sa religion, qui laissoit à toutes les autres un exercice public & tranquille, c'est-à-dire, l'accord du cri de la nature avec celui de la conscience, des intérêts avec les devoirs, en un mot la tolérance, cette religion universelle de toutes les ames justes & éclairées, amies du ciel & de la terre, de Dieu comme leur pere, des hommes comme leurs freres. Enfin la république commerçante sut tourner à son profit tous les événemens, & faire concourir à son bonheur les calamités & les vices des autres nations; les guerres civiles que le fanatisme allumoit chez un peuple ardent, que le patriotisme excitoit chez un peuple libre; l'ignorance & l'indolence que le bigotisme nourrissoit chez deux peuples soumis à l'empire de l'imagination.

L'industrie de la Hollande, où se mêla beaucoup de cette funeste politique qui sème la jalousie & les différends entre les nations, ouvrit enfin les yeux à d'autres puissances. L'Angleterre fut la premiere à s'appercevoir qu'on n'avoit pas besoin de l'entremise des Hollandois pour trafiquer. Cette nation chez qui les attentats du despotisme avoient enfanté la liberté, parce qu'ils précéderent la corruption & la mollesse, voulut acheter les richesses par le travail qui en est le contrepoison. Ce fut elle qui la premiere envisagea le commerce, comme la science & le soutien d'un peuple éclairé, puissant & même
ver-

vertueux. Elle y vit moins une acquisition de jouissances, qu'une augmentation d'industrie; plus d'encouragement & d'activité pour la population, que de luxe & de magnificence pour la représentation. Appellée à commercer par sa situation; ce fut là l'esprit de son gouvernement & le levier de son ambition. Tous ses ressorts tendirent à ce grand objet. Mais dans les autres monarchies, c'est le peuple qui fait le commerce; dans cette heureuse constitution, c'est l'état ou la nation entiere: toujours sans doute avec le desir de dominer qui renferme celui d'asservir, mais du-moins avec des moyens qui font le bonheur du monde, avant de le soumettre. Par la guerre, le vainqueur n'est guere plus heureux que le vaincu, puisqu'il ne s'agit entre eux que de sang & de plaies: mais par le commerce, le peuple conquérant introduit nécessairement l'industrie dans un pays qu'il n'auroit pas conquis, si elle y avoit été, ou qu'il ne garderoit pas, si elle n'y étoit point entrée avec lui. C'est sur ces principes que l'Angleterre a fondé son commerce & sa domination, & qu'elle a réciproquement & tour-à-tour étendu l'un par l'autre.

Les François situés sous un ciel & sur un sol également heureux, se sont long-tems flattés d'avoir beaucoup à donner aux autres nations, & presque rien à leur demander. Mais Colbert sentit que dans la fermentation où l'Europe se trouvoit de son tems, il y auroit un gain évident pour la culture & les productions d'un pays qui travailleroit sur celles du monde entier. Par ses soins s'éleverent de tous côtés des manufactures. Les laines, les soieries, les teintures, les broderies, les étoffes d'or & d'argent ; tout acquit dans les établissemens dont il dirigeoit les opérations, une perfection que les autres atteliers ne pouvoient atteindre. Pour augmenter l'utilité de ces arts, il en falloit posséder les matériaux. La culture en fut encouragée selon la diversité des climats & du territoire. On en demanda quelques-uns aux provinces même du royaume, & les autres aux colonies que le hasard lui avoit données dans le Nouveau-Monde, comme à tous les navigateurs, qui depuis un siecle infestoient la mer de leurs brigandages. La nation dut faire alors un double profit, & sur les matieres premieres, & sur la main-d'œuvre. Elle poussa cette branche précaire & momentanée avec une vigueur, une émulation qui devoient laisser long-tems ses rivaux en arriere; & la France jouit encore de sa supériorité sur les autres peuples dans tous les ouvrages de luxe & de décoration qui attirent les richesses à l'industrie.

La mobilité naturelle du caractere national, sa frivolité même, a valu des trésors à l'état, par l'heureuse contagion de ses modes. Semblable à ce sexe délicat & léger, qui nous montre & nous inspire le goût de la parure ; le François domine sur toutes les cours, dans toutes les régions pour ce qui est d'agrément ou de magnificence ; & son art de plaire est un des secrets de sa fortune & de sa puissance. D'autres peuples ont maîtrisé le monde par les mœurs simples & rustiques, qui font les vertus guerrieres ; lui seul y devoit régner par ses vices. Son empire durera, jusqu'à ce qu'avili sous les pieds de ses maîtres, par des coups d'autorité sans principes & sans borne, il devienne méprisable à ses propres yeux. Alors, avec sa confiance en lui-même, il perdra cette industrie, qui est une des ressources de son opulence & des ressorts de son activité.

L'Allemagne, qui n'a que peu & de mauvais ports, a été réduite à voir d'un œil indifférent ou jaloux ses ambitieux voisins s'enrichir des dépouilles de la mer & des deux Indes. Son action a été gênée même sur ses frontieres, continuellement ravagées par des guerres destructives, & jusques dans l'intérieur de ses provinces par la nature d'une constitution singulierement compliquée. Il falloit beaucoup de tems, des lumieres étendues & de grands efforts pour établir un commerce de quelque importance dans une région que tout sembloit en repousser. Cette époque approche. Déja le lin & le chanvre sont vivement cultivés, & reçoivent une forme agréable. On travaille la laine & le coton avec intelligence. D'autres fabriques commencent ou font perfectionnées. Si, comme le caractere laborieux & solide de ses habitans permet de l'espérer, l'empire parvient jamais à payer avec ses productions, avec ses manufactures, les manufactures, les productions qu'il est réduit à tirer d'ailleurs, & à retenir dans son sein l'argent qui sort de ses mines, il ne tardera pas à devenir une des plus opulentes contrées de l'Europe.

Il seroit absurde d'annoncer aux nations du Nord une destinée aussi brillante, quoique le commerce ait aussi commencé d'améliorer leur sort. Le fer de leur âpre climat, qui ne servoit autrefois qu'à leur destruction mutuelle, a été converti en des usages utiles au genre-humain ; & une partie de celui qu'ils livroient brut n'est vendu aujourd'hui qu'après avoir été travaillé. Leurs munitions navales ont trouvé un cours, un prix qu'elles n'avoient pas, avant que la navigation eût reçu cette prodigieuse extension qui nous étonne. Si quelques-uns de ces peuples attendent négligemment les acheteurs dans leurs ports, d'autres les vont porter eux-mêmes dans des rades étrangeres, & cette activité étend leurs idées, leurs opérations & leurs bénéfices.

Cette nouvelle ame du monde moral s'est insinuée de proche en proche, jusqu'à devenir comme essentielle à l'organisation ou à l'existence des corps politiques. Le goût du luxe & des commodités a donné l'amour du travail, qui fait aujourd'hui la principale force des états. A la vérité, les occupations sédentaires des arts méchaniques, rendent les hommes plus sensibles aux injures des saisons, moins propres au grand air, qui est le premier aliment de la vie. Mais enfin, on est encore plus heureux d'énerver l'espece humaine sous les toits des atteliers, que de l'aguerrir sous les tentes, puisque la guerre détruit quand le commerce crée. Par cette utile révolution dans les mœurs, les maximes générales de la politique ont changé l'Europe. Ce n'est plus un peuple pauvre qui devient redoutable à une nation riche. La force est aujourd'hui du côté des richesses, parce qu'elles ne sont plus le fruit de la conquête, mais l'ouvrage des travaux assidus & d'une vie entierement occupée. L'or & l'argent ne corrompent que les ames oisives qui jouissent des délices du luxe, au séjour des intrigues & des bassesses, qu'on appelle grandeur. Mais ces métaux occupent les bras & les doigts du peuple; mais ils excitent dans les campagnes, à reproduire; dans les villes maritimes, à naviguer; dans le centre d'un état, à fabriquer des armes, des habits, des meubles, des édifices. L'homme est aux prises avec la nature: sans cesse il la modifie, & sans cesse il en est modifié. Les peuples sont taillés & façonnés par les arts qu'ils exercent. Si quelques métiers amollissent & dégradent l'espece, elle s'endurcit & se répare dans d'autres. S'il est vrai que l'art la dénature, du-moins elle ne se repeuple pas pour se détruire, comme chez les nations barbares des tems héroïques. Sans doute, il est facile, il est beau de peindre les Romains avec le seul art de la guerre, subjuguant tous les autres arts, toutes les nations oisives ou commerçantes, policées ou féroces ; brisant ou méprisant les vases de Corinthe, plus heureux sous des dieux d'argile qu'avec les statues d'or de leurs empereurs de boue. Mais il est encore plus doux & plus beau, peut-être, de voir toute l'Europe peuplée de nations laborieuses, qui roulent sans cesse autour du globe, pour le défricher & l'approprier à l'homme ; agiter par le souffle vivifiant de l'industrie, tous les germes reproductifs de la nature ; demander aux abymes de l'océan, aux entrailles des rochers, ou de nouveaux soutiens, ou de nouvelles jouissances ; remuer & soulever la terre avec tous les leviers du génie ; établir entre les deux hémispheres, par les progrès heureux de l'art de naviguer, comme des ponts volans de communication, qui rejoignent un continent à l'autre ; suivre toutes les routes du soleil, franchir les barrieres annuelles, & passer des tropiques aux pôles sous les ailes des vents ; ouvrir, en un mot, toutes les sources de la population & de la volupté, pour les verser par mille canaux sur la face du monde. C'est alors, peut-être, que la divinité contemple avec plaisir son ouvrage, & ne se repent pas d'avoir fait l'homme.

Telle est l'image du commerce. Admirez ici le génie du négociant. Le même esprit qu'avoit Newton pour calculer la marche des astres, il l'emploie à suivre la marche des peuples commerçans qui fécondent la terre. Ses problèmes sont d'autant plus difficiles à résoudre, que les conditions n'en sont pas simples, abstraites & déterminées comme en géométrie ; mais dépendent des caprices des hommes & de l'instabilité de mille évènemens compliqués. Cette justesse de combinaisons que doivent avoir Cromwel & Richelieu, l'un pour détruire, l'autre pour cimenter le despotisme des rois, il la possède, & va plus loin : car il embrasse les deux mondes dans son coup-d'œil, & dirige les opérations sur une infinité de rapports, qu'il n'est donné que rarement à l'homme d'état, ou même au philosophe de saisir & d'apprécier. Rien ne doit échapper à sa vue. Il doit prévoir l'influence des saisons, sur l'abondance, la disette, la qualité des denrées, sur le départ ou le retour des vaisseaux ; l'influence des affaires politiques sur celles du commerce ; les révolutions que la guerre ou la paix doivent opérer dans le prix & le cours des marchandises, dans la masse & le choix des approvisionnemens, dans la fortune des places & des ports du monde entier ; les suites que peut avoir fous la Zone-Torride l'alliance de deux nations du Nord; les progrès, foit de grandeur ou de décadence, des différentes compagnies de commerce; le contrecoup que portera fur l'Afrique & fur l'Amérique la chûte d'une puiffance d'Europe dans l'Inde; les ftagnations que produira dans certaains pays, l'engorgement de quelques canaux d'induftrie; la dépendance réciproque entre la plupart des branches de commerce, & le fecours qu'elles fe prêtent par les torts paffagers qu'elles femblent fe faire; le moment de commencer, & celui de s'arrêter dans toutes les entreprifes nouvelles: en un mot, l'art de rendre toutes les nations tributaires de la fienne, & de faire fa fortune avec celle de fa patrie, ou plutôt de s'enrichir, en étendant la profpérité générale des hommes. Tels font les objets qu'embraffe la profeffion du négociant; & ce n'eft pas toute fon étendue.

Le commerce eft une fcience, qui demande encore plus la connoiffance des hommes que des chofes. Sa difficulté vient moins de la multiplicité des affaires que de l'avidité de ceux qui les conduifent. Il faut donc traiter avec eux, en apparence, comme fi l'on étoit affuré de leur bonne foi, & prendre cependant des précautions comme s'ils étoient dénués de tous les principes.

Prefque tous les hommes font honnêtes hors de leur état; mais il n'y en a que peu qui, dans l'exercice de leur profession, se conforment aux regles d'une probité scrupuleuse. Ce vice qui regne, depuis la premiere jusqu'à la derniere des conditions, naît du grand nombre des malversations introduites par le tems, excusées par l'usage. L'intérêt personnel & l'habitude générale en dérobent le crime & la bassesse. *Je fais*, dit-on, *comme font les autres*; & l'on se plie à des actions contre lesquelles la conscience cesse bientôt de réclamer.

Ces especes de tromperies n'ont aucun inconvénient aux yeux de ceux qui se les permettent. Communes à toutes les professions, ne s'expient-elles pas les unes par les autres ? Je reprends dans la bourse de ceux qui traitent avec moi, ce que ceux avec lesquels j'ai traité ont pris de trop dans la mienne. Exigerez-vous qu'un marchand, un ouvrier, un particulier, quel qu'il soit, souffre la vexation sourde & secrete de tous ceux à qui ses besoins journaliers l'adressent, sans avoir jamais son recours sur aucun d'eux ? Puisque tout se compense par une injustice générale, tout est aussi-bien que sous un état de justice rigoureuse.

Mais peut-il y avoir aucune sorte de compensation entre ces rapines de détail d'une classe de citoyens sur toutes les autres, & celles-ci sur la premiere ? Toutes les professions ont-elles un besoin égal des autres ? Plusieurs, exposées à des vexations qui se re-

I v

nouvellent sans cesse, ne manquent-elles pas la plupart d'occasions de vexer à leur tour ? Les circonstances ne font-elles pas changer d'un jour à l'autre la proportion de ces vexations ? Ces observations paroîtront peut-être minutieuses. Arrêtons-nous donc à une réflexion plus importante. Aucun homme sage pourra-t-il penser qu'il soit indifférent que l'iniquité s'exerce impunément & presque d'un consentement universel dans tous les états ; que la masse d'une nation soit corrompue, & d'une corruption qui n'a ni frein, ni limite ; & qu'il y ait bien loin d'un larcin autorisé & journellement répété à quelque injustice que ce puisse être ?

Cependant, il faut bien qu'on croie le mal sans remede, au moins pour les industries de détail, puisque toute la morale applicable à ceux qui les exercent, se réduit à ses maximes. " Tâchez de n'être point décrié
„ dans votre profession. Si vous vendez
„ plus cher que les autres, ayez au-moins
„ la réputation de vendre de meilleures marchandises. Gagnez le plus que vous pourrez. Sur-tout n'ayez pas deux prix. Faites
„ votre fortune, & faites-la le plus promptement. Si vous n'êtes ni mal famé, ni
„ déshonoré : tout est bien. „ On pourroit substituer à ces principes, des principes plus honnêtes ; mais ce seroit inutilement. Les petits profits journaliers ; ces économies mesquines, qui font la ressource essentielle

de quelques professions, abaissent l'ame, l'avilissent, y éteignent tout sentiment de dignité ; & il n'y a rien de vraiment louable à recommander, ni à attendre d'une espèce d'hommes conduite à ce point de dégradation.

Il n'en est pas ainsi de ceux dont les spéculations embrassent toutes les contrées de la terre ; dont les opérations compliquées lient les nations les plus éloignées ; par qui l'univers entier devient une famille. Ces hommes peuvent avoir une idée noble de leur profession ; & il est presque inutile de dire à la plupart d'entre eux : ayez de la bonne-foi ; parce que la mauvaise-foi, en vous nuisant à vous-même, nuiroit aussi à vos concitoyens & calomnieroit votre nation.

N'abusez point de votre crédit, c'est-à-dire qu'en cas de revers inattendus, vos propres fonds puissent remplacer les fonds que vous avez obtenus de la confiance qu'ont eue vos correspondans dans vos lumieres, dans vos talens, dans votre probité. Qu'on vous voie, au milieu du renversement de votre fortune, comme ces grands arbres que la foudre a frappés & qui conservent cependant toute leur majesté.

Vous vous méfierez d'autant plus de vous-mêmes, que presque toujours, vous êtes les seuls juges de votre probité.

Je sais bien que si vous êtes opulens, vous serez toujours honorés aux yeux de la multitude : mais aux vôtres ? Si votre propre estime vous touche peu, entassez des monceaux d'or sur des monceaux d'or ; & soyez heureux, si l'homme immoral peut l'être.

Il vous reste, & il doit vous rester des principes religieux. Songez donc qu'il viendra un moment où vous vous reprocherez des richesses mal acquises, qu'il faudra restituer ; à moins que vous ne braviez, en insensés, un juge prêt à vous en demander un compte sévere.

Servez toutes les nations : mais quelque avantage qu'une spéculation vous présente, renoncez-y, si vous nuisez à la vôtre.

Que votre parole soit sacrée. Ruinez-vous, s'il le faut, plutôt que d'y manquer ; & montrez que l'honneur vous est plus précieux que l'or.

N'embrassez pas trop d'objets à la fois. Quelque forte que soit votre tête, quelque étendue de génie que vous ayez, songez que la journée commune de l'homme laborieux n'a guere plus de six heures, & que toutes les affaires qui l'exigeroient plus longue, seroient abandonnées nécessairement à vos coopérateurs subalternes. Bientôt il se formeroit autour de vous un cahos au débrouillement duquel vous pourriez vous trouver précipités du sommet de la prospérité où vous vous croyez, dans l'abyme sans fond de l'infortune.

Je ne cesserai de vous crier, de l'ordre, de

l'ordre. Sans ordre, tout devient incertain. Rien ne se fait, ou tout se fait à la hâte & mal. La négligence & la précipitation rendent également les entreprises ruineuses.

Quoiqu'il n'y ait peut-être aucun gouvernement assez honnête, pour qu'un particulier doive le secourir de son crédit, je vous exhorte à en courir les hasards : mais que ce secours n'excéde pas votre propre fortune. Ruinez-vous pour votre pays, mais ne ruinez que vous. L'amour de la patrie doit être subordonné aux loix de l'honneur & de la justice.

Ne vous mettez jamais dans le cas d'aller montrer vos larmes & votre désespoir à une cour qui vous paiera froidement du motif de la nécessité publique & de l'offre honteuse d'un sauf-conduit. Ce n'est pas dans le ministere d'une nation, c'est en vous que l'étranger & le citoyen ont eu confiance. C'est dans vos mains qu'ils ont déposé leurs fonds; & rien ne peut vous sauver de leurs reproches & de ceux de votre conscience, si vous en avez une.

Vous serez bien sages, si vous ne formez d'autres entreprises que celles qui peuvent échouer, sans attrister votre famille & sans troubler votre repos.

Ne soyez ni pusillanimes, ni téméraires. La pusillanimité vous fixeroit dans la médiocrité; la témérité vous raviroit en un jour le fruit du travail de plusieurs années.

Il n'y a nulle comparaison entre la fortune & le crédit. La fortune, sans crédit, est peu de chose. Le crédit, sans fortune, n'a point de limites. Tant que le crédit reste, la ruine n'est pas consommée. Le moindre ébranlement en crédit peut être suivi du dernier désastre. J'ai vu qu'au bout de vingt années, on n'avoit pas encore oublié que la caisse d'une compagnie opulente avoit été fermée vingt-quatre heures.

Le crédit d'un commerçant renaît plus difficilement encore que l'honneur d'une femme. Il n'y a qu'une espèce de miracle qui puisse faire cesser une alarme qui se répand en un clin-d'œil d'un hémisphere de la terre à l'autre.

Le commerçant ne doit pas être moins jaloux de son crédit, que le militaire de son honneur.

Si vous avez de l'élévation dans l'ame, vous aimerez mieux servir vos concitoyens avec moins d'avantage, que l'étranger avec moins de hasards, moins de peines & plus de profits.

Suivez une spéculation honnête, de préférence à une spéculation plus lucrative.

On a dit que le négociant, le banquier, le commissionnaire, cosmopolites par état, n'étoient citoyens d'aucun pays. Faites cesser ce propos injurieux.

Si, quand vous quitterez le commerce, vous ne jouissez parmi vos concitoyens que de la considération accordée à de grandes richesses, vous n'aurez pas acquis tout ce que le commerce pouvoit vous rendre.

Le mépris de la richesse est peut-être incompatible avec l'esprit du commerce : mais malheur à celui en qui cet esprit seroit exclusif du sentiment de l'honneur !

J'ai élevé dans mon cœur un autel à quatre classes de citoyens : au philosophe qui cherche la vérité, qui éclaire les nations, & qui prêche d'exemple la vertu aux hommes : au magistrat qui fait tenir égale la balance de la justice : au militaire qui défend sa patrie ; & au commerçant honnête qui l'enrichit & qui l'honore. J'oubliois l'agriculteur qui la nourrit ; & je lui en demande pardon.

Si le négociant ne se voit pas lui-même dans ce rang distingué des citoyens, il ne s'estime pas assez. Il oublie que, dans la matinée, quelques traits de sa plume mettent en mouvement les quatre coins du monde pour leur bonheur mutuel.

Loin de vous toute basse jalousie de la prospérité d'un autre. Si vous traversez ses opérations sans motif, vous êtes un pervers. Si vous parvenez à découvrir ses opérations & que vous vous les appropriez, vous l'aurez volé.

L'influence de l'or est aussi funeste aux particuliers, qu'aux nations. Si vous n'y prenez garde, vous en aurez l'ivresse. Après avoir entassé, vous voudrez entasser encore ;

& vous deviendrez avares ou dissipateurs. Avares, vous serez durs ; & le sentiment de la commisération, de la bienfaisance s'éteindra en vous. Dissipateurs, après avoir consumé vos belles années à acquérir la richesse, vous serez jettés dans l'indigence par des dépenses extravagantes ; & si vous échappez à ce malheur, vous n'échapperez pas au mépris.

Ouvrez quelquefois votre bourse à l'homme industrieux & malheureux.

Voulez-vous être honoré pendant votre vie & après votre mort, consacrez une portion de votre fortune à quelques monumens d'une utilité publique. Malheur à vos héritiers, si cette dépense les afflige !

Songez que quand celui qui n'a que de la richesse vient à mourir, il n'y a rien de perdu.

Ces maximes, que nous nous sommes permis de rappeller, ont toujours été, seront toujours vraies. S'il arrivoit qu'elles parussent problématiques à quelques-uns de ceux dont elles doivent diriger les actions, il faudroit s'en prendre à l'autorité publique. Par-tout le fisc avide & rampant encourage à des injustices particulieres, par les injustices générales qu'on lui voit commettre. Il opprime le commerce par les impôts sans nombre dont il le surcharge. Il dégrade les négocians par les soupçons injurieux qu'il ne cesse de jetter sur leur probité. Il rend, en quelque sorte, la fraude nécessaire, par la funeste invention des monopoles.

Qu'est-ce donc que le monopole ? C'est le privilege exclusif d'un citoyen sur tout autre de vendre ou d'acheter. A cette définition, tout homme sensé s'arrête & dit : entre des citoyens, tous égaux, tous servant la société, tous contribuant à ses charges à proportion de leurs moyens, comment un d'entre eux peut-il avoir un droit dont un autre soit légitimement privé ? Quelle est donc cette chose si sacrée par sa nature, qu'un homme, quel qu'il soit, ne puisse l'acquérir si elle lui manque, ou s'en défaire si elle lui appartient ?

Si quelqu'un pouvoit prétendre à ce privilege, ce seroit sans doute le souverain. Cependant il ne le peut pas, car il n'est que le premier des citoyens. Le corps de la nation peut l'en gratifier : mais alors c'est un acte de déférence, & non la conséquence d'une prérogative qui seroit nécessairement tyrannique. Que si le souverain ne peut se l'arroger à lui-même, bien moins encore le peut-il conférer à un autre. On ne donne point ce dont on n'a pas la propriété légitime.

Mais si contre la nature des choses, il existe un peuple qui ait quelque prétention à la liberté, & où le chef se soit toutefois arrogé à lui-même ou ait conféré le monopole à un autre, quelle a été la suite de cette infraction au droit général ? La révolte, sans doute ? Non ; cela auroit dû être, mais n'a pas été. Et pourquoi ? C'est qu'une société est un assemblage d'hommes occupés de différentes fonctions, divisés d'intérêt, jaloux, pusillanimes, préférant la jouissance paisible de ce qu'on leur laisse à la défense armée de ce qu'on leur enleve, vivant à côté les uns des autres, se pressant, sans aucun concours de volontés : c'est que ce concert, si raisonnable, si utile, quand il subsisteroit entre eux, ne leur donneroit, ni le courage, ni la force qui leur manque, ni par conséquent ou l'espoir de vaincre, ou la résolution de périr : c'est qu'ils verroient pour eux un danger éminent dans une tentative infructueuse, & qu'ils ne verroient dans le succès que l'avantage de leurs descendans, qu'ils aiment moins qu'eux.... Cependant il est arrivé quelquefois... Oui, par l'enthousiasme du fanatisme...

Mais en quelque contrée que le monopole ait eu lieu, qu'y a-t-il produit ? Ce qu'il y a produit ? la dévastation. Les priviléges exclusifs ont ruiné l'ancien & le Nouveau-Monde. Aucune colonie naissante dans l'autre hémisphère dont ils n'aient prolongé la foiblesse ou qu'ils n'aient étouffée au berceau. Sous le nôtre, aucune contrée florissante dont ils n'aient détruit la splendeur ; aucune entreprise quelque brillante qu'elle fût, qu'ils n'aient détériorée ; aucune circonstance plus ou moins flatteuse, qu'ils n'aient tournée au détriment général.

Mais par quelle fatalité tout cela est-il arrivé ? Ce n'étoit point une fatalité, c'étoit une nécessité. Cela s'est fait, parce qu'il falloit que cela se fît. Et pourquoi ? C'est qu'un possesseur privilégié, quelque puissant qu'il soit, ne peut jamais avoir, ni le crédit, ni les ressources d'une nation entiere. C'est que son monopole ne pouvant toujours durer, il en tire parti le plus rapidement qu'il peut; il ne voit que le moment. Tout ce qui est au-delà du terme de son exclusif n'est rien à ses yeux. Il aime mieux être moins riche sans attendre, que plus riche en attendant. Par un instinct naturel à l'homme dont la jouissance est fondée sur l'injustice, la tyrannie & les vexations, il craint sans cesse la suppression d'un droit fatal à tous. C'est que son intérêt est tout pour lui & que l'intérêt de la nation ne lui est rien. C'est que pour un petit bien, pour un avantage momentané, mais sûr, il ne balance pas à faire un grand mal, un mal durable. C'est qu'en mettant le pied dans le lieu de son exercice, le privilège exclusif y introduit avec lui le cortege de toutes les sortes de persécutions. C'est que par la folie, le vague, l'étendue ou l'extension des conditions de son octroi, & par la puissance de celui qui l'a accordé ou qui le protège, maître de tout, il s'immisce de tout, il gêne tout, il détruit tout;

il découragera, il anéantira un genre d'industrie qui sert à tout, pour y forcer un genre d'industrie qui nuit à tous, mais qui lui sert; il prétendra commander au sol, comme il a commandé aux bras; & il faudra qu'il cesse de produire ce qui lui est propre, pour ne produire que ce qui convient au monopole ou pour devenir stérile : car il préférera la stérilité à une fertilité qui le croise, la disette qu'il ne sentira pas à l'abondance, qui diminueroit ses rentrées. C'est que selon la nature de la chose dont il a le commerce exclusif, si elle est de premiere nécessité, il affamera tout-à-coup une contrée ou la mettra toute nue; si elle n'est pas de première nécessité, il parviendra à la rendre telle par des contre-coups; & affamera, mettra encore toute nue la contrée à laquelle il saura bien ôter les moyens de se la procurer. C'est qu'il est presque toujours possible à celui qui est vendeur unique de se rendre par des opérations aussi subtiles, aussi profondes qu'atroces, le seul acheteur; & qu'alors il met à la chose qu'il vend un prix aussi exorbitant, à celle qu'on est forcé de lui vendre un prix aussi bas qu'il lui plaît. C'est qu'alors, le vendeur se dégoûtant d'une industrie, d'une culture, d'un travail qui ne lui rend pas l'équivalent de ses dépenses, tout périt. La nation tombe dans la misère.

Le terme de l'exclusif expire, & son possesseur se retire opulent : mais que produit l'opulence d'un seul élevé sur la ruine de la multitude ? Un grand mal. Si c'est un grand mal, pourquoi n'y a-t-on pas obvié ? Pourquoi ne s'y oppose-t-on pas ? Par le préjugé aussi *cruel* qu'*absurde*, qu'il est indifférent pour l'état, que la richesse soit dans la bourse de celui-ci ou de celui-là, dans une ou plusieurs bourses. *Absurde*, parce que dans tous les cas, dans les grandes nécessités principalement, le souverain s'adresse à la nation, c'est-à-dire à un grand nombre d'hommes qui n'ont presque rien & qu'on acheve d'écraser par le peu qu'on en arrache, & à un très-petit nombre qui ont beaucoup, qui donnent peu, ou qui ne donnent jamais en proportion de ce qu'ils ont, & dont la contribution, fût-elle au niveau de leur richesse, ne rendroit jamais la centieme partie de ce qu'on auroit obtenu sans exaction, sans plainte d'un peuple nombreux & aisé. *Cruel*, parce qu'à égalité d'avantages, il y auroit de l'inhumanité à condamner la multitude, à manquer & à souffrir.

Mais le privilege exclusif se donne-t-il pour rien ? Quelquefois. C'est alors une marque de reconnoissance ou pour de grands services, ou pour de longues bassesses, ou le résultat des intrigues d'une chaine de subalternes, achetés, vendus, dont une des extrémités part des dernieres conditions de la société, l'autre touche au trône ; & c'est ce qu'on appelle la protection. Lorsqu'il se vend, est-il vendu son prix ? Jamais. Non, jamais, & pour plusieurs raisons. Il est impossible que le prix qu'on en tire puisse compenser le ravage qu'il fait. Sa valeur n'en peut encore être connue, ni du chef de la nation qui ne s'entend à rien ; ni de son représentant, souvent aussi peu instruit, & quelquefois traitre à son maître & à la patrie ; ni de l'acquéreur lui-même, qui calcule toujours son acquisition d'après son moindre produit. Enfin ces honteux marchés se faisant le plus souvent dans des tems de crise, l'administration accepte une somme peu proportionnée à la valeur réelle de la chose, mais avancée dans le moment d'un besoin, ou ce qui est plus ordinaire d'une fantaisie urgente.

Et quel est, en derniere analyse, le résultat de ces opérations réitérées, des désastres qui les suivent ? La ruine de l'état, le mépris de la foi publique. Après ces infidélités, dont le nom même ne peut se prononcer sans rougir, la nation est plongée dans la désolation. Au milieu de plusieurs millions de malheureux, s'éleve la tête altiere de quelques concussionnaires, gorgés de richesses & insultant à la misere de tous. L'empire énervé chancele quelque tems au bord de l'abyme, dans lequel il tombe, aux éclats du mépris & de la risée de ses voisins ; à moins que le ciel ne lui suscite un sauveur qu'il attend & qui ne vient pas toujours, ou que la persécution générale des scélérats qui le redoutent a bientôt dégoûté.

Les obstacles que les divers gouvernemens mettent au commerce que leurs sujets font ou devroient faire entre eux, sont bien plus multipliés encore dans celui d'un état avec les autres. On prendroit cette jalousie, presque moderne, des puissances, pour une conspiration secrette de se ruiner toutes, sans avantage pour aucune. Ceux qui conduisent les peuples mettent la même adresse à se défendre de l'industrie des nations, qu'à se garantir des souplesses des intrigans qui les entourent. Par-tout on repousse, par-tout on est repoussé. Quelques hommes ignorans, bas ou corrompus ont rempli l'Europe, le monde entier de mille contraintes insoutenables qui se font de plus en plus étendues. La terre & l'eau ont été couvertes de guérites & de barrieres. Le voyageur n'a point de repos, le marchand point de propriété; l'un & l'autre sont exposés à tous les pièges d'une législation artificieuse, qui seme les crimes avec les défenses, les peines avec les crimes. On se trouve coupable, sans le savoir ni le vouloir; & l'on est arrêté, taxé, dépouillé, sans avoir de reproche à se faire. Tel est le commerce en tems de paix. Que reste-t-il à dire des guerres de commerce?

Qu'un peuple confiné dans les glaces de l'ourse, arrache le fer aux entrailles de la terre, qui lui refuse la subsistance, & qu'il aille le glaive à la main couper les moissons d'un autre peuple; la faim, qui n'ayant point de loix n'en peut violer aucune, semble excuser ses hostilités. Il faut bien qu'il vive de carnage, lorsqu'il n'a point de grains. Mais quand une nation jouit d'un grand commerce, & peut faire subsister plusieurs états du superflu de ses richesses, quel intérêt l'excite à déclarer la guerre à d'autres nations industrieuses; à les empêcher de naviguer & de travailler, en un mot, à leur défendre de vivre sous peine de mort? Pourquoi s'arroge-t-elle une branche exclusive de commerce, un droit de pêche & de navigation à titre de propriété, comme si la mer devoit être divisée en arpens de même que la terre? Sans doute on voit le motif de ces guerres; on sait que la jalousie de commerce n'est qu'une jalousie de puissance. Mais une nation a-t-elle droit d'empêcher le travail qu'elle ne peut faire elle même, & d'en condamner une autre à l'oisiveté, parce qu'elle s'y dévoue?

Des guerres de commerce. Quel mot contre nature! Le commerce alimente, & la guerre détruit. Le commerce peut bien enfanter & nourrir la guerre: mais la guerre coupe toutes les veines du commerce. Tout ce qu'une nation gagne sur une autre dans le commerce, est un germe de travail & d'émulation pour toutes les deux. Dans la guerre, c'est une perte pour l'une & pour l'autre: car le pillage,

lage, & le fer, & le feu, n'engraissent ni les terres, ni les hommes. Les guerres de commerce sont d'autant plus funestes, que par l'influence actuelle de la mer sur la terre, & de l'Europe sur les trois autres parties du monde, l'embrasement devient général ; & que les dissentions de deux peuples maritimes répandent la discorde chez tous leurs alliés, & l'inertie dans le parti même de la neutralité.

Toutes les côtes & toutes les mers rougies de sang & couvertes de cadavres ; les foudres de la guerre tonnant d'un pole à l'autre, entre l'Afrique, l'Asie & l'Amérique, sur l'océan qui nous sépare du Nouveau-Monde, sur la vaste étendue de la mer Pacifique : voilà ce qu'on a vu dans les deux dernieres guerres, où toutes les puissances de l'Europe ont tour-à-tour éprouvé des sécousses & frappé de grands coups. Cependant la terre se dépeuploit de soldats, & le commerce ne la repeuploit pas ; les campagnes étoient desséchées par les impôts, & les canaux de la navigation n'arrosoient pas l'agriculture. Les emprunts de l'état ruinoient d'avance la fortune des citoyens par les bénéfices usuraires, pronostics des banqueroutes. Les nations même victorieuses, succomboient sous le faix des conquêtes ; & s'emparant de plus de pays qu'elles n'en pouvoient garder ou cultiver, s'anéantissoient, pour ainsi dire, dans la ruine de leurs ennemis. Les nations neutres, qui vouloient s'enrichir en paix au milieu de cet incendie, recevoient & souffroient des insultes plus flétrissantes que les défaites d'une guerre ouverte.

L'esprit de discorde avoit passé des souverains aux peuples. Les citoyens des divers états armoient pour se dépouiller réciproquement. On ne voyoit que vaisseaux marchands changés en vaisseaux corsaires. Ceux qui les montoient n'étoient pas poussés par leurs besoins à ce vil métier. Quelques-uns avoient de la fortune, & des salaires avantageux s'offroient de toutes parts aux autres. Une passion effrénée pour le brigandage excitoit seule la perversité. La rencontre d'un navigateur paisible les remplissoit d'une joie féroce qui se manifestoit par les plus vifs transports. Ils étoient cruels & homicides. Un ennemi plus heureux, plus fort ou plus hardi, pouvoit ravir à son tour leur proie, leur liberté, leur vie : mais la vue d'un péril si ordinaire ne rallentissoit ni leur avarice, ni leur rage. Cette frénésie n'étoit pas nouvelle. On l'avoit connue dans les siècles les plus reculés. Elle s'étoit perpétuée d'âge en âge. Toujours l'homme, même sans être pressé par l'aiguillon indomptable de la faim, cherche à dévorer l'homme. Cependant la calamité qu'on déplore ici n'étoit jamais montée au point où nous l'avons vue. L'activité de la piraterie a augmenté à mesure que les mers ont fourni plus d'alimens à son avidité, à son inquiétude.

Les nations ne se convaincront-elles donc jamais de la nécessité de mettre fin à ces barbaries ? Un frein qui les arrêteroit ne seroit-il pas d'une utilité sensible ? Pourquoi faut-il que les denrées des deux mondes soient abymées dans les gouffres de l'océan avec les bâtimens qui les transportent, ou qu'elles servent d'aliment aux vices & aux débauches de quelques vagabons sans mœurs & sans principes ? Cet aveuglement durera-t-il encore, ou les administrateurs des empires ouvriront-ils enfin les yeux à la lumiere ? Si quelque jour on réussit à leur faire connoître leurs vrais intérêts, les intérêts essentiels des sociétés dont ils sont les chefs, leur politique ne se bornera pas à purger la mer de forbans, elle s'élevera jusqu'à laisser un libre cours aux liaisons de leurs sujets respectifs durant ces hostilités meurtrieres & destructives qui fatiguent, qui ravagent si souvent le globe.

Ils sont heureusement passés ces tems déplorables où les nations se battoient pour leur mutuel anéantissement. Les troubles qui divisent aujourd'hui l'Europe n'ont pas un but si funeste. Rarement se proposa-t-on d'autre objet que la réparation de quelque injustice, ou le maintien d'un certain équilibre entre les empires. Sans doute, les puissances belligérantes chercheront à se nuire, à s'affoiblir autant qu'il leur sera possible : mais si elles ne pouvoient faire que le mal qu'elles recevroient, ne seroit-il pas d'une utilité commune qu'on arrêtât ces calamités ? Or, c'est ce qui arrive assez constamment lorsque la guerre suspend les opérations du commerce.

Alors un état repousse les productions & l'industrie de l'état ennemi, & voit repousser ses productions & son industrie. C'est des deux côtés une diminution de travail, de gain & de jouissances. L'intervention des peuples neutres, dans ces circonstances, n'est pas aussi favorable qu'on est peut-être accoutumé à le penser. Outre que leur ministere est nécessairement fort cher, ils cherchent encore à s'élever sur les ruines de ceux qu'ils semblent servir. Ce que leur sol, ce que leurs atteliers peuvent fournir est substitué, autant qu'il est possible, à ce qui sortoit du sol & des atteliers des puissances armées, qui souvent ne recouvrent pas à la paix ce que les hostilités leur avoient fait perdre. Il sera donc toujours dans les intérêts bien combinés des nations qui se combattront, de continuer, sans aucune entrave, les échanges qu'elles faisoient avant leurs querelles.

Toutes les vérités se tiennent. Que celle dont on vient d'établir l'importance, dirige la conduite des gouvernemens, & bientôt tomberont ces innombrables barrières qui, dans le tems même de la plus profonde tranquillité, séparent les nations, quels que soient les rapports que la nature ou le hasard aient formé entre elles.

Les démêlés les plus sanglans n'étoient autrefois qu'une explosion passagere après laquelle chaque peuple se reposoit sur ses armes brisées ou triomphantes. La paix étoit la paix. Elle n'est aujourd'hui qu'une guerre sourde. Tout état repousse les productions étrangeres, ou par des prohibitions, ou par des gênes souvent équivalentes à des prohibitions ; tout état refuse les siennes aux conditions qui pourroient les faire rechercher, en étendre la consommation. L'ardeur de se nuire réciproquement s'étend d'un pole à l'autre. En vain la nature avoit réglé que, sous ses sages loix, chaque contrée seroit opulente, forte & heureuse de la richesse, de la puissance, du bonheur des autres. Elles ont, comme de concert, dérangé ce plan d'une bienveillance universelle, au détriment de toutes. Leur ambition les a portées à s'isoler ; & cette situation solitaire leur a fait desirer une prospérité exclusive. Alors le mal a été rendu pour le mal. On a opposé les artifices aux artifices, les proscriptions aux proscriptions, les fraudes aux fraudes. Les nations se sont énervées, en voulant énerver les nations rivales ; & il étoit impossible qu'il en fût autrement. Les rapports du commerce sont tous très-intimes. Une de ses branches ne peut éprouver quelque contrariété, sans que les autres n'en ressentent le contre-coup. Il entrelace les peuples, les fortunes, les échanges. C'est un tout dont les diverses parties s'attirent, se soutiennent & se balancent. Il ressemble au corps humain dont toutes les parties sont affectées, lorsqu'une d'entre elles ne remplit pas les fonctions qui lui étoient destinées.

Voulez-vous terminer les maux que des systèmes mal combinés ont faits à la terre entiere ? abattez les funestes murs dont les nations se sont entourées. Rétablissez cette heureuse fraternité qui faisoit le charme des premiers âges. Que les peuples, dans quelque contrée où le sort les ait placés, à quelque gouvernement qu'ils soient soumis, quelque culte qu'ils professent, communiquent aussi librement entre eux que les habitans d'un hameau avec ceux d'un hameau voisin, avec ceux de la ville la plus prochaine, avec tous ceux du même empire; c'est-à-dire sans droits, sans formalités, sans prédilection.

Alors, mais pas plutôt, le globe se remplira de productions, & de productions toutes d'une qualité exquise. La manie des impositions, des prohibitions, réduisoit chaque état à cultiver des denrées que son sol, que son climat repoussoient, & qui n'étoient jamais ni bonnes, ni abondantes. Il donnera une autre direction à ses travaux, lorsqu'il pourra satisfaire à ses besoins plus agréablement & à meilleur compte. Toute son activité se tournera vers les objets que la nature lui avoit deſtinés, & qui, étant ce qu'ils doivent être, trouveront un débouché avantageux dans les lieux où une économie éclairée aura déterminé à les négliger.

Alors, mais pas plutôt, toutes les nations arriveront au degré de proſpérité où il leur eſt permis d'aſpirer : elles jouiront de leurs propres richeſſes & des richeſſes des autres nations. Les peuples qui avoient eu quelque ſuccès dans le commerce ont cru juſqu'à nos jours que leur voiſin ne pourroit faire fleurir le ſien qu'aux dépens du leur. Cette perſuaſion leur avoit fait jetter un œil inquiet & ſoupçonneux ſur les efforts qu'il faiſoit pour améliorer ſa ſituation, les avoit pouſſé à interrompre par les manœuvres d'une cupidité active & injuſte des travaux dont ils redoutoient les conſéquences. Ils changeront de conduite, lorſqu'ils auront compris que l'ordre phyſique & moral eſt interverti par l'état actuel des choſes ; que l'oiſiveté d'une contrée nuit à toutes les autres, ou parce qu'elle les condamne à plus de labeurs, ou parce qu'elle les prive de quelques jouiſſances ; que l'induſtrie étrangere, loin de retrécir la leur, l'élargira ; que plus les biens ſe multiplieront autour d'eux, plus il leur ſera facile d'étendre leurs commodités & leurs échanges ; que leurs moiſſons & leurs atteliers tomberont néceſſairement, ſi les débouchés & les retours doivent leur manquer ; que les états comme les particuliers ont viſiblement intérêt à vendre habituellement au meilleur prix possible, & que ce double avantage ne se peut trouver que dans la plus grande concurrence, dans la plus grande aisance des vendeurs & des acheteurs. C'est l'intérêt de chaque gouvernement ; c'est donc l'intérêt de tous.

Et qu'on ne dise pas que dans le système d'une liberté générale & illimitée, quelques peuples prendroient un ascendant trop décidé sur les autres. Les nouvelles combinaisons n'ôteront à aucun état, ni son sol, ni son génie. Ce que chacun avoit d'avantages dans les tems de prohibition, il les conservera sous de meilleurs principes. Leur utilité augmentera même & augmentera beaucoup, parce que ses voisins, jouissant de plus de richesses, étendront de plus en plus leurs consommations.

S'il existoit un pays auquel il fût permis d'avoir quelque éloignement pour l'abolition du régime prohibitif, ce seroit celui-là sans doute qu'une nature avare a condamné à une éternelle pauvreté. Accoutumé à repousser par des loix somptuaires les délices des contrées plus fortunées, il pourroit craindre qu'une communication absolument libre avec elles ne dérangeât ses maximes, ne corrompît ses mœurs, ne préparât sa ruine. Ces alarmes seroient mal fondées. Hors quelques instans d'illusion, peut-être tout peuple réglera ses besoins sur ses facultés.

Heureufe donc, & infiniment heureufe la puiffance qui, la premiere fe débarraffera des entraves, des taxes, des prohibitions qui arrêtent & oppriment par-tout le commerce! Attirés par la liberté, par la facilité, par la fûreté, par la multiplicité des échanges, les vaiffeaux, les productions, les marchandifes, les négocians de toutes les contrées de la terre rempliront fes ports. Les caufes d'une profpérité fi éclatante ne tarderont pas à être pénétrées; & les nations, abdiquant leurs anciennes erreurs, leurs préjugés deftructeurs, fe hâteront d'adopter des principes fi féconds en bons événemens. La révolution fera générale. Par-tout feront diffipés les nuages. Un jour ferein luira fur le globe entier. La nature reprendra les rênes du monde. Alors, ou jamais, éclorra cette paix univerfelle qu'un roi guerrier, mais humain, ne croyoit pas chimérique. Si un bien fi défiré & fi peu attendu ne fort pas de ce nouvel ordre de chofes, de ce grand développement de la raifon, du moins la félicité générale des hommes portera-t-elle fur une bafe plus folide.

XII. Agriculture.

Le commerce qui fort naturellement de l'agriculture, y revient par fa pente & fa circulation. Ainfi les fleuves retournent à la mer qui les a produits par l'exhalaifon de fes eaux en vapeurs, & par la chûte de fes vapeurs en eaux. La pluie d'or qu'attirent le transport & la consommation des fruits de la terre, retombe enfin sur les campagnes, pour y reproduire tous les alimens de la vie & les matieres du commerce. Sans la culture des terres, tout commerce est précaire, parce qu'il manque des premiers fonds, qui sont les productions de la nature. Les nations qui ne sont que maritimes ou commerçantes, ont bien les fruits du commerce : mais l'arbre en appartient aux peuples agricoles. L'agriculture est donc la premiere & la véritable richesse d'un état.

On ne jouissoit pas de ses bienfaits dans l'enfance du monde. Les premiers habitans du globe n'attendoient une nourriture incertaine que du hasard & de leur adresse. Ils erroient de région en région. Sans cesse occupés de leurs besoins ou de leurs craintes, ils se fuyoient, ils se détruisoient réciproquement. La terre fut fouillée, & les miseres d'une vie vagabonde se trouverent adoucies. A mesure que l'agriculture s'étendit, les hommes se multiplierent avec les substances. Il se forma des peuples & de grands peuples. Quelques-uns dédaignerent les sources de leur prospérité, & ils furent punis de ce fol orgueil par l'invasion. Sur le débris de vastes monarchies engourdies par l'abandon des travaux utiles s'éleverent de nouveaux états qui ayant contracté à leur tour l'habitude de se reposer sur leurs esclaves du soin de leur nourriture, ne purent résister à des nations poussées par l'indigence & la barbarie.

Tel fut le sort de Rome. Enorgueillie des dépouilles de l'univers, elle méprisa les occupations champêtres de ses fondateurs, de ses plus illustres citoyens. Des retraites délicieuses couvrirent ses campagnes. On ne vécut plus que des contributions étrangeres. Le peuple corrompu par des largesses continuelles, abandonna le labourage. Toutes les places utiles ou honorables furent achetées par d'abondantes distributions de bled. La faim donna la loi dans les comices. Tous les ordres de la république ne furent plus gouvernés que par du pain & par des spectacles. Alors succomba l'empire, plutôt détruit par ces vices intérieurs que par les barbares qui le déchirerent.

Le mépris que les Romains avoient eu pour l'agriculture dans l'ivresse de ses conquêtes qui leur avoient donné toute la terre sans la cultiver, ce mépris se perpétua. Il fut adopté par ces hordes de sauvages qui détruisant par le fer une puissance établie par le fer, laisserent à des serfs l'exploitation des champs, dont ils se réservoient les fruits & la propriété. On méconnut ce premier des arts, même dans le siecle qui suivit la découverte des deux Indes ; soit qu'en Europe on fût trop occupé de guerres d'ambition ou de religion ; soit qu'en effet les conquêtes faites par le Portugal & par l'Espagne au-delà des mers, nous ayant rapporté des tréfors fans travail, on fe fût contenté d'en jouir par le luxe & les arts, avant de fonger à perpétuer ces richeffes.

Mais le tems vint, où le pillage ceffa faute de pâture. Après qu'on fe fut difputé & partagé les terres conquifes dans le Nouveau-Monde, il fallut les défricher, & nourrir les colons de ces établiffemens. Comme c'étoient des Européens, ils cultivoient pour l'Europe des productions qu'elle n'avoit pas, & lui demandoient en retour des alimens auxquels l'habitude les avoit naturalifés. A mefure que les colonies fe peuplerent, & que leurs productions multiplierent les navigateurs & les manufacturiers, nos terres durent fournir un furcroît de fubfiftance pour un furplus de population; une augmentation de denrées indigenes, pour des objets étrangers d'échange & de confommation. Les travaux pénibles de la navigation, l'altération des alimens par le tranfport, occafionnant une plus grande déperdition de fubftances & de fruits, on fut obligé de folliciter, de remuer la terre, pour en tirer une furabondance de fécondité. La confommation des denrées de l'Amérique, loin de diminuer celle des productions d'Europe, ne fit que l'accroître & l'étendre fur toutes les mers, dans tous les ports, dans toutes les villes de commerce & d'induftrie. Ainfi les nations les plus commerçantes, dûrent devenir en même tems les plus agricoles.

L'Angleterre eut les premieres idées de ce nouveau syftême. Elle l'établit & le perfectionna par des honneurs & des prix propofés aux cultivateurs. Une médaille fut frappée & adjugée au duc de Bedfort, avec cette infcription ; POUR AVOIR SEMÉ DU GLAND. Triptolème & Cérès ne furent adorés dans l'antiquité, qu'à des titres femblables ; & l'on érige encore des temples & des autels à des moines fainéans ! O Dieu de la nature, tu veux donc que les hommes périffent ! Non : tu as gravé dans les ames généreufes, dans tous les efprits fublimes, dans le cœur des peuples & des rois éclairés, que le travail eft le premier devoir de l'homme, & que le premier travail eft celui de la terre. L'éloge de l'agriculture eft dans fa récompenfe, dans la fatisfaction de nos befoins. *Si j'avois un homme qui me produifît deux épis de bled au lieu d'un*, difoit un monarque, *je le préférerois à tous les génies politiques*. Pourquoi faut-il que ce roi, que ce mot, ne foient qu'une fiction du philofophe Swif! Mais une nation qui produifit de tels écrivains, devoit réalifer cette belle fentence. L'Angleterre doubla le produit de fa culture. L'Europe eut fous les yeux pendant plus d'un demi-fiecle ce grand exemple, fans en être affez vivement frappée pour le fuivre. Les François qui, fous le miniftere de trois cardinaux, n'avoient guère pu s'occuper d'idées publiques, oferent enfin vers l'an 1750, écrire fur des matieres folides, & d'un intérêt fenfible. L'entreprife d'un dictionnaire univerfel des fciences & des arts, mit tous les grands objets fous les yeux, tous les bons efprits en action. L'efprit des loix parut, & l'horifon du génie fut aggrandi. L'hiftoire naturelle d'un Pline François, qui furpaffa la Grèce & Rome dans l'art de connoître & de peindre la phyfique ; cette hiftoire hardie & grande comme fon fujet, échauffa l'imagination des lecteurs, & les attacha fortement à des contemplations dont un peuple ne fauroit defcendre fans retomber dans la barbarie. Alors un affez grand nombre de citoyens furent éclairés fur les vrais befoins de leur patrie. Le gouvernement lui-même parut entrevoir que toutes les richeffes fortoient de la terre. Il accorda quelques encouragemens à l'agriculture, mais fans avoir le courage de lever les obftacles qui s'oppofoient à fes progrès.

Le laboureur François ne jouit pas encore du bonheur de n'être taxé qu'en proportion de fes facultés. Des impôts arbitraires continue à l'inquiéter & à l'écrafer. Des voifins jaloux ou avides peuvent toujours exercer contre lui leur cupidité ou leur vengeance. On ne ceffe d'ajouter au poids de fa contribution des frais plus confidérables que la contribution même pour hâter un paiement injuste & impossible. Un receveur cruel, un seigneur orgueilleux, un privilégié arrogant, un parvenu plus despote que tous les autres, peuvent l'humilier, le battre, les dépouiller, le priver en un mot de tous les droits de l'homme, de la propriété, de la sûreté, de la liberté. Abruti par cette espece d'abjection, son vêtement, ses manieres, son langage, deviennent un objet de dérision pour tous les autres ordres, & l'autorité appuie souvent par sa conduite cet excès d'extravagance.

Je l'ai entendu cet administrateur stupide & féroce, & peu s'en faut que dans l'indignation dont je suis pénétré, je ne le nomme, & que je ne livre sa mémoire à l'exécration de tous les hommes honnêtes & sensés ; je l'ai entendu. Il disoit que les travaux de la campagne étoient si pénibles, que si l'on permettoit au cultivateur d'acquérir de l'aisance, il abandonneroit sa charrue & laisseroit ses terres en friche. Son avis étoit donc de perpétuer la fatigue par la misère, & de condamner à l'indigence l'homme sans les sueurs duquel il seroit mort de faim. Il ordonnoit d'engraisser le bœuf, & il retranchoit la subsistance du laboureur. Il gouvernoit une province, & il ne concevoit pas que c'est l'impossibilité d'amasser un peu d'aisance, & non le péril de la fatigue qui dégoûtent le travailleur de son état. Il ignoroit que la condition dans laquelle on se presse d'entrer est celle dont on espère de sortir par la richesse, & que quelque dure que soit la journée de l'agriculteur, l'agriculture trouvera d'autant plus de bras que la récompense de ses peines sera plus sûre & plus abondante. Il n'avoit pas vu dans les villes une multitude de professions abréger la vie des ouvriers sans en être moins remplacés. Il ne savoit pas que dans de vastes contrées, des mineurs se résignoient à périr dans les entrailles de la terre, & à y périr avant l'âge de trente ans, à la condition de recueillir de ce sacrifice le vêtement & la nourriture de leurs femmes & de leurs enfans. Il ne lui étoit jamais venu dans l'esprit que dans tous les métiers, l'aisance qui permet d'appeler des auxiliaires, en adoucit la fatigue, & que d'exclure inhumainement le paysan de la classe des propriétaires, c'étoit arrêter les progrès du premier des arts, qui ne pouvoit devenir florissant, tant que celui qui bêchoit la terre seroit réduit à la bêcher pour autrui. Cet homme d'état n'avoit jamais comparé avec ses immenses côteaux, le petit quartier de vigne qui appartenoit à son vigneron, & connu la différence de la terre cultivée pour soi, & de la terre cultivée pour les autres.

Heureusement pour la France, tous les agens du gouvernement n'ont pas eu des préjugés aussi destructeurs, & plus heureusement encore, on y a souvent surmonté les obstacles qui s'opposoient à l'amélioration des terres & de la culture. L'Allemagne, & le Nord ensuite, ont été entraînés par le goût du siecle, que les bons esprits avoient tourné vers ces grands objets. Ces vastes régions ont enfin compris que les contrées les plus étendues étoient sans valeur, si des travaux opiniâtres ne les rendoient utiles ; que défricher un sol, c'étoit l'agrandir & que les campagnes les moins favorisées de la nature, pouvoient devenir fécondes par des avances faites avec intelligence. Des productions abondantes & variées ont été la récompense d'une conduite si judicieusement ordonnée. Des peuples qui avoient manqué du nécessaire, se sont trouvés en état de fournir des alimens, même aux parties méridionales de l'Europe.

Mais comment des hommes placés sur un terrain si riche ont-ils pu avoir besoin de secours étrangers pour vivre ? Peut-être par la raison même que le terrein étoit excellent. Dans les pays que le sort n'a pas traité favorablement, il a fallu que le cultivateur eût des fonds considérables, se condamnât à des veilles assidues, pour arracher des entrailles d'un sol ingrat ou rébelle, des moissons un peu abondantes. Il n'a eu, pour ainsi dire, qu'à gratter la terre sous un ciel plus fortuné, & cet avantage l'a plongé dans la misere & dans l'indolence. Le climat a encore augmenté ces calamités, &

les institutions religieuses y ont mis le comble.

Le sabbat, à ne l'envisager même que sous un point de vue politique, est une institution admirable. Il convenoit de donner un jour périodique de repos aux hommes, pour qu'ils eussent le tems de se redresser, de lever leurs yeux vers le ciel, de jouir avec réflexion de la vie, de méditer sur les événemens passés, de raisonner les opérations actuelles, de combiner un peu l'avenir. Mais en multipliant ces jours d'inaction, n'a-t-on pas fait pour les individus, pour les sociétés, un fléau de ce qui avoit été établi pour leur avantage ? Un sol que des bras nerveux, que des animaux vigoureux remueroient trois cens jours chaque année, ne donneroit-il pas un double produit de celui qui ne les occuperoit que cent cinquante ? Quel singulier aveuglement ! mille fois on a fait couler des ruisseaux de sang pour empêcher le démembrement d'un territoire, mille fois on en a fait couler pour donner plus d'étendue à ce territoire ; & les puissances chargées du maintien, du bonheur des empires, ont patiemment souffert qu'un prêtre, & quelquefois un prêtre étranger, envahit successivement le tiers de ce territoire : par la diminution équivalente du travail, qui pouvoit seul le fertiliser. Ce désordre inconcevable a cessé dans plusieurs états : mais il continue au midi de l'Europe. C'est un des plus grands obstacles à la multiplication de ses subsistances, à l'accroissement de sa population. On y commence cependant à sentir l'importance du labourage. L'Espagne même s'est remuée; & faute d'habitans qui voulussent s'en occuper, elle a du-moins attiré des laboureurs étrangers dans ses provinces en friche.

Malgré cette émulation presque universelle, on doit convenir que l'agriculture n'a pas fait le même progrès que les autres arts. Depuis la renaissance des lettres, le génie de l'homme a mesuré la terre, calculé le mouvement des astres, pesé l'air. Il a percé les ténèbres qui lui cachoient le système physique & moral du monde. La nature interrogée lui a découvert une infinité de secrets dont toutes les sciences se sont enrichies. Son empire s'est étendu sur mille objets nécessaires au bonheur des peuples. Dans cette fermentation des esprits, la physique expérimentale, qui n'avoit que très-imparfaitement éclairé l'ancienne philosophie, a trop rarement tourné ses observations vers la partie du regne végétal la plus importante. On ignore encore les différentes qualités des terres, dont le nombre est infiniment varié; quelles sont les plus propres à chaque production; la quantité, la qualité des semences qu'il convient de leur confier; les tems propices pour les labourer, les ensemencer, les dépouiller ; les efpeces d'engrais qui doivent augmenter leur fertilité. On n'eft pas mieux inftruit fur la maniere la plus avantageufe de multiplier les troupeaux, de les élever, de les nourrir, de rendre leur toifon meilleure. On n'a pas porté un plus grand jour fur ce qui peut concerner les arbres. Nous n'avons guere, fur toutes ces matieres de néceffité premiere, que des notions imparfaites, telles qu'une routine tout-à-fait aveugle ou une pratique peu réfléchie, ont dû nous les tranfmettre. L'Europe feroit encore plus reculée, fans les méditations de quelques écrivains Anglois, qui ont réuffi à déraciner un affez grand nombre de préjugés, à introduire plufieurs méthodes excellentes. Ce zele pour le premier des arts s'eft communiqué aux laboureurs de leur nation. Fair Child, un d'entr'eux, a pouffé l'enthoufiafme jufqu'à ordonner que la dignité de fa profeffion feroit annuellement célébrée par un difcours public. Sa volonté a été exécutée pour la premiere fois en 1760, dans l'églife de S. Léonard de Londres ; & une cérémonie fi utile n'a pas été interrompue depuis cette époque mémorable.

Il eft fingulier, & pourtant naturel, que les hommes ne foient revenus au premier des arts, qu'après avoir parcouru tous les autres. C'eft la marche de l'efprit humain, de ne rentrer dans le bon chemin que lorfqu'il s'eſt épuiſé dans les fauſſes routes. Il va toujours en avant ; & comme il eſt parti de l'agriculture pour ſuivre la carriere du commerce & du luxe, il fait rapidement le tour du cercle, & ſe retrouve enfin dans le berceau de tous les arts, où il s'attache par ce même eſprit d'intérêt qui l'en avoit fait ſortir. Tel l'homme avide & curieux, qui s'expatrie dans ſa jeuneſſe, las de courir le monde, revient vivre & mourir ſous le toit de ſa naiſſance.

Tout, en effet, dépend & réſulte de la culture des terres. Elle fait la force intérieure des états ; elle y attire les richeſſes du dehors. Toute puiſſance qui vient d'ailleurs que de la terre, eſt artificielle & précaire, ſoit dans le phyſique, ſoit dans le moral. L'induſtrie & le commerce qui ne s'exercent pas en premier lieu ſur l'agriculture d'un pays, ſont au pouvoir des nations étrangeres, qui peuvent, ou les diſputer par émulation, ou les ôter par envie ; ſoit en établiſſant la même induſtrie chez elles ; ſoit en ſupprimant l'exportation de leurs matieres en nature, ou l'importation de ces matieres en œuvre. Mais un état bien défriché, bien cultivé, produit des hommes par les fruits de la terre, & les richeſſes par les hommes. Ce ne ſont pas les dents du dragon qu'il ſeme pour enfanter des ſoldats qui ſe détruiſent ; c'eſt le lait de Junon qui peuple le ciel d'une multitude innombrable d'étoiles.

Le gouvernement doit donc ſa protection aux campagnes plutôt qu'aux villes. Les unes ſont des meres & des nourrices toujours fécondes ; les autres ne ſont que des filles ſouvent ingrates & ſtériles. Les villes ne peuvent guere ſubſiſter que du ſuperflu de la population & de la réproduction des campagnes. Les places même & les ports de commerce, qui, par leurs vaiſſeaux, ſemblent tenir au monde entier, qui répandent plus de richeſſes qu'ils n'en poſſédent, n'attirent cependant tous les tréſors qu'ils verſent, qu'avec les productions des campagnes qui les environnent. C'eſt donc à la racine qu'il faut arroſer l'arbre. Les villes ne ſeront floriſſantes, que par la fécondité des champs.

Mais cette fertilité dépend moins encore du ſol, que de ſes habitans. Quelques contrées, quoique ſituées ſous le climat le plus favorable à l'agriculture, produiſent moins que d'autres en tout inférieures, parce que le gouvernement y étouffe la nature de mille manieres. Par-tout où la nation eſt attachée à ſa patrie par la propriété, par la ſûreté de ſes fonds & de ſes revenus, les terres fleuriſſent & proſperent. Par-tout où les priviléges ne ſeront pas pour les villes, & les corvées pour les campagnes, on verra chaque propriétaire, amoureux de l'héritage de ſes peres, l'accroître & l'embellir par une culture assidue, y multiplier ses enfans à proportion de ses biens, & ses biens à proportion de ses enfans.

L'intérêt du gouvernement est donc de favoriser les cultivateurs, avant toutes les classes oiseuses de la société. La noblesse n'est qu'une distinction odieuse, quand elle n'est pas fondée sur des services réels & vraiment utiles à l'état, comme celui de défendre la nation contre les invasions de la conquête, & contre les entreprises du despotisme. Elle n'est que d'un secours précaire & souvent ruineux, quand après avoir mené une vie molle & licentieuse dans les villes, elle va prêter une foible défense à la patrie sur les flottes & dans les armées, revient à la cour mendier, pour récompense de ses lâchetés, des places & des honneurs outrageans & onéreux pour les peuples. Le clergé n'est qu'une profession au-moins stérile pour la terre, lors même qu'il s'occupe à prier. Mais quand, avec des mœurs scandaleuses, il prêche une doctrine que son exemple & son ignorance rendent doublement incroyable, impraticable; quand, après avoir déshonoré, décrié, renversé la religion par un tissu d'abus, de sophismes, d'injustices & d'usurpations, il veut l'étayer par la persécution : alors ce corps privilégié, paresseux & turbulent, devient le plus cruel ennemi de l'état & de la nation. Il ne lui reste de sain & de respectable, que cette classe de pasteurs, la plus avilie & la plus surchargée, qui, placée parmi les peuples des campagnes, travaille, édifie, conseille, console & soulage une multitude de malheureux.

Les cultivateurs méritent la préférence du gouvernement, même sur les manufactures & les arts, soit méchaniques, soit libéraux. Honorer & protéger les arts de luxe, sans songer aux campagnes, source de l'industrie qui les a créés & les soutient, c'est oublier l'ordre des rapports de la nature & de la société. Favoriser les arts & négliger l'agriculture, c'est ôter les pierres des fondemens d'une pyramide, pour en élever le sommet. Les arts méchaniques attirent assez de bras par les richesses qu'ils procurent aux entrepreneurs, par les commodités qu'ils donnent aux ouvriers, par l'aisance, les plaisirs & les commodités qui naissent dans les cités où sont les rendez-vous de l'industrie. C'est le séjour des campagnes qui a besoin d'encouragement pour les travaux les plus pénibles, de dédommagement pour les ennuis & les privations. Le cultivateur est éloigné de tout ce qui peut flatter l'ambition ou charmer la curiosité. Il vit séparé des honneurs & des agrémens de la société. Il ne peut, ni donner à ses enfans une éducation civile sans les perdre de vue, ni les mettre dans une route de fortune qui les distingue

distingue & les avance. Il ne jouit point des sacrifices qu'il fait pour eux, lorsqu'ils sont élevés loin de ses yeux. En un mot, il a toutes les peines de la nature ; mais en a-t-il les plaisirs, s'il n'est pas soutenu par les soins paternels du gouvernement ? Tout est onéreux & humiliant pour lui, jusqu'aux impôts, dont le nom seul rend quelquefois sa condition méprisable à toutes les autres.

Les arts libéraux attachent par le talent même, qui en fait une sorte de passion ; par la considération qu'ils réfléchissent sur ceux qui s'y distinguent. On ne peut admirer les ouvrages qui demandent du génie, sans estimer & rechercher les hommes doués de ce don précieux de la nature. Mais l'homme champêtre, s'il ne jouit en paix de ce qu'il possède & qu'il recueille ; s'il ne peut cultiver les vertus de son état, parce qu'on lui en ôte les douceurs ; si les milices, les corvées & les impôts viennent lui arracher son fils, ses bœufs & ses grains, que lui restera-t-il, qu'à maudire le ciel & la terre qui l'affligent ? Il abandonnera son champ & sa patrie.

Un gouvernement sage ne sauroit donc, sans se couper les veines, refuser ses premieres attentions à l'agriculture. Le moyen le plus prompt & le plus actif de la seconder, c'est de favoriser la multiplication de toutes les espèces de productions, par la circulation la plus libre & la plus illimitée.

Tome X. L

Une liberté indéfinie dans le commerce des denrées, rend en même tems un peuple agricole & commerçant; elle étend les vues du cultivateur sur le commerce, les vues du négociant sur la culture; elle lie l'un à l'autre par des rapports suivis & continus. Tous les hommes tiennent ensemble aux campagnes & aux villes. Les provinces se connoissent & se fréquentent. La circulation des denrées amene vraiment l'âge d'or, où les fleuves de lait & de miel coulent dans les campagnes. Toutes les terres sont mises en valeur. Les prés favorisent le labourage, par les bestiaux qu'ils engraissent; la culture des bleds encourage celle des vins, en fournissant une subsistance toujours assurée à celui qui ne seme, ni ne moissonne; mais plante, taille & cueille.

Prenez un système opposé. Entreprenez de régler l'agriculture & la circulation de ses produits par des loix particulieres: que de calamités! L'autorité voudra non-seulement tout voir, tout savoir, mais tout faire, & rien ne se fera. Les hommes seront conduits comme leurs troupeaux & leurs grains; ils seront ramassés en tas, & dispersés au gré d'un despote, pour être égorgés dans les boucheries de la guerre, ou pour dépérir inutilement sur les flottes & dans les colonies. La vie d'un état en deviendra la mort. Ni les terres, ni les hommes ne pourront prospérer ; & les états marcheront promptement à leur dissolution, à ce démembrement, qui est toujours précédé du massacre des peuples & des tyrans. Que deviendront alors les manufactures ?

VIII. Manufactures.

Les arts naissent de l'agriculture, lorsqu'elle est portée à ce degré d'abondance & de perfection, qui laisse aux hommes le loisir d'imaginer & de se procurer des commodités ; lorsqu'elle produit une population assez nombreuse pour être employée à d'autres travaux que ceux de la terre. Alors il faut nécessairement qu'un peuple devienne ou soldat, ou navigateur, ou fabriquant. Dès que la guerre a émoussé la rudesse & la férocité d'une nation robuste ; dès qu'elle a circonscrit à-peu-près l'étendue d'un empire, les bras qu'elle exerçoit aux armes, doivent manier la rame, les cordages, le ciseau, la navette, tous les outils, en un mot, du commerce & de l'industrie : car la terre qui nourrissoit tant d'hommes sans leur secours, n'a pas besoin qu'ils reviennent à la charrue. Comme les arts ont toujours une contrée, un asyle, où ils s'exercent & fleurissent en paix, il est plus aisé d'aller les y chercher & de les attirer, que d'attendre chez soi leur naissance & leurs progrès de la lenteur des siecles & de la faveur du hasard, qui préside aux découvertes du génie. Aussi toutes les nations industrieuses de l'Europe ont-elles pris la plus riche partie de leurs arts en Asie. C'est-là que l'invention paroît être aussi ancienne que le genre-humain.

La beauté, la fécondité du climat y engendra de tout tems, avec l'abondance de tous les fruits, une population nombreuse. La stabilité des empires y fonda les loix & les arts, enfans du génie & de la paix. La richesse du sol y produisit le luxe, créateur des jouissances de l'industrie. L'Inde & la Chine, la Perse & l'Egypte, possédèrent avec tous les trésors de la nature, les plus brillantes inventions de l'art. La guerre y a souvent détruit les monumens du génie; mais ils y renaissent de leurs cendres, de même que les hommes. Semblables à ces essaims laborieux, que l'aquilon des hivers fait périr dans les ruches, & qu'on voit se reproduire au printems avec le même amour du travail & de l'ordre; certains peuples de l'Asie, malgré les invasions & les conquêtes des Tartares, ont toujours conservé les arts du luxe avec ses matériaux.

Ce fut dans un pays successivement conquis par les Scythes, les Romains & les Sarrasins, que les nations de l'Europe, qui n'avoient pu être civilisées ni par le christianisme, ni par les siecles, retrouvèrent les sciences & les arts qu'ils ne cherchoient point. Les croisés épuisèrent leur fanatisme

& perdirent leur barbarie à Constantinople. C'est en allant au tombeau de leur Dieu, né dans une crèche & mort sur une croix, qu'ils prirent le goût de la magnificence, du faste & des richesses. Ils rapporterent la pompe Asiatique dans les cours de l'Europe. L'Italie, d'où la religion dominoit sur les autres contrées, adopta la premiere une industrie utile à ses temples, aux cérémonies de son culte, à ces spectacles qui nourrissent la dévotion par les sens, quand elle s'est une fois emparée de l'ame. Rome chrétienne, qui avoit emprunté ses rites de l'Orient, devoit en tirer ce qui les soutient, l'éclat des richesses.

Venise, qui avoit des vaisseaux sous l'étendard de la liberté, ne pouvoit manquer d'industrie. Les Italiens éleverent des manufactures, & furent long-tems en possession de tous les arts, même quand la conquête des deux Indes eut fait déborder en Europe les trésors du monde entier. La Flandre tira ses métiers de l'Italie, l'Angleterre eut les siens de la Flandre, & la France emprunta son industrie de toutes les nations. Elle acheta des Anglois le métier à bas, qui travaille dix fois plus vite que l'aiguille. Les doigts que ce métier faisoit reposer, se consacrerent à la dentelle qu'on déroba aux Flamands. Paris surpassa les tapis de Perse & les teintures de Flandre, par ses desseins &

ses teintures; les glaces de Venise, par la transparence & la grandeur. La France apprit à se passer de l'Italie, pour une partie de ses soies; & de l'Angleterre, pour les draps. L'Allemagne a gardé, avec les mines de fer & de cuivre, la supériorité dans l'art de fondre, de tremper & de travailler ces métaux. Mais l'art de polir & de façonner toutes les matieres qui peuvent entrer dans les décorations du luxe & dans les agrémens de la vie, semble appartenir aux François; soit qu'ils trouvent dans la vanité de plaire, les moyens d'y réussir par tous les dehors brillans; soit qu'en effet la grace & l'aisance accompagnent par-tout un peuple vif & gai, qui possede le goût par un instinct naturel.

Toute nation agricole doit avoir des arts pour employer ses matieres, & doit augmenter ses productions pour entretenir ses artisans. Si elle ne connoissoit que les travaux de la terre, son industrie seroit bornée dans ses causes, ses moyens & ses effets. Avec peu de desirs & de besoins, elle feroit peu d'efforts, elle employeroit moins de bras, & travailleroit moins de tems. Elle ne sauroit accroître ni perfectionner la culture. Si cette nation avoit à proportion plus d'arts que de matieres, elle tomberoit à la merci des étrangers, qui ruineroient ses manufactures, en faisant baisser le prix de son luxe, & monter le prix de sa subsistance. Mais quand un peuple agricole réunit l'industrie à la propriété, la culture des productions à l'art de les employer, il a dans lui-même toutes les facultés de son existence & de sa conservation, tous les germes de sa grandeur & de sa prospérité. C'est à ce peuple qu'il est donné de pouvoir tout ce qu'il veut, & de vouloir tout ce qu'il peut.

Rien n'est plus favorable à la liberté, que les arts. Elle est leur élément, & ils sont, par leur nature, cosmopolites. Un habile artiste peut travailler dans tous les pays du monde, parce qu'il travaille pour le monde entier. Les talens fuient par-tout l'esclavage, que des soldats trouvent par-tout. Les Protestans chassés de la France par l'intolérance ecclésiastique, s'ouvrirent un refuge dans tous les états civilisés de l'Europe; & des prêtres, bannis de leur patrie, n'ont eu d'asyle nulle part, pas même dans l'Italie, berceau du monachisme & de l'intolérance.

Les arts multiplient les moyens de fortune, & concourent, par une plus grande distribution de richesses, à une meilleure répartition de la propriété. Alors cesse cette inégalité excessive, fruit malheureux de l'oppression, de la tyrannie & de l'engourdissement de toute une nation.

Que d'objets d'instruction & d'admiration dans les manufactures & les atteliers pour l'homme le plus instruit! Il est beau sans doute d'étudier les productions de la nature : mais les différens moyens que les arts emploient, soit pour adoucir les maux, soit pour augmenter les agrémens de la vie, ne sont-ils pas encore plus intéressans à connoitre ? Si vous cherchez le génie, entrez dans les atteliers, & vous l'y trouverez sous mille formes diverses. Si un seul homme avoit été l'inventeur du métier à figurer les étoffes, il eut montré plus d'intelligence que Leibnitz ou Newton ; & j'ose assurer que dans les principes mathématiques du dernier, il n'y a aucun problème plus difficile à résoudre que celui d'exécuter une maille à l'aide d'une machine. N'est-il pas honteux de voir les objets, dont on est environné, se répéter dans une glace, & d'ignorer comment la glace se coule & se met au teint ; de se garantir des rigueurs du froid par le velours, & de ne pas savoir comment il se fabrique ? Hommes instruits, allez aider de vos lumieres ce malheureux artisan condamné à suivre aveuglément sa routine, & soyez sûrs d'en être dédommagés par les secrets qu'il vous confiera.

Le flambeau de l'industrie éclaire à la fois un vaste horizon. Aucun art n'est isolé. La plupart ont des formes, des modes, des instrumens, des élémens qui leur sont communs. La méchanique seule a dû prodigieusement étendre l'étude des mathématiques. Toutes les branches de l'arbre généalogique des sciences se sont développées avec les progrès des arts & des métiers. Les mines, les moulins, les draperies, les teintures ont agrandi la sphere de la physique & de l'histoire naturelle. Le luxe a créé l'art de jouir, qui dépend tout entier des arts libéraux. Dès que l'architecture admet des ornemens au-dehors, elle attire la décoration au dedans. La sculpture & la peinture travaillent aussi-tôt à l'embellissement, à l'agrément des édifices. L'art du dessin s'empare des habits & des meubles. Le crayon, fertile en nouveautés, varie à l'infini ses traits & ses nuances sur les étoffes & les porcelaines. Le génie de la pensée & de la parole médite à loisir les chefs-d'œuvre de la poésie & de l'éloquence, ou ces heureux systèmes de la politique & de la philosophie qui rendent aux peuples tous leurs droits, aux souverains toute leur gloire, celle de régner sur les esprits & sur les cœurs, sur l'opinion & sur la volonté, par la raison & l'équité.

C'est alors que les arts enfantent cet esprit de société qui fait le bonheur de la vie civile, qui délasse des travaux sérieux par des repas, des spectacles, des concerts, des entretiens, par toute sorte de divertissemens agréables. L'aisance donne à toutes les jouissances honnêtes un air de liberté qui

L v

lie & mêle les conditions. L'occupation ajoute du prix ou du charme aux plaisirs qui font sa récompense. Chaque citoyen, assuré de sa subsistance par le produit de son industrie, vaque à toutes les occupations agréables ou pénibles de la vie, avec ce repos de l'ame qui mene au doux sommeil. Ce n'est pas que la cupidité ne fasse beaucoup de victimes : mais encore moins que la guerre ou que la superstition, fléaux continuels des peuples oisifs.

Après la culture des terres, c'est donc celle des arts qui convient le plus à l'homme. L'une & l'autre font aujourd'hui la force des états policés. Si les arts ont affoibli les hommes, ce sont donc les peuples foibles qui subjuguent les forts : car la balance de l'Europe est dans les mains des nations artistes.

Depuis que l'Europe est couverte de manufactures, l'esprit & le cœur humain semblent avoir changé de pente. Le desir des richesses est né par-tout de l'amour du plaisir. On ne voit plus de peuple qui consente à être pauvre, parce que la pauvreté n'est plus le rempart de la liberté. Faut-il le dire? les arts tiennent lieu de vertus sur la terre. L'industrie peut enfanter des vices : mais, du moins, elle bannit ceux de l'oisiveté, qui sont mille fois plus dangereux. Les lumieres étouffant par degrés toute espece de fanatisme, tandis qu'on travaille par besoin de luxe, on ne s'égorge point par superstition. Le sang humain, du-moins, n'est jamais versé sans une apparence d'intérêt ; & peut-être la guerre ne moissonne-t-elle que ces hommes violens & féroces qui, dans tous les Etats, naissent ennemis & perturbateurs de l'ordre, sans autre talent, sans autre instinct que celui de détruire. Les arts contiennent cet esprit de dissention, en assujettissant l'homme à des travaux assidus & réglés. Ils donnent à toutes les conditions des moyens & des espérances de jouir, même aux plus basses une sorte de considération & d'importance, par l'utilité qu'elles rapportent. Tel ouvrier, à l'âge de quarante ans, a plus valu d'argent à l'Etat, qu'une famille entiere de serfs cultivateurs n'en rendoit autrefois au gouvernement féodal. Une riche manufacture attire plus d'aisance dans un village que vingt châteaux de vieux barons chasseurs ou guerriers n'en rendoient dans une province.

S'il est vrai que, dans l'état actuel du monde, les peuples les plus industrieux doivent être les plus heureux & les plus puissans ; soit que dans des guerres inévitables ils fournissent par eux-mêmes, ou qu'ils achetent par leurs richesses plus de soldats, de munitions & de forces maritimes ou terrestres ; soit qu'ayant un plus grand intérêt à la paix, ils évitent ou terminent les querelles par des négociations; soit que dans les défaites ils réparent plus promptement leurs pertes à force de travail; soit qu'ils jouissent d'un gouvernement plus doux, plus éclairé, malgré les instrumens de corruption & de servitude que la mollesse du luxe prête à la tyrannie : si les arts, en un mot, civilisent les nations, un Etat doit chercher tous les moyens de faire fleurir les manufactures.

Ces moyens dépendent du climat qui, dit Polybe, forme la figure, la couleur & les mœurs des nations. Le climat le plus tempéré doit être le plus favorable à l'industrie sédentaire. S'il est trop chaud, il s'oppose à l'établissement des manufactures qui demandent le concours de plusieurs hommes réunis au même ouvrage; il exclut tous les arts qui veulent des fourneaux ou beaucoup de lumiere. S'il est trop froid, il ne peut admettre les arts qui cherchent le grand air. Trop loin ou trop près de l'équateur, l'homme est inhabile à différens travaux qui semblent propres à une température douce. Pierre-le-grand alla vainement chercher dans les Etats les mieux policés de l'Europe, tous les arts qui pouvoient humaniser sa nation : depuis cinquante ans, aucun de ces germes de vie n'a pu prendre racine au milieu des glaces de la Russie. Tous les artistes y sont étrangers, & meurent bientôt avec leur talent & leur travail s'ils veulent y séjourner. En vain les protestans que Louis XIV persécuta dans sa vieillesse, comme si cet âge étoit celui des proscriptions, apportèrent les arts & les métiers chez tous les peuples qui les accueilloient ; ils ne purent y faire les mêmes ouvrages qu'en France. L'art dépérit ou déclina dans leurs mains également actives & laborieuses, parce qu'il n'étoit pas échauffé ou éclairé des mêmes rayons du soleil.

A la faveur du climat pour l'encouragement des manufactures, doit se réunir l'avantage de la situation politique d'un Etat. S'il est d'une étendue qui ne laisse rien à craindre ou à desirer pour sa stabilité : s'il est voisin de la mer pour l'abord des matières & l'issue des ouvrages ; entre des puissances à mines de fer pour exercer son industrie, & des Etats à mines d'or pour les payer ; s'il a des nations à droite & à gauche, des ports & des chemins ouverts de toutes parts : cet Etat aura tous les dehors qui peuvent exciter un peuple à ouvrir des manufactures.

Mais un avantage plus essentiel encore, c'est la fertilité du sol. Si la culture demande trop de bras, elle ne pourra fournir des ouvriers, ou les campagnes se trouveront dépeuplées par les atteliers ; & dès-lors la cherté des denrées diminuera le nombre des métiers en hauſſant le prix des ouvrages.

Au défaut de la fécondité des terres, les manufactures veulent au-moins la frugalité des hommes. Une nation qui conſommeroit beaucoup de ſubſiſtances, abſorberoit tout le gain de ſon induſtrie. Quand le luxe monte plus vite & plus haut que le travail, il dépérit dans ſa ſource, il flétrit & deſſeche le tronc qui lui donne la ſeve. Quand l'ouvrier veut ſe nourrir & ſe vêtir comme le fabriquant qui l'emploie, la fabrique eſt bientôt ruinée. La frugalité que les républicains obſervent par vertu, les manufacturiers doivent la garder par avarice. C'eſt pour cela peut-être que les arts, même de luxe, conviennent mieux aux républiques qu'aux monarchies : car la pauvreté du peuple dans un Etat monarchique, n'eſt pas toujours un vif aiguillon d'induſtrie. Le travail de la faim eſt toujours borné comme elle : mais le travail de l'ambition croît avec ce vice même.

Le caractere national influe beaucoup ſur le progrès des arts de luxe & d'ornement. Un certain peuple eſt propre à l'invention par la légéreté même qui le porte à la nouveauté. Ce même peuple eſt propre aux arts par ſa vanité, qui le porte à la parure. Une autre nation moins vive a moins de goût pour les choſes frivoles, & n'aime pas à changer de mode. Plus mélancolique, elle a plus de pente aux débauches de la table, à l'ivrognerie qui la délivre de ses ennemis. L'une de ces nations doit mieux réussir que sa rivale dans les arts de décoration : elle doit primer sur elle chez tous les autres peuples qui recherchent les mêmes arts.

Après la nature, c'est le gouvernement qui fait prospérer les fabriques. Si l'industrie favorise la liberté nationale, à son tour la liberté doit favoriser l'industrie. Les priviléges exclusifs sont les ennemis des arts & du commerce, que la concurrence seule peut encourager. C'est encore une espece de monopole que le droit d'apprentissage & le prix des maîtrises. Cette sorte de privilege qui favorise les corps de métiers, c'est-à-dire, de petites communautés aux dépens de la grande, est nuisible à l'Etat. En ôtant aux gens du peuple la liberté de choisir la profession qui lui convient, on remplit toutes les professions de mauvais ouvriers. Celles qui demandent le plus de talent sont exercées par les mains qui ont le plus d'argent ; les plus viles & les moins cheres tombent souvent à des gens nés pour exceller dans un art distingué. Les uns & les autres, dans un métier dont ils n'ont pas le goût, négligent l'ouvrage & perdent l'art : les premiers, parce qu'ils sont au-dessous : les seconds, parce qu'ils se sentent au-desfus. Mais l'exemption des maîtrises produit la concurrence des ouvriers, & dès-lors l'abondance & la perfection des ouvrages.

On peut mettre en question, s'il est utile de rassembler les manufactures dans les grandes villes, ou de les disperser dans les campagnes ? Le fait a décidé la question. Les arts de premiere nécessité sont restés où ils sont nés, dans les lieux qui leur ont fourni de la matiere. Les forges sont près des mines, & les toiles près des chanvres. Mais les arts compliqués d'industrie & de luxe, ne sauroient habiter les campagnes. Dispersez dans un vaste territoire tous les arts qui concourent à la fabrication de l'horlogerie, & vous perdez Geneve avec tous les métiers qui la font vivre. Dispersez dans les différentes provinces de France les soixante mille ouvriers courbés sur des métiers de la fabrique des étoffes de Lyon, & vous anéantirez le goût qui ne se soutient que par la concurrence d'un grand nombre de rivaux, sans cesse occupés à se surpasser. La perfection des étoffes veut qu'elles se fabriquent dans une ville, où l'on peut réunir à la fois les bonnes teintures avec les beaux desseins; l'art de filer les laines & les soies, à l'art de tirer l'or & l'argent. S'il faut dix-huit mains pour former une épingle, par combien d'arts & de métiers a dû passer un habit galonné, une veste brodée ? Comment trouver au fond d'une province intérieure & centrale, l'attirail immense des arts qui servent à l'ameublement d'un palais, aux fêtes d'une cour ? Releguez donc, ou retenez dans les campagnes les arts innocens & simples qui vivent isolés. Fabriquez dans les provinces les draps communs qui habillent le peuple. Etablissez entre la capitale & les autres villes une dépendance réciproque de besoins ou de commodités, des matieres & des ouvrages. Mais encore n'établissez rien ; n'ordonnez rien ; laissez agir les hommes qui travaillent. Liberté de commerce, liberté d'industrie : vous aurez des manufactures ; vous aurez une grande population.

IX. Population.

Le monde a-t-il été plus peuplé dans un tems que dans un autre ? C'est ce qu'on ne peut savoir par l'histoire ; parce que la moitié du globe habité n'a point eu d'historiens, & que la moitié de l'histoire est pleine de mensonges. Qui jamais a fait ou pu faire le dénombrement des habitans de la terre ? Elle étoit, dit-on, plus féconde dans sa jeunesse. Mais où est ce siecle d'or ? Est-ce quand un sable aride sort du lit des mers, & vient s'épurer aux rayons du soleil ? est-ce alors que le limon produit les végétaux, & l'animal & l'homme ? Mais toute la terre doit avoir été successivement couverte par l'Océan. Elle a donc toujours eu, comme l'individu de toutes les especes, une enfance foible & stérile, avant de parvenir à l'âge de sa fécondité. Tous les pays ont été long-tems morts sous les eaux, incultes sous les sables & les marécages, déserts sous les ronces & les forêts, jusqu'à ce que le germe de l'espece humaine ayant par hasard été jetté dans ces fondrieres & ces solitudes sauvages, ait défriché, changé, peuplé la terre. Mais toutes les causes de la population étant subordonnées aux loix physiques qui gouvernent le monde, aux influences du sol & de l'atmosphere qui sont sujettes à mille fléaux; elle a dû varier avec les périodes de la nature, contraires ou favorables à la multiplication des hommes. Cependant, comme le sort de chaque espece semble avoir été résigné, pour ainsi dire, à ses facultés; c'est dans l'histoire du développement de l'industrie humaine, qu'il faut chercher en général l'histoire des populations de la terre. D'après cette base de calcul, on doit au moins douter que le monde fût autrefois plus habité, plus peuplé qu'aujourd'hui.

Laissons l'Asie sous le voile de cette antiquité, qui nous la montre de tout tems couverte de nations innombrables, & d'essaims si prodigieux, que, malgré la fertilité d'un sol qui n'a besoin que d'un regard du soleil pour engendrer toutes sortes de fruits, les hommes ne faisoient qu'y paroître, & les générations s'y succédoient par torrens, engloutis par la famine, par la peste, ou par la guerre. Arrêtons-nous à l'Europe, qui semble avoir pris la place de l'Asie, en donnant à l'art tout le pouvoir de la nature.

Pour décider si notre continent étoit anciennement plus habité que de nos jours, il faudroit savoir si la sûreté publique y étoit mieux établie, si les arts y étoient plus florissans, si la terre y étoit mieux cultivée. C'est ce qu'il faut examiner.

D'abord, à ces époques reculées, la plupart des institutions politiques étoient très-vicieuses. Des factions continuelles agitoient ces gouvernemens mal ordonnés. Les guerres civiles qui naissoient de ces divisions, étoient fréquentes & cruelles. Souvent la moitié du peuple étoit massacrée par l'autre. Ceux des citoyens qui avoient échappé au glaive du parti vainqueur se réfugioient sur un territoire mal affectionné. De cet asyle, ils causoient à un ennemi impitoyable tout le dommage qui étoit possible, jusqu'à ce qu'une nouvelle révolution les mit en état de tirer une vengeance éclatante & complette des maux qu'on leur avoit fait souffrir.

Les arts n'avoient pas plus de vigueur que les loix. Le commerce étoit si borné qu'il se réduisoit à l'échange d'un petit nombre de productions particulieres à quelques terroirs, à quelques climats. Les manufactures étoient si peu variées, que les deux sexes s'habilloient également d'une étoffe de laine, qu'on ne faisoit même teindre que fort rarement. Tous les genres d'industrie étoient si peu avancés, qu'il n'existoit pas une seule ville qui leur dût son accroissement ou sa prospérité. C'étoit l'effet, c'étoit la cause du mépris qu'on avoit généralement pour ces diverses occupations.

Il étoit difficile que dans des régions où les arts languissoient, les denrées trouvassent un débouché sûr & avantageux. Aussi la culture se ressentoit-elle de ce défaut de consommation. La preuve que la plupart de ces belles contrées étoient en friche, c'est que le climat y étoit sensiblement plus rude qu'il ne l'a été depuis. Si d'immenses forêts n'avoient privé les campagnes de l'action de l'astre bienfaisant qui anime tout, nos ancêtres auroient-ils eu plus à souffrir de la rigueur des saisons que nous ?

Ces faits, sur lesquels il n'est pas possible d'élever un doute raisonnable, ne démontrent-ils pas que le nombre des hommes étoit alors excessivement borné en Europe ; & qu'à l'exception d'une ou deux contrées qui peuvent avoir déchu de leur antique population, tout le reste ne comptoit que peu d'habitans ?

Cette multitude de peuples, que César comptoit dans la Gaule, qu'étoit-ce autre chose que des especes de nations sauvages, plus redoutables par leurs noms que par leur nombre ? Tous ces Bretons, qui furent subjugués dans leur isle par deux légions Romaines, étoient-ils beaucoup plus nombreux que ne le font les Corses ? Le Nord ne devoit-il pas être moins peuplé encore ? Des régions où l'astre du jour paroît à peine au-dessus de l'horizon ; où le cours des ondes est suspendu huit mois de l'année ; où des neiges entassées ne couvrent pas moins de tems un sol souvent stérile ; où le souffle des vents fait éclater le tronc des arbres ; où les graines, les plantes, les sources, tout ce qui soutient la vie est mort ; où la douleur sort de tous les corps ; où le repos, plus funeste que les fatigues excessives, est suivi des pertes les plus cruelles ; où les bras que l'enfant tend à sa mere se roidissent, & ses larmes se vitrifient sur ses joues ; où la nature...... de telles régions ne durent être habitées que tard, & ne purent l'être que par des malheureux qui fuyoient l'esclavage ou la tyrannie. Jamais ils ne se multiplierent sous ce ciel de fer. Sur le globe entier, les sociétés nombreuses ont laissé des monumens durables ou des ruines : mais dans le Nord, il n'est rien resté, rien absolument qui portât l'empreinte de la force ou de l'industrie humaines.

La conquête de la plus belle partie de l'Europe, dans l'espace de trois ou quatre siecles, par les habitans des régions hyperborées, paroît déposer au premier coup-d'œil contre ce qui vient d'être dit. Mais observez que ce fut la population d'un terrein décuple, qui s'empara d'un pays rempli, de nos jours, par trois ou quatre nations ; que ce ne fut point par le nombre de ses vainqueurs, mais par la défection de ses sujets, que l'empire Romain fut détruit & subjugué. Dans cette étonnante révolution, croyez que les nations conquérantes ne firent jamais la vingtieme partie des nations conquises ; parce que les unes attaquoient avec la moitié de leur population, & les autres ne se défendoient qu'avec le centieme de leurs habitans. Mais un peuple qui combat tout entier pour lui-même, est plus fort que dix armées de princes ou de rois.

Au reste, ces guerres longues & cruelles, qui remplissent l'histoire ancienne, détruisent l'excessive population qu'elles semblent annoncer. Si, d'un côté, les Romains travailloient à réparer, au-dedans, les vuides que la victoire faisoit dans leurs armées, cet esprit de conquête, dont ils étoient dévorés, consumoit au-moins les autres nations. A peine les avoient-ils soumises, qu'ils les incorporoient dans leurs armées, & les minoient doublement par les recrues & les tributs. On sait avec quelle rage les peuples anciens faisoient la guerre; que souvent, dans le siege d'une ville, hommes, femmes, enfans, tout se jettoit dans les flammes, plutôt que de tomber au pouvoir du vainqueur; que, dans les assauts, tous les habitans étoient passés au fil de l'épée; que, dans les combats, on aimoit mieux périr les armes à la main, que d'être conduit en triomphe dans des fers éternels. Ces usages barbares de la guerre, ne s'opposoient-ils pas à la population ? Si l'esclavage des vaincus conservoit des victimes, comme on ne peut en disconvenir, il étoit, d'un autre côté, peu favorable à la multiplication des hommes, en établissant, dans un état, cette extrême inégalité des conditions entre des êtres égaux par la nature. Si la division des sociétés, en petites peuplades ou républiques, étoit propre à multiplier les familles par la division des terres, elle brouilloit aussi plus souvent les nations entr'elles; & comme ces petits Etats se touchoient, pour ainsi dire, par une infinité de points, il falloit, pour les défendre, que tous les habitans prissent les armes. Les grands corps résistent au mouvement par leur masse ; les petits sont dans un choc perpétuel qui les brise.

Si la guerre détruisoit les populations anciennes, la paix ne les rétablissoit pas toujours. Autrefois, tout étoit sous le despotisme ou l'aristocratie ; & ces deux sortes de gouvernemens ne multiplient pas l'espece humaine. Les villes libres de la Grece avoient des loix si compliquées, qu'il en résultoit une dissention continuelle entre les citoyens. La populace même, qui n'avoit point droit de suffrage, ne laissoit pas de faire la loi dans les assemblées publiques, où l'homme de génie, avec la parole, pouvoit remuer tant de bras. Et puis, dans ces Etats, la population tendoit à se concentrer dans la ville, avec l'ambition, le pouvoir, les richesses, tous les fruits & les ressorts de la liberté. Ce n'est pas que les campagnes ne dussent être bien cultivées & bien peuplées, sous un gouvernement démocratique : mais il y avoit peu de démocraties ; & comme elles étoient toutes ambitieuses, sans autre moyen de s'agrandir que la guerre, si l'on en excepte Athenes, qui ne parvint encore au commerce que par les armes, la terre ne pouvoit long tems fleurir & produire des hommes. Enfin, la Grece & l'Italie furent, au plus, les seuls pays de l'Europe mieux peuplés qu'aujourd'hui.

Après la Grece, qui repoussa, contint & subjugua l'Asie ; après Carthage, qui parut un moment sur les bords de l'Afrique, &

retomba

retomba dans le néant ; après Rome, qui soumit & détruisit tous les peuples connus : où vit-on une population comparable à celle qu'un voyageur trouve aujourd'hui sur toutes les côtes de la mer, le long des grands fleuves, & sur la route des capitales ? Que de vastes forêts changées en guérets ? Que de moissons flottantes à la place des joncs qui couvroient des marais ? Que de peuples policés, qui vivent de poissons séchés & de viandes boucanées ?

Cependant il s'est élevé depuis quelques années un cri presque universel sur la dépopulation de tous les Etats. Quelle peut être la cause de ces étranges déclamations ? Nous croyons l'entrevoir. Les hommes, en se repoussant, pour ainsi dire, les uns sur les autres, ont laissé derriere eux des contrées moins habitées; & l'on a pris pour une diminution de citoyens leur différente distribution.

Pendant une longue suite de siecles, les empires furent partagés en autant de souverainetés qu'il y avoit de seigneurs particuliers. Alors les sujets, ou les esclaves de ces petits despotes étoient fixés, & fixés pour toujours sur le territoire qui les avoit vus naître. A la chûte du système féodal, lorsqu'il n'y eut plus qu'un maître, un roi, une cour, on se porta avec affluence au lieu d'où découloient les graces, les richessses & les honneurs. Telle fut l'origine de ces orgueilleuses capitales, où les peuples se sont successivement entassés, & qui sont devenues peu à-peu comme l'assemblée générale de chaque nation.

D'autres villes, moins monstrueuses, mais pourtant très-considérables, se sont aussi élevées dans chaque province, à mesure que l'autorité suprême s'affermissoit. Ce sont les tribunaux, les affaires, les arts qui les ont formées, & le goût des commodités, des plaisirs, de la société qui les a toujours de plus en plus agrandies.

Ces nouveaux établissemens ne pouvoient se faire qu'aux dépens des campagnes. Aussi n'y est-il guere resté d'habitans que ce qu'il en falloit pour l'exploitation des terres & pour les métiers qui en sont inséparables. Les productions n'ont pas souffert de cette révolution. Elles sont devenues même plus abondantes, plus variées & plus agréables; parce qu'on en a demandé davantage & qu'on les a mieux payées; parce que les méthodes & les instrumens ont acquis un degré de simplicité & de perfection qu'ils n'avoient pas; parce que les cultivateurs, encouragés de mille manieres, sont devenus plus actifs & plus intelligens.

On trouve dans la police, la morale & la politique modernes, des causes de propagation qui n'étoient pas chez les anciens : mais on y voit aussi des obstacles qui peuvent empêcher ou diminuer, parmi nous, cette sorte de progrès, qui, dans notre espece, doit être le comble de sa perfectibilité. Car jamais les hommes ne seront plus nombreux, s'ils ne sont plus heureux.

La population dépend beaucoup de la distribution des biens fonds. Les familles se multiplient comme les possessions ; & quand elles seront trop vastes, leur étendue démesurée arrête toujours la population. Un grand propriétaire, ne travaillant que pour lui seul, consacre une moitié de ses terres à ses revenus, & l'autre à ses plaisirs. Tout ce qu'il donne à la chasse, est doublement perdu pour la culture ; parce qu'il nourrit des bêtes dans le terrein des hommes, au lieu de nourrir des hommes dans le terrein des bêtes. Il faut des bois dans un pays, pour la charpente & le chauffage : mais faut-il tant d'allées dans un parc ; & des parterres, des potagers si grands pour un château ? Ici, le luxe, qui, dans son étalage, alimente les arts, favorise-t-il autant la population des hommes, qu'il pourroit la seconder par un meilleur emploi des terres ? Trop de grandes terres, & trop peu de petites ; premier obstacle à la population.

Second obstacle, les domaines inaliénables du clergé. Lorsque tant de propriétés seront éternelles dans la même main, comment fleurira la population, qui ne peut naître que de l'amélioration des terres par la multiplication des propriétés ? Quel intérêt a le bénéficier de faire valoir un fonds qu'il ne doit tranfmettre à perfonne ; de femer ou de planter pour une poftérité qui ne fera pas la fienne ? Loin de retrancher fur fes revenus pour augmenter fa terre, ne rifquera-t-il pas de détériorer fon bénéfice, pour augmenter des rentes qui ne font pour lui que viageres ?

Les fubftitutions des biens nobles, ne font pas moins nuifibles à la propagation de l'efpece. Elles diminuent à la fois, & la nobleffe & les autres conditions. De même que la primogéniture, chez les nobles, facrifie plufieurs cadets à l'aîné d'une maifon, les fubftitutions immolent plufieurs familles à une feule. Prefque toutes les terres fubftituées tombent en friche, par la négligence d'un propriétaire, qui ne s'attache point à des biens dont il ne peut difpofer, qu'on ne lui a cédés qu'à regret, & qu'on a donnés d'avance à fes fucceffeurs, qui ne doivent pas être fes héritiers, puifqu'il ne les a pas nommés. Le droit de primogéniture & de fubftitution, eft donc une loi qu'on diroit faite à deffein de diminuer la population de l'Etat.

De ces obftacles qu'un vice de légiflation apporte à la multiplication des hommes, en naît un autre, qui est la pauvreté du peuple. Par-tout où les paysans n'ont point de propriété fonciere, leur vie est misérable & leur sort précaire. Mal assurés d'une subsistance qui dépend de leur santé, comptant peu sur des forces qu'ils sont obligés de vendre, maudissant le jour qui les a vus naître, ils craignent d'enfanter des malheureux. En vain croit-on qu'il naît beaucoup d'enfans à la campagne, quand il en meurt chaque année autant & plus qu'on n'en voit naître. Les travaux des peres & le lait des meres sont perdus pour eux & pour leurs enfans. Ils ne parviendront pas à la fleur de leur âge, à la maturité, qui récompense, par des fruits, toutes les peines de la culture. Avec un peu de terre, la mere pourroit nourrir son enfant & cultiver son champ ; tandis que le pere augmenteroit au-dehors, du prix de son travail, l'aisance de sa famille. Sans propriété, ces trois êtres languissent du peu que gagne un seul, ou l'enfant périt des travaux de sa mere.

Que de maux naissent d'une législation vicieuse ou défectueuse ! Les vices & les fléaux ont une filiation immense ; ils se reproduisent pour tout dévorer, & croissent les uns des autres jusqu'au néant. L'indigence des campagnes produit la multiplication des troupes ; fardeau ruineux par sa nature, destructeur des hommes durant la guerre, & des terres durant la paix. Oui, les soldats ruinent les champs qu'ils ne cultivent pas ; parce que chacun d'eux prive l'Etat d'un laboureur, & le surcharge d'un consommateur oisif ou stérile. Il n'est le défenseur de la patrie, en tems de paix, que par un système funeste, qui, sous prétexte de défense, rend tous les peuples aggresseurs. Si tous les Etats vouloient, & ils le pourroient, laisser à la culture les bras qu'ils lui dérobent par la milice ; la population, en peu de tems, augmenteroit considérablement dans toute l'Europe, de laboureurs & d'artisans. Toutes les forces de l'industrie humaine s'emploieroient à seconder les bienfaits de la nature, à vaincre ses difficultés : tout concourroit à la création, & non à la destruction.

Les déserts de la Russie seroient défrichés, & les champs de la Pologne ne seroient point ravagés. La vaste domination des Turcs seroit cultivée, & la bénédiction de leur prophete se répandroit sur une immense population. L'Egypte, la Syrie & la Palestine, redeviendroient ce qu'elles furent du tems des Phéniciens, des rois pasteurs, des Juifs heureux & pacifiques sous des juges. Les montagnes arides de la Sierra-Morena, seroient fécondées, les landes de l'Aquitaine se purgeroient d'insectes & se couvriroient d'hommes.

Mais le bien général est un doux rêve des ames débonnaires. O tendre pasteur de Cambrai ! ô bon abbé de Saint-Pierre ! Vos ouvrages sont faits pour peupler les déserts, non pas de solitaires qui fuient les malheurs & les vices du monde : mais de familles heureuses, qui chanteroient la magnificence de Dieu sur la terre, comme les astres l'annoncent dans le firmament. C'est dans vos écrits vraiment inspirés, puisque l'humanité est un présent du ciel, que se trouve la vie & l'humanité. Soyez aimés des rois, & les rois seront aimés des peuples.

Un des moyens de favoriser la population, faut il le dire, c'est de supprimer le célibat du clergé séculier & régulier. L'institution monastique tient à deux époques remarquables dans l'histoire du monde. Environ l'an sept cent de Rome, une nouvelle religion naquit en Orient avec le Messie, & l'empire Romain déclina promptement avec le paganisme. Deux ou trois cens ans après la mort du Messie, l'Egypte & la Palestine se remplirent de moines. Environ l'an sept cent de l'ere chrétienne, une nouvelle religion parut en Orient, avec Mahomet, & le christianisme refoula dans l'Europe, pour s'y concentrer. Trois ou quatre cents ans après, s'éleverent une foule d'ordres religieux. Au tems de la naissance du Christ, les livres de David & ceux de la Sybille, annoncerent la chûte du monde, un déluge, ou plutôt un incendie universel, un jugement de tous les hommes, & tous les peuples, foulés par la domination des Romains, fouhaiterent & crurent la diffolution de toutes chofes. Mille ans après l'ere chrétienne, les livres de David & ceux de la Sybille, annoncerent encore le jugement dernier; & des pénitens féroces & barbares, dans la piété comme dans le crime, vendirent leurs biens pour aller vaincre & mourir fur le tombeau de leur rédempteur. Les nations foulées par la tyrannie du gouvernement féodal, defirerent & crurent encore la fin du monde.

Tandis qu'une partie des chrétiens frappés de terreur, alloit périr dans les croifades, une autre partie s'enfeveliffoit dans les cloîtres. Voilà l'origine de la vie monaftique en Europe. L'opinion fit les moines; l'opinion les détruira. Leurs biens refteront dans la fociété, pour y engendrer des familles. Toutes les heures perdues à des prieres fans ferveur, feront confacrées à leur deftination primitive, qui eft le travail. Le clergé fe fouviendra que dans fes livres facrés, Dieu dit à l'homme innocent : *croiffez & multipliez;* que Dieu dit à l'homme pécheur : *laboure & travaille.* Si les fonctions du facerdoce femblent interdire au prêtre les foins d'une famille & d'une terre, les fonctions de la société proscrivent encore plus hautement le célibat. Si les moines défrichèrent autrefois les déserts qu'ils habitoient, ils dépeuplent aujourd'hui les villes où ils fourmillent. Si le clergé a vécu des aumônes du peuple, il réduit à son tour les peuples à l'aumône. Parmi les classes oiseuses de la société, la plus nuisible est celle qui, par ses principes, doit porter tous les hommes à l'oisiveté ; qui consume à l'autel & l'ouvrage des abeilles, & le salaire des ouvriers ; qui allume durant le jour, les lumières de la nuit, & fait perdre dans les temples le tems que l'homme doit aux soins de sa maison ; qui fait demander au ciel une subsistance que la terre seule donne ou vend au travail.

C'est encore une des causes de la dépopulation de certains Etats, que cette intolérance qui persécute & proscrit toute autre religion que celle du prince. C'est un genre d'oppression & de tyrannie particulier à la politique moderne, que celui qui s'exerce sur les pensées & les consciences ; que cette piété cruelle qui, pour des formes extérieures de culte, anéantit, en quelque sorte, Dieu même, en détruisant une multitude de ses adorateurs ; que cette impiété plus barbare encore, qui, pour des choses aussi indifférentes que doivent paroître des cérémonies de religion, anéantit une chose aussi essentielle que doit l'être la vie des hommes & la population des Etats. Car on n'augmente point le nombre ni la fidélité des sujets, en exigeant des sermens contraires à la conscience, en contraignant à des parjures secrets ceux qui s'engagent dans les liens du mariage, ou dans les diverses professions du citoyen. L'unité de religion n'est bonne que lorsqu'elle se trouve naturellement établie par la persuasion. Dès que la conviction cesse, un moyen de rendre aux esprits la tranquillité, c'est de leur laisser la liberté. Lorsqu'elle est égale, pleine & entiere pour tous les citoyens, elle ne peut jamais troubler la paix des familles.

Après le célibat ecclésiastique & le célibat militaire, l'un de profession, l'autre d'usage; il en est un troisieme de convenance, introduit par le luxe : c'est celui des rentiers viagers. Admirez ici la chaîne des causes. En même-tems que le commerce favorise la population par l'industrie de mer & de terre, par tous les objets & les travaux de la navigation, par tous les arts de culture & de fabrique; il diminue cette même population par tous les vices qu'amene le luxe. Quand les richesses ont pris un ascendant général sur les ames, alors les opinions & les mœurs s'alterent par le mélange des conditions. Les arts & les talens agréables, en policant la société, la corrompent. Les sexes venant à se rapprocher, à se séduire mutuellement ; le plus foible entraîne le plus fort dans ses goûts frivoles de parure & d'amusement. La femme devient enfant, & l'homme devient femme. On ne parle, on ne s'occupe que de jouir. Les exercices mâles & robustes qui disciplinoient la jeunesse & la préparoient aux professions graves & périlleuses, font place à l'amour des spectacles, où l'on prend toutes les passions qui peuvent efféminer un peuple, quand on n'y voit pas un certain esprit de patriotisme. L'oisiveté gagne dans les conditions aisées ; le travail diminue dans les classes occupées. L'accroissement des arts multiplie les modes ; les modes augmentent les dépenses ; le luxe devient un besoin ; le superflu prend la place du nécessaire ; on s'habille mieux, on vit moins bien ; l'habit se fait aux dépens du corps. L'homme du peuple connoît la débauche avant l'amour, & se mariant plus tard, a moins d'enfans, ou des enfans plus foibles : le bourgeois cherche une fortune avant une femme, & perd d'avance l'une & l'autre dans le libertinage. Les gens riches, mariés ou non, vont sans cesse corrompant les femmes de tout état, où débauchant les filles pauvres. La difficulté de soutenir les dépenses du mariage, & la facilité d'en trouver les plaisirs sans en avoir les peines, multiplient les célibataires dans toutes les classes. L'homme qui renonce à être père de famille, confomme fon patrimoine ; & d'accord avec l'état, qui lui en double la rente par des emprunts ruineux, il fond plufieurs générations dans une feule ; il éteint fa poftérité, celle des femmes dont il eft payé, & celle des filles qu'il paye. Tous les genres de proftitution s'attirent à la fois. On trahit fon honneur & fon devoir dans toutes les conditions. La déroute des femmes ne fait que précéder celle des hommes.

Une nation galante, ou plutôt libertine, ne tarde pas à être défaite au-dehors, & fubjuguée au-dedans. Plus de nobleffe, plus de corps qui défende fes droits, ni ceux du peuple ; parce que out fe divife & qu'on ne fonge qu'à foi. Nul homme ne veut périr feul. L'amour des richeffes étant l'unique appât, l'homme honnête craint de perdre fa fortune, & l'homme fans honneur veut faire la fienne. L'un fe retire, l'autre fe vend, & l'état eft perdu. Tels font les progrès infaillibles du commerce dans une monarchie. On fait, par l'hiftoire ancienne, quels font fes effets dans une république. Cependant il faut aujourd'hui porter les hommes au commerce, parce que la fituation actuelle de l'Europe eft favorable au commerce, & que le commerce eft lui-même favorable à la population.

Mais on demandera fi la grande population est utile au bonheur du genre-humain ? Question oiseuse. Il ne s'agit pas en effet de multiplier les hommes pour les rendre heureux : mais il suffit de les rendre heureux pour qu'ils se multiplient. Tous les moyens qui concourent à la prospérité d'un état, aboutissent d'eux-mêmes à la propagation de ses citoyens. Un législateur qui ne voudroit peupler que pour avoir des soldats, avoir des sujets que pour soumettre ses voisins, seroit un monstre ennemi de la nature humaine, puisqu'il ne créeroit que pour détruire. Mais celui qui, comme Solon, feroit éclorre une république, dont les essaims iroient peupler les côtes désertes de la mer ; celui qui, comme Penn, ordonneroit la cultivation de sa colonie, & lui défendroit la guerre, celui-là, sans doute, seroit un dieu sur la terre. Quand même il ne jouiroit pas de l'immortalité de son nom, il vivroit heureux & mourroit content ; sur-tout s'il pouvoit se promettre de laisser des loix assez sages pour garantir à jamais les peuples de la vexation des impôts.

X. Impôts.

Sur ce que nous connoissons de l'état des sauvages, il est à présumer que l'avantage de n'être point assujettis par les entraves de nos ridicules vêtemens, la clôture insalubre de nos superbes édifices, & la tyrannie compliquée de nos ufages, de nos loix & de nos mœurs, n'eſt point la compenſation d'une vie précaire & des meurtriſſures, des combats journaliers pour un coin de forêt, une caverne, un arc, une fleche, un fruit, un poiſſon, un oiſeau, un quadrupede, la peau d'une bête, ou la poſſeſſion d'une femme. Que la miſanthropie exagere, tant qu'il lui plaira, les vices de nos cités, elle ne réuſſira pas à nous dégoûter de ces conventions expreſſes ou tacites, & de ces vertus artificielles qui font la ſécurité & le charme de nos ſociétés.

Sans doute, il y a parmi nous des aſſaſſins ; il y a des violateurs d'aſyle ; il y a des monſtres que l'avidité, l'indigence & la pareſſe révoltent contre l'ordre ſocial. Il y a d'autres monſtres plus déteſtables peut-être qui, poſſeſſeurs d'une abondance qui ſuffiroit à deux ou trois mille familles, ne ſont occupés que d'en accroître la miſere. Je n'en bénirai pas moins la force publique qui garantit le plus ordinairement ma perſonne & mes propriétés, au moyen des contributions qu'elle me fait payer.

L'impôt peut être défini le ſacrifice d'une partie de la propriété pour la défenſe & la conſervation de l'autre. Il ſuit de-là qu'il ne doit y avoir d'impôt ni chez les peuples eſclaves, ni chez les peuples ſauvages ; parce que les uns n'ont plus de propriété, & que les autres n'en ont pas encore.

Mais lorsqu'une nation jouit d'une propriété qui mérite d'être gardée ; que sa fortune est assez fixe, assez considérable pour exiger des dépenses de gouvernement ; qu'elle a des possessions, un commerce, des richesses capables de tenter la cupidité de ses voisins, pauvres ou ambitieux : alors, pour garantir ses frontieres ou ses provinces, pour protéger sa navigation & maintenir sa police, il lui faut des forces & un revenu. Il est juste & indispensable que les citoyens occupés de quelque maniere que ce soit au bien public, soient entretenus par tous les ordres de la confédération.

Il y a eu des pays & des tems où l'on assignoit une portion du territoire pour les dépenses communes du corps politique. Le gouvernement ne pouvant faire valoir lui-même des possessions si étendues, étoit obligé de confier ce soin à des administrateurs qui les négligeoient ou qui s'en approprioient le revenu. Cet usage entraînoit de plus grands inconvéniens encore. Ou le domaine du roi étoit trop considérable pendant la paix, ou il étoit insuffisant pour les tems de guerre. Dans le premier cas, la liberté de la république étoit opprimée par le chef de l'état, & dans le second par les étrangers. Il a donc fallu recourir aux contributions des citoyens.

Ces fonds furent peu considérables dans les premiers tems. La solde n'étoit alors qu'un simple dédommagement donné par l'état à ceux que son service détournoit des travaux & des soins nécessaires à leur subsistance. La récompense consistoit dans cette jouissance délicieuse que nous éprouvons par le sentiment intime de notre vertu, & à la vue des hommages qui lui sont rendus par les autres hommes. Ces richesses morales étoient les plus grands trésors des sociétés naissantes; c'étoit une sorte de monnoie qu'il importoit dans l'ordre politique, autant que dans l'ordre moral, de ne pas altérer.

L'honneur ne tint guere moins lieu d'impôts dans les beaux jours des Grecs, que dans les sociétés naissantes. Ceux qui servoient la patrie ne se croyoient pas en droit de la dévorer. L'imposition mise par Aristide sur toute la Grece, pour soutenir la guerre contre la Perse, fut si modérée, que les contribuables la nommerent eux-mêmes *l'heureux sort de la Grece*. Quel tems & quel pays où les taxes faisoient le bonheur des peuples !

Les Romains marcherent à la domination, sans presqu'aucun secours de la part du fisc. L'amour des richesses les eût détournés de la conquête du monde. Le service public fut fait avec désintéressement, après même que les mœurs se furent corrompues.

Sous le gouvernement féodal il n'y eut point d'impôts. Où les auroit-on pris ? L'homme & la terre étoient la propriété du maître. C'étoit une servitude réelle & une servitude personnelle.

Lorsque le jour commença à luire sur l'Europe, les nations s'occuperent de leur sûreté. Elles fournirent volontairement des contributions pour réprimer les ennemis domestiques & étrangers : mais ces tributs furent modérés, parce que les princes n'étoient pas encore assez absolus pour les détourner au gré de leurs caprices, ou au profit de leur ambition.

Le Nouveau-Monde fut découvert, & la passion des conquêtes s'empara de tous les peuples. Cet esprit d'aggrandissement ne pouvoit se concilier avec la lenteur des assemblées populaires; & les souverains réussirent, sans beaucoup d'efforts, à s'approprier plus de droits qu'ils n'en avoient eus. L'imposition des taxes fut la plus importante de leurs usurpations. C'est celle dont les suites ont été le plus funestes.

On n'a pas craint d'imprimer le sceau de la servitude sur le front des hommes, en taxant leur tête. Indépendamment de l'humiliation, est-il rien de plus arbitraire qu'un pareil impôt ?

L'assoira-t-on sur des déclarations ? Mais il faudroit entre le monarque & les sujets, une conscience morale qui les liât l'un à l'autre par un mutuel amour du bien général, ou du-moins une conscience publique qui les rassurât l'un envers l'autre par une communication sincere & réciproque de leurs lumieres & de leurs sentimens. Or, comment établir cette conscience publique, qui serviroit de flambeau, de guide & de frein dans la marche des gouvernemens ?

Percera-t-on dans le sanctuaire des familles, dans le cabinet du citoyen, pour surprendre & mettre au jour ce qu'il ne veut pas révéler ; ce qu'il lui importe même souvent de ne pas révéler ? Quelle inquisition ! quelle violence révoltante ! Quand même on parviendroit à connoître les ressources de chaque particulier, ne varient-elles pas d'une année à l'autre, avec les produits incertains & précaires de l'industrie ? Ne diminuent-elles pas avec la multiplication des enfans, avec le dépérissement des forces par les maladies, par l'âge & par le travail ? Les facultés de l'humanité, utiles & laborieuses, ne changent-elles pas avec les vicissitudes, que le tems apporte dans tout ce qui dépend de la nature & de la fortune ? La taxe personnelle est donc une vexation individuelle, sans utilité commune. La capitation est un esclavage affligeant pour l'homme, sans profit pour l'état.

Après s'être permis l'impôt, qui est la preuve du despotisme, ou qui y conduit un peu plutôt, un peu plus tard, on s'est jetté sur les consommations. Les souverains ont affecté de regarder ce nouveau tribut comme volontaire, en quelque sorte, puisque sa quantité dépend des dépenses que tout citoyen est libre d'augmenter ou de diminuer, au gré de ses facultés & de ses goûts, la plupart factices.

Mais si la taxe porte sur les denrées de premier besoin, c'est le comble de la cruauté. Avant toutes les loix sociales, l'homme avoit le droit de subsister. L'a-t-il perdu par l'établissement des loix ? Survendre au peuple les fruits de la terre, c'est les lui ravir ; c'est attaquer le principe de son existence, que de le priver par un impôt, des moyens de la conserver. En pressurant la subsistance de l'indigent, l'état lui ôte les forces avec les alimens. D'un homme pauvre, il fait un mendiant ; d'un travailleur, un oisif ; d'un malheureux, un scélérat : c'est-à-dire, qu'il conduit un famélique à l'échafaud par la misere.

Si la taxe porte sur des denrées moins nécessaires : que de bras perdus pour l'agriculture & pour les arts sont employés, non pas à garder les boulevards de l'empire, mais à hérisser un royaume d'une infinité de petites barrieres ; à embarrasser les portes des villes ; à infester les chemins & les passages du commerce ; à fureter dans les caves, dans les greniers, dans les magasins ! Quel état de guerre entre le prince & le peuple ; entre le citoyen & le citoyen ! que de prisons, de galeres, de gibets, pour une foule de malheureux qui ont été poussés à la fraude, à la contrebande, à la révolte même par l'iniquité des loix fiscales ?

L'avidité des souverains s'est étendue des consommations aux marchandises, que les états se vendent les uns aux autres. Despotes insatiables ! ne comprendrez-vous jamais que si vous mettez des droits sur ce que vous offrez à l'étranger, il achetera moins cher, il ne donnera que la valeur qui lui sera donnée par les autres nations ? Vos sujets fussent-ils seuls propriétaires de la production assujettie aux taxes, ils ne parviendroient pas encore à faire la loi, parce qu'alors on en demanderoit en moindre quantité, & que sa surabondance les forceroit à en diminuer le prix, pour en trouver la consommation.

L'impôt sur les marchandises que votre empire reçoit de ses voisins, n'a pas une base plus raisonnable. Leur prix étant réglé par la concurrence des autres peuples, ce seront vos sujets qui paieront seuls les droits. Peut-être ce renchérissement des productions étrangeres en fera-t-il diminuer l'usage ? Mais si l'on vous vend moins, on achetera moins de vous. Le commerce ne donne qu'en proportion de ce qu'il reçoit. Il n'est au fond qu'un échange de valeur pour valeur. Vous ne pouvez donc vous opposer aux cours de ces échanges, sans faire tomber le prix de vos productions, en rétrécissant leur débit.

Soit que vous mettiez des droits sur les marchandises étrangeres ou sur les vôtres, l'industrie de vos sujets en souffrira nécessairement. Il y aura moins de moyens pour la payer, & moins de matieres premieres pour l'occuper. Plus la masse des reproductions annuelles diminuera, plus la somme des travaux diminuera aussi. Alors toutes les loix que vous pourrez établir contre la mendicité, seront impuissantes, parce qu'il faut bien que l'homme vive de ce qu'on lui donne, quand il ne peut pas vivre de ce qu'il gagne.

Mais quelle est donc la forme d'imposition la plus propre à concilier les intérêts publics avec les droits des citoyens ? C'est la taxe sur la terre. Un impôt est une dépense qui se renouvelle tous les ans pour celui qui en est chargé. Un impôt ne peut donc être assis que sur un revenu annuel: car il n'y a qu'un revenu annuel qui puisse acquitter une dépense annuelle. Or, on ne trouvera jamais de revenu annuel que celui des terres. Il n'y a qu'elles qui restituent chaque année les avances qui leur sont faites, & de plus un bénéfice dont il soit possible de disposer. On commence depuis long-tems à soupçonner cette importante vérité. De bons esprits la porteront un jour à la démonstration ; & le premier gouvernement qui en fera la base de son administration, s'élevera nécessairement à un degré de prospérité inconnue à toutes les nations & à tous les siecles.

Peut-être n'y a-t-il en ce moment aucun peuple de l'Europe, à qui sa situation permette ce grand changement. Par tout les impositions sont si fortes, les dépenses si multipliées, les besoins si pressans ; par-tout le fisc est si obéré, qu'une révolution subite dans la perception des revenus publics, altéreroit infailliblement la confiance & la félicité des citoyens. Mais une politique éclairée & prévoyante, tendra, à pas lents & mesurés, vers un but si salutaire. Elle écartera avec courage & avec prudence, tous les obstacles que les préjugés, l'ignorance, les intérêts privés pourroient opposer à un système d'administration, dont les avantages nous paroissent au-dessus de tous les calculs.

Pour que rien ne puisse diminuer les avantages de cette heureuse innovation, il faudra que toutes les terres, indistinctement, soient assujetties à l'impôt. Le bien public est un trésor commun, dans lequel chaque citoyen doit déposer ses tributs, ses services & ses talens. Jamais des noms & des titres ne changeront la nature des hommes & des possessions. Ce seroit le comble de la bassesse & de la folie, de faire valoir les distinctions qu'on a reçues de ses peres, pour se soustraire aux charges de la société. Toute prééminence qui ne tourneroit pas au profit général, seroit destructive; elle ne peut être juste, qu'autant qu'elle est un engagement formel de dévouer plus particulierement sa fortune & sa vie au service de la patrie.

Si de nos jours, pour la premiere fois, les terres étoient imposées, ne jugeroit-on pas nécessairement que la contribution doit être proportionnée à l'étendue & à la fertilité des possessions ? Quelqu'un oseroit-il alléguer ses places, ses services, ses dignités ; pour se soustraire aux tributs qu'exige le service public ? Qu'ont de commun les taxes avec les rangs, les titres & les conditions ? Elles ne touchent qu'aux revenus ; & ces revenus sont à l'état, dès qu'ils sont nécessaires à sa défense.

La manière, dont l'impôt devroit être assis sur les terres, est plus difficile à trouver. Quelques écrivains ont pensé que la dîme ecclésiastique, malheureusement perçue dans la plus grande partie de l'Europe, seroit un modèle à suivre. Dans ce système, a-t-on dit, il n'y auroit ni infidélité, ni faveur, ni méprise. Selon que les circonstances exigeroient plus ou moins d'efforts de la part des peuples, le fisc prendroit la quatrieme, la cinquieme, la sixieme partie des productions, au moment même de la récolte ; & tout se trouveroit consommé sans contrainte, sans surprise, sans défiance & sans vexation.

Mais dans cette forme de perception,

comment se feroient les recouvremens ? Pour des objets si multipliés, si variables & si peu connus, une régie n'exigeroit-elle pas des frais énormes ? La ferme ne donneroit-elle pas occasion à des profits trop considérables ? Ainsi, quand cet ordre de choses paroîtroit le plus favorable au citoyen, ne seroit-il pas un des plus funestes au gouvernement ? Or qui peut douter que les intérêts de l'individu ne soient les mêmes que ceux de la société ? Quelqu'un ignoreroit-il encore le rapport intime qui est entre le souverain qui demande & les sujets qui donnent ?

D'ailleurs cette imposition, si égale en apparence, seroit, dans la réalité, la plus disproportionnée de toutes celles que l'ignorance ait jamais imaginées. Tandis qu'on n'exigeroit d'un contribuable que le quart de son revenu, on en prendroit la moitié, quelquefois davantage à d'autres qui, pour avoir la même quantité de productions, auroient été obligés par la nature d'un sol ingrat ou d'une exploitation difficile, à des dépenses infiniment plus considérables.

Ces inconvéniens ont fait rejetter une idée, proposée ou appuyée par des hommes peu versés dans l'économie politique, mais révoltés avec raison de la manière arbitraire dont ils voyoient taxer les terres. Vous prendrez pour regle l'étendue des domaines ? Mais ignoreriez-vous qu'il y en a qui peuvent payer beaucoup, qu'il y en a qui ne peu-

peuvent payer que peu, qu'il y en a même qui ne peuvent rien payer, parce que ce qui reste au-delà des frais est à peine suffisant pour déterminer l'homme le plus intelligent à les cultiver? Vous ferez représenter les baux? Mais les fermiers & les propriétaires n'agiront-ils pas de concert pour vous tromper? & quels moyens aurez-vous pour découvrir une fraude artificieusement tramée? Vous admettrez les déclarations? Mais pour une sincere, n'y en aura-t-il pas cent de fausses? & le citoyen d'une probité exacte ne sera-t-il pas la victime du citoyen dénué de principes? Vous aurez recours à une estimation? Mais le préposé du fisc ne se laissera-t-il pas suborner par des contribuables intéressés à le corrompre? Vous laisserez aux habitans de chaque canton le soin des répartitions? C'est, sans doute, la régle la plus équitable, la plus conforme aux droits de la nature & de la propriété; cependant elle doit engendrer nécessairement tant de cabales, tant d'altercations, tant d'animosités, un choc si violent entre les passions qui se heurteront, qu'il n'en sauroit résulter cette justice, qui pourroit faire le bonheur public.

Un cadastre qui mesureroit avec soin les terres, qui apprécieroit avec équité leur valeur, seroit seul capable d'opérer cette heureuse révolution. On n'a que rarement, qu'imparfaitement appliqué un principe si simple & si lumineux. Il faut espérer que cette belle institution, quoique vivement repoussée par le crédit & la corruption, sera perfectionnée dans les états où elle a été adoptée, & qu'elle sera introduite dans les empires où elle n'existe pas encore. Le monarque qui signalera son regne par ce grand bienfait, sera béni pendant sa vie; il laissera un nom cher à la postérité; & sa félicité s'étendra au-delà des siecles, si, comme on n'en peut douter, il existe un Dieu rémunérateur.

Mais que le gouvernement, sous quelque forme qu'il ait été établi ou qu'il subsiste, n'outre jamais la mesure des impositions. Dans leur origine, elles ont rendu, dit-on, les hommes plus actifs, plus sobres, plus intelligens, & ont ainsi contribué à la prospérité des empires. Cette opinion n'est pas sans vraisemblance : mais il est plus certain encore que poussées au-delà des limites convenables, les taxes ont arrêté les travaux, étouffé l'industrie, produit le découragement.

Quoique l'homme ait été condamné par la nature à des veilles continuelles pour s'assurer une subsistance, ce soin pressant n'a pas concentré toute son action. Ses desirs se sont étendus beaucoup au-delà; & plus il est entré d'objets dans le plan de son bonheur, plus il a multiplié ses efforts pour les obtenir. A-t-il été réduit par la tyrannie à n'espérer d'un labeur opiniâtre que ce qui étoit de nécessité premiere, son mouvement s'est rallenti. Il a retréci lui-même la sphere de ses besoins. Troublé, aigri, desséché par l'esprit oppresseur du fisc, on l'a vu, ou languissant dans ses déplorables foyers, ou s'expatriant pour chercher une destinée moins malheureuse, ou errant & vagabond sur des provinces désolées. La plupart des sociétés ont, à des époques différentes, souffert ces calamités, présenté ce hideux tableau.

Aussi est-ce une erreur & une grande erreur de juger de la puissance des empires par le revenu du souverain. Cette base de calcul seroit la meilleure qu'on pût établir, si les tributs n'étoient que le thermometre des facultés des citoyens : mais lorsque la république est opprimée par le poids ou la variété des impositions, loin que cette richesse soit un signe de prospérité nationale, elle est un principe de dépérissement. Réduits à l'impuissance de fournir des secours extraordinaires à la patrie menacée ou envahie, les peuples subissent un joug étranger, ou reçoivent des loix honteuses & ruineuses. La catastrophe est précipitée, lorsque le fisc a recours aux fermes pour faire ses recouvremens.

La contribution des citoyens au trésor public est un tribut. Ils doivent le présenter eux-mêmes au souverain, qui de son côté en doit diriger sagement l'emploi. Tout agent intermédiaire détruit ces rapports qui ne sauroient être assez rapprochés. Son influence devient une source inévitable de division & de ravage. C'est sous cet odieux aspect qu'ont toujours été regardés les fermiers des taxes.

Le fermier imagine les impôts. Son talent est de les multiplier. Il les enveloppe de ténebres pour leur donner l'extension qui lui conviendra. Des juges de son choix appuient ses intérêts. Toutes les avenues du trône lui sont vendues, & il fait, à son gré, vanter son zèle ou calomnier les peuples mécontens avec raison de ses vexations. Par ces vils artifices, il précipite les provinces au dernier terme de dégradation, mais ses coffres regorgent de richesses. Alors, on lui vend au plus vil prix les loix, les mœurs, l'honneur, le peu qui reste de sang à la nation. Ce traitant jouit sans honte & sans remords de ces infâmes & criminels avantages jusqu'à ce qu'il ait détruit l'état, le prince & lui-même.

Les peuples libres n'ont que rarement éprouvé ce sort affreux. Des principes humains & réfléchis leur ont fait préférer une régie presque toujours paternelle pour recevoir les contributions du citoyen. C'est dans les gouvernemens absolus que l'usage tyrannique des fermes s'est concentré. Quelquefois l'autorité a été effrayée des ravages qu'elles faisoient : mais des administrateurs timides, ignorans ou paresseux ont craint, dans la confusion où étoient les affaires, un bouleversement entier au moindre changement qu'on se permettroit. Pourquoi donc le tems de la maladie ne seroit-il pas celui du remède ? C'est alors que les esprits sont mieux disposés, que les contradictions sont moindres, que la révolution est plus aisée.

Cependant il ne suffit pas que l'impôt soit réparti avec justice, qu'il soit perçu avec modération, il faut encore qu'il soit proportionné aux besoins du gouvernement ; & ces besoins ne sont pas toujours les mêmes. La guerre exigea par-tout, & dans tous les siecles, des dépenses plus considérables que la paix. Les peuples anciens y fournissoient par les économies qu'ils faisoient dans des tems de calme. Depuis que les avantages de la circulation & les principes de l'industrie ont été mieux développés, la méthode d'accumuler ainsi les métaux, a été proscrite. On a préféré, avec raison, la ressource des impositions extraordinaires. Tout état qui se les interdiroit, se verroit contraint, pour retarder sa chûte, de recourir aux voies pratiquées à Constantinople. Le sultan qui peut tout, excepté augmenter ses revenus, est réduit à livrer l'empire aux vexations de ses délégués, pour les dépouiller ensuite eux-mêmes de leurs brigandages.

Pour que les taxes ne soient jamais excessives, il faut qu'elles soient ordonnées, réglées & administrées par les représentans des nations. L'impôt a toujours dépendu de la propriété. N'est pas maître du champ, qui ne l'est pas du fruit. Aussi, chez tous les peuples, les tributs ne furent-ils établis dans leur origine sur les propriétaires, que par eux-mêmes; soit que les terres fussent réparties entre les conquérans; soit que le clergé les eût partagées avec la noblesse; soit qu'elles eussent passé par le commerce & l'industrie entre les mains de la plupart des citoyens. Par-tout, ceux qui les possédoient avoient conservé le droit naturel, inaliénable & sacré, de n'être point taxés sans leur consentement. Otez ce principe, il n'y a plus de monarchie, il n'y a plus de nation; il ne reste qu'un despote & un troupeau d'esclaves.

Peuples, chez qui les rois ordonnent aujourd'hui tout ce qu'ils veulent, relisez votre histoire; vous verrez que vos aïeux s'assembloient, qu'ils délibéroient toutes les fois qu'il s'agissoit d'un subside. Si l'usage en est passé, le droit n'en est pas perdu. Il est écrit dans le ciel, qui a donné la terre à tout le genre-humain, pour la posséder. Il est écrit sur ce champ que vous avez pris la peine d'enclorre, pour vous en assurer la jouissance. Il est écrit dans vos cœurs, où la divinité a imprimé l'amour de la liberté. Cette tête élevée vers les cieux, n'est pas faite à l'image du créateur, pour se courber devant un homme. Aucun n'est plus qu'un autre, que, que par le choix, que de l'aveu de tous. Gens de cour, votre grandeur est dans vos terres, & non pas aux pieds d'un maître. Soyez moins ambitieux, & vous serez plus riches. Allez rendre la justice à vos vassaux, & vous augmenterez votre fortune, en augmentant la masse du bonheur commun. Que gagnez-vous à élever l'édifice du despotisme sur les ruines de toute espece de liberté, de vertu, de sentiment, de propriété ? Songez qu'il vous écrasera tous. Autour de ce colosse de terreur, vous n'êtes que des figures de bronze, qui représentent les nations enchainées aux pieds d'une statue.

Si le prince a seul le droit des tributs, quoiqu'il n'ait pas intérêt à surcharger, à vexer les peuples, ils seront surchargés & vexés. Les fantaisies, les profusions, les entreprises du souverain, ne connoîtront plus de bornes dès qu'elles ne trouveront plus d'obstacles. Bientôt une politique fausse & cruelle, lui persuadera que des sujets riches deviennent toujours insolens ; qu'il faut les ruiner pour les asservir, & que la pauvreté est le rempart le plus assuré du trône. Il ira jusqu'à croire que tout est à lui, rien à ses esclaves, & qu'il leur fait grace de tout ce qu'il leur laisse.

Le gouvernement s'emparera de toutes les avenues & des issues de l'industrie, pour la traire à l'entrée & à la sortie, pour l'épuiser dans sa route. Le commerce n'obtiendra de circulation que par l'entremise & au profit de l'administration fiscale. La culture sera négligée par des mercenaires, qui ne peuvent jamais espérer de propriété. La noblesse ne servira & ne combattra que pour une solde. Le magistrat ne jugera que pour des épices & pour des gages. Les négocians mettront leur fortune à couvert, pour la transporter hors d'un pays où il n'y a plus de patrie ni de sûreté. La nation n'étant plus rien, prendra de l'indifférence pour ses rois ; ne verra ses ennemis que dans ses maîtres ; espérera quelquefois un adoucissement de servitude dans un changement de joug ; attendra sa délivrance d'une révolution & sa tranquillité d'un bouleversement.

" Ce tableau est effrayant, me disoit un
" visir, & il y a des visirs par-tout. J'en
" gémis. Mais sans contribution, comment
" puis-je maintenir cette force publique
" dont vous reconnoissez vous-même & la
" nécessité & les avantages ? Il faut qu'elle
" soit permanente & toujours égale, sans
" quoi plus de sécurité pour vos personnes,
" vos propriétés, votre industrie. Le bonheur sans défense n'est qu'un fantôme. Mes
" dépenses sont indépendantes de la variété
" des saisons, de l'inclémence des élémens,
" de tous les accidens. Il faudra donc que
" vous y fournissiez, la peste eût-elle dé-

,, truit vos troupeaux, l'insecte eût-il dévoré
,, votre vigne, la grêle eût-elle moissonné
,, vos champs. Vous paierez, ou je tour-
,, nerai contre vous cette force publique qui
,, a été créée pour votre sûreté, & que vous
,, devez alimenter ,,.

Ce système oppresseur ne regardoit que les propriétaires des terres. Le visir ne tarda pas à m'apprendre les moyens dont il se servoit pour asservir au fisc les autres membres de la confédération.

" C'est principalement dans les villes que
,, les arts méchaniques & libéraux, d'utilité
,, & d'agrément, de nécessité ou de fantaisie,
,, ont leur foyer, ou du moins leur activi-
,, té, leur développement, leur perfection.
,, C'est-là que le citoyen riche, & par
,, conséquent oisif, attiré ou fixé par les
,, douceurs de la société, cherche à tromper
,, son ennui par des besoins factices; c'est-là
,, que pour y satisfaire, il exerce le pauvre,
,, ou, ce qui revient au même, l'industrieux.
,, Celui-ci, à son tour, pour satisfaire aux
,, besoins de premiere nécessité qui ne sont
,, pas long-tems les seuls qui le tourmen-
,, tent, cherche à multiplier les besoins
,, factices de l'homme riche; d'où naît entre
,, l'un & l'autre une dépendance mutuelle
,, fondée sur leurs intérêts respectifs; l'in-
,, dustrieux veut travailler, le riche veut
,, jouir. Si donc je parviens à imposer les
,, besoins de tous les habitans des villes, in-

„ duſtrieux ou oiſifs, c'eſt-à-dire à renchérir,
„ au profit de l'état, les denrées & les mar-
„ chandiſes qui y ſont conſommées par les
„ beſoins des uns & des autres ; alors j'aurai
„ ſoumis à l'impôt toutes les eſpeces d'in-
„ duſtrie, & je les aurai amenées à la con-
„ tion de l'induſtrie agricole. J'aurai fait
„ mieux ; & que ce point ſur-tout ne vous
„ échappe pas. J'aurai fait payer le riche
„ pour le pauvre, parce que celui-ci ne man-
„ quera pas de renchérir ſes productions à
„ proportion du renchériſſement de ſes be-
„ ſoins ,,.

Ah ! viſir, je te conjure d'épargner au moins l'air, l'eau, le feu, & même le bled qui n'eſt pas moins que ces trois élémens la légitime ſacrée de tout homme ſans exception. Sans cette légitime, nul ne peut vivre & agir ; & ſans vie & ſans action point d'induſtrie.

" J'y penſerai. Mais ſuivez-moi dans les
„ différentes combinaiſons par leſquelles
„ j'enlace dans mes filets tous les autres ob-
„ jets de beſoin, ſur-tout dans les villes.
„ D'abord, maitre des frontieres de l'em-
„ pire, je ne laiſſe rien venir de l'étranger ;
„ je n'y laiſſe rien aller qu'en payant à rai-
„ ſon du nombre, du poids & de la valeur.
„ Par ce moyen celui qui a fabriqué, ou qui
„ envoie, me cede une partie de ſon béné-
„ fice ; & celui qui reçoit, ou qui conſom-

,, me rend quelque chose en sus de ce qui
,, revient au marchand ou fabriquant ,,.

Fort bien, visir : mais en te glissant ainsi entre le vendeur & l'acheteur ; entre le fabriquant ou le marchand & le consommateur, sans avoir été appellé, sans que ton entremise leur profite, puisqu'au contraire tu l'entretiens à leur détriment ; n'arrive-t-il pas qu'ils cherchent de leur côté, en te trompant d'une ou d'autre maniere, à diminuer ou même à te frustrer de ta part ?

" Sans doute : mais à quoi me serviroit
,, donc la force publique, si je ne l'em-
,, ployois pas à démêler leur fraude, à m'en
,, garantir & à la châtier ? Si l'on essaie à
,, garder ou à diminuer ma part, je prends
,, tout, & même quelque chose au-delà ,,.

J'entends, visir. Et voilà donc encore la guerre & l'exaction établies sur les frontieres aux limites des provinces ; & cela pour pressurer cette heureuse industrie ; le lien des nations les plus éloignées & des peuples les plus séparés par les mœurs & les religions.

" J'en suis fâché. Mais il faut tout sacri-
,, fier à la force publique, à ce rempart élevé
,, contre la jalousie & la rapacité des voi-
,, sins. D'ailleurs l'intérêt de tel ou tel indi-
,, vidu ne s'accorde pas toujours avec l'inté-
,, rêt du grand nombre. Un effet de la ma-
,, nœuvre dont vous vous plaignez, c'est de
,, vous conserver des denrées & des pro-

„ ductions dont le calcul de la perfonnalité
„ vous priveroit par l'exportation à l'étran-
„ ger ; & je repouffe des marchandifes étran-
„ geres qui, par la furabondance qu'elles
„ feroient avec les vôtres, rabaifferoient le
„ prix de celles-ci „.

Je te remercie, vifir. Mais pourquoi faut-il que tu aies auffi tes troupes ? Ces troupes-là font bien incommodes. Ne pourrois-tu pas me fervir fans me faire la guerre ?

" Si vous m'interrompez fans ceffe, vous
„ perdrez le fil de mes fubtiles & merveil-
„ leufes opérations. Après avoir impofé la
„ marchandife à l'entrée & à la fortie de
„ l'empire, au paffage d'une province dans
„ une autre, je fuis à la pifte le conducteur,
„ le voyageur qui parcourt ma contrée pour
„ fes affaires, par curiofité ; le payfan qui
„ porte à la ville le produit de fon champ
„ ou de fa baffe-cour ; & lorfque la foif le
„ pouffe dans une hôtellerie, au moyen
„ d'une affociation avec le maître „....

Quoi, vifir, le cabaretier eft ton affocié !

" Affurément. Eft-ce qu'il y a quelque
„ chofe de vil quand il s'agit du maintien de
„ la force publique, & par conféquent de la
„ richeffe du fifc ? Au moyen de cette affo-
„ ciation, je reçois une partie du prix de la
„ boiffon confommée „.

" Mais, vifir, comment te trouves-tu l'af-
„ focié d'un aubergifte, d'un tavernier dans

„ le débit de ses boissons. Serois-tu son pour-
„ voyeur?

« Moi, son pourvoyeur? je m'en suis
„ bien gardé. Où seroit le bénéfice de ven-
„ dre le vin que le vigneron m'auroit donné
„ pour le tribut de son industrie? J'en-
„ tends un peu mieux mes affaires. J'ai d'a-
„ bord avec le vigneron ou propriétaire,
„ avec le brasseur, le distillateur de l'eau-de-
„ vie une association par laquelle j'obtiens
„ une partie du prix qu'ils vendent à l'au-
„ bergiste: au cabaretier; ensuite j'en ai
„ avec celui-ci une seconde par laquelle il
„ me compte à son tour d'une portion du
„ prix qu'il reçoit du consommateur, sauf
„ au vendeur à retrouver sur le consom-
„ mateur la quotité du prix qui me revient
„ de la consommation ,,.

Cela est très beau, il faut en convenir.
Mais, visir, comment assistes-tu à tous les
marchés de boissons qui se font dans l'empire? Comment n'es-tu pas pillé par ce cabaretier de mauvaise foi, dès le tems de Rome,
quoique le questeur ne fût pas son collè-
gue? Après ce que tu m'as confié, je ne
doute de rien; mais je suis curieux.

« C'est ici que je te paroîtrai impudent,
„ mais profond. On ne sauroit aspirer à
„ toute sorte de mérite & de gloire. D'a-
„ bord, nul ne peut déplacer une piece de
„ vin, de cidre, de biere, d'eau-de-vie, soit
„ du lieu de la récolte ou de la fabrication;

„ soit du cellier, soit de la cave, soit pour
„ vendre, soit pour envoyer, n'importe à
„ quelle destination, sans ma permission par
„ écrit. Je sais par-là ce qu'elles deviennent.
„ Si l'on en rencontre quelqu'une sans ce pas-
„ se-port, je m'en empare ; & le propriétaire
„ me paie sur le champ, en sus, le triple ou le
„ quadruple de la valeur. Ensuite, les mêmes
„ agens qui circulent nuit & jour de toutes
„ parts pour m'assurer de la fidélité des pro-
„ priétaires ou marchands en gros à tenir leur
„ pacte d'association, descendent tous les
„ jours, plutôt deux fois qu'une, chez chaque
„ cabaretier ou aubergiste, sondent les ton-
„ neaux, comptent les bouteilles ; & pour
„ peu qu'on soit soupçonné de quelque esca-
„ motage sur ma part, on est si sévérement
„ puni qu'on n'en est pas tenté davantage „.

Mais, visir, pour te plaire, tes agens ne sont-ils pas autant de petits tyrans subalternes ?

" Je n'en doute pas ; & je les en récompense bien „.

A merveille. Mais, visir, j'ai un scrupule. Ces associations avec le propriétaire, le marchand en gros, le détailleur, ont un peu l'air de celles que le voleur de grand chemin contracteroit avec le passant qu'il détrousse.

" Vous n'y pensez pas. Les miennes sont
„ autorisées par la loi & par l'institution sa-
„ crée de la force publique. Rien ne vous en

» impose-t-il donc ? Mais venez maintenant
» aux portes de la cité, où je ne suis pas moins
» admirable. Rien n'y entre, sans verser
» dans mes mains. Si ce sont des boissons;
» elles contribuent, non en raison du prix,
» comme dans mes autres arrangemens, mais
» en raison de la quantité, & soyez sûr que
» je ne suis pas dupe. L'aubergiste ou le ci-
» toyen n'a rien à dire, quoique j'aie d'ail-
» leurs affaire à lui lors de l'achat & du dé-
» bit, puisque ce n'est pas de la même ma-
» niere. Si ce sont des comestibles, j'ai mes
» agens, non-seulement aux portes, mais
» aux boucheries, mais dans les marchés au
» poisson; & nul n'essaieroit à me voler sans
» risquer plus que son vol ne lui rendroit.
» Si c'est du bois, des fourrages, du papier,
» il y a moins de précautions à prendre. Ces
» marchandises ne se filoutent pas comme
» un flacon de vin; cependant j'ai mes sur-
» veillans sur les routes & les endroits dé-
» tournés; & malheur à celui qu'on sur-
» prendroit en devoir de m'échapper! Vous
» voyez donc que quiconque habite les vil-
» les; qu'on y subsiste de son industrie;
» qu'on y emploie son revenu ou une por-
» tion de son lucre à salarier un homme in-
» dustrieux, personne ne peut consommer
» sans payer, & que tous paient plus sur les
» consommations usuelles & indispensables
» que sur les autres. J'ai mis à contribution
» toute sorte d'industrie sans qu'elle s'en

„ apperçoive. Il en est cependant quelques-
„ unes avec lesquelles j'ai essayé de traiter
„ plus directement, parce qu'elles n'ont pas
„ leur asyle ordinaire dans les villes, & que
„ j'ai imaginé qu'elles me rendroient davan-
„ tage par une contribution spéciale. Par
„ exemple, j'ai des agens dans les forges &
„ fourneaux où l'on fabrique & où l'on pèse
„ le fer qui a tant d'usages différens ; j'en
„ ai dans les atteliers des tanneurs où sont
„ manufacturés les cuirs qui servent à tant
„ de choses. J'en ai chez tous ceux qui tra-
„ vaillent l'or, l'argent, la vaisselle, les bijoux ;
„ & vous ne me reprocherez pas ici d'atta-
„ quer les objets de premiere nécessité. A
„ mesure que les tentatives me réussissent,
„ je les étends. Je me flatte bien d'établir
„ un jour mes satellites à côté du métier à
„ ourdir la toile ; elle est d'une utilité si gé-
„ nérale. Mais gardez-moi le secret. Mes
„ spéculations ne s'éventent jamais qu'à mon
„ détriment „.

Je suis vraiment frappé de ta sagacité, visir, ou de celle de tes sublimes précurseurs. Ils ont creusé des mines d'or par-tout. Ils ont fait de ton pays un Pérou, dont les habitans ont eu peut être le sort de ceux de l'autre continent ; mais que t'importe ? Le sel & le tabac que tu débites au décuple de leur valeur intrinseque, quoique après le pain & l'eau, le sel soit de premiere nécessité, tu ne m'en as rien dit. Que signifie cette réticence ? Aurois-tu senti la contradiction entre cette vente & ton refus de percevoir les autres contributions en nature, sous prétexte de l'embarras de la revente ?

" Point du tout. La différence est facile
" à saisir. Si je recevois du propriétaire ou
" du cultivateur sa portion de contribution
" en nature, pour la revendre ensuite, je
" me trouverois en concurrence avec lui dans
" les marchés. Mes prédécesseurs ont été
" sages en s'en réservant la distribution ex-
" clusive. Cela souffroit des difficultés. Pour
" amener ces deux fleuves d'or dans le ré-
" servoir du fisc, il fallut défendre la cul-
" ture & la fabrication nationales du tabac;
" ce qui ne me dispense pas de tenir sur la
" frontiere & même au-dedans de l'empire
" une armée contre l'introduction & la con-
" currence de tout autre tabac avec le mien ",.
Et cela, visir, t'a réussi ?

" Pas aussi pleinement que j'aurois desiré,
" malgré la sévérité des loix pénales. Pour
" le sel, la difficulté fut encore plus grande; il
" faut en convenir & s'en affliger. Mes pré-
" décesseurs commirent une bévue irrépara-
" ble. Sous prétexte d'une faveur utile, né-
" cessaire à certaines provinces maritimes,
" ou peut-être à l'appât d'une somme forte,
" sans doute, mais momentanée, que d'au-
" tres provinces payerent pour se pourvoir
" de sel comme elles aviseroient, ils se prê-
" terent à des exceptions, en conséquence

,, defquelles dans un tiers ou environ de
,, l'étendue de l'empire, ce n'eſt pas moi
,, qui le vends. J'eſpere bien revenir là con-
,, tre : mais il faut attendre un moment de
,, miſere ,,.

Ainſi, indépendamment des armées que tu nourris ſur la frontiere contre le tabac & les marchandiſes de l'étranger, tu en as encore dans l'intérieur pour que la vente du ſel des provinces libres ne concoure pas avec la vente du tien ?

" Il eſt vrai. Cependant il faut rendre
,, juſtice à nos anciens viſirs. Ils m'ont laiſſé
,, une légiſlation bien étendue. Par exem-
,, ple, ceux du pays libre qui avoiſinent les
,, provinces où je vends, ne peuvent fa-
,, briquer de leur ſel que le moins qu'il eſt
,, poſſible, afin de n'en point avoir à vendre
,, à mon préjudice ; & par une ſuite de la
,, même ſageſſe, ceux qui doivent acheter
,, de moi, & qui, voiſins du pays libre,
,, pourroient être tentés de s'y approvi-
,, ſionner à meilleur marché, ſont forcés
,, d'en prendre plus qu'ils n'en peuvent con-
,, ſommer ,,.

Et cela eſt conſacré par la loi ?

,, Et maintenu par l'auguſte force publi-
,, que. Je ſuis autoriſé au dénombrement
,, des familles ; & ſi quelqu'une n'achète pas
,, la quantité de ſel que je préſume nécef-
,, faire à ſa conſommation, elle le paie comme
,, ſi elle s'en étoit pourvue ,,.

Et quiconque sale ses mêts avec d'autre sel que le tien s'en trouve mal ?

" Très-mal. Outre la saisie de ce sel d'i-
" niquité, il lui en coûte plus qu'il ne dé-
" penseroit à l'approvisionnement de sa mai-
" son pendant plusieurs années ".

Et le vendeur ?

" Le vendeur ? C'est comme de raison,
" un voleur, un brigand, un malfaiteur que
" je réduis à la besace, s'il a quelque chose,
" ou que j'envoie aux galeres, s'il n'a rien ".

Mais, visir, tu dois avoir des procès
" sans fin ?

" J'en ai beaucoup : mais il y a une cour
" de magistrature expresse qui en a l'attri-
" bution exclusive ".

Et comment te tires-tu de-là ? par l'intervention de la force publique, ton grand
cheval de bataille.

" Et avec de l'argent ".

Ah, visir, quelle tête & quel courage !
Quelle tête pour suffire à tant d'objets ! Quel
courage pour faire face à tant d'ennemis ! Tu
as été figuré dans les livres saints par Ismaël,
dont les mains étoient contre tous, les mains
de tous contre lui.

" Hélas, j'en conviens. Mais telle est l'im-
" portance de la force publique & l'étendue
" de ses besoins, qu'il a fallu recourir à
" d'autres ressources. Outre ce que le pro-
" priétaire me doit annuellement pour les
" fruits de son fonds, s'il se résout à le ven-

» dre, l'acquéreur me paiera une somme
» surajoutée au prix convenu avec son ven-
» deur. J'ai tarifé tous les pactes humains ;
» & nul ne contracte sans me fournir une
» contribution proportionnée, soit à l'ob-
» jet, soit à la nature de la convention. Cet
» examen suppose des agens profonds. Aussi
» en manqué-je souvent. Le plaideur ne
» peut faire un seul pas, soit en demandant,
» soit en défendant, sans me trouver sur son
» chemin ; & vous conviendrez que ce tri-
» but est bien innocent : car on n'est pas en-
» core dégoûté des procès ».

Visir, quand ton énumération ne seroit pas à sa fin, laisse-moi respirer. Tu as lassé mon admiration ; & je ne sais plus quel doit être le plus grand objet de mon étonnement, ou d'une science perfide, barbare, qui embrasse tout, qui pèse sur tout ; ou de la patience avec laquelle on supporte les actes réitérés d'une subtile tyrannie qui n'épargne rien. L'esclave reçoit sa subsistance en échange de sa liberté. Ton malheureux contribuable est privé de sa liberté en te fournissant sa subsistance.

Jusqu'à présent, je me suis si fréquemment livré aux mouvemens de l'indignation, que j'ai pensé que l'on me pardonneroit une fois d'avoir pris l'arme du ridicule & de l'ironie, qui a si souvent tranché les nœuds les plus importans. Je rentre dans le ton qui me convient ; & je dis :

Il faut sans doute, dans tout gouvernement, une force publique qui agisse intérieurement & extérieurement. Extérieurement, pour défendre la nation en corps contre la jalousie, la cupidité, l'ambition, le mépris & la violence des autres nations; & cette protection ou la sécurité qui doit en être l'effet, exige des armées, des flottes, des forteresses, des arsenaux, des alliés foibles à stipendier, des alliés puissans à seconder. Intérieurement, pour garantir le citoyen, ami de l'ordre social, du trouble, des vexations, de l'injure du méchant qui se laisse égarer par ses passions, son intérêt personnel, ses vices, & qui n'est arrêté que par la menace de la justice & la vigilance de la police.

Nous dirons plus. Il est avantageux au plus grand nombre des citoyens que la force publique encourage l'industrie, aiguillonne le talent & secoure celui qui par un zèle inconsidéré, des malheurs imprévus, de fausses spéculations a perdu sa force individuelle; d'où naît la nécessité des écoles gratuites & des hôpitaux.

Je consens même que le dépositaire & le moteur de la force publique, qu'il est de son devoir de faire craindre, respecter & chérir, pour en accroître l'énergie, sur-tout dans les états monarchiques où elle semble distincte & séparée du reste de la nation, en impose par un appareil de dignité, attire par la douceur & exhorte par les bienfaits.

Tous ces moyens sont dispendieux. Les dépenses supposent un revenu ; & le revenu des contributions. Il est juste que ceux qui participent aux avantages de la force publique, fournissent à son maintien. Il y a entre le souverain & ses sujets un pacte tacite, mais sacré, par lequel le premier s'engage de secourir d'autant de degrés de cette force qu'on en aura fourni de parts à la masse générale des contributions ; & cette justice distributive s'exécuteroit toute seule par la nature même des choses, si la corruption & le vice ne la troubloient sans cesse.

Mais dans toute convention, il y a un rapport entre le prix & la valeur de la chose acquise ; & ce rapport est nécessairement en *moins* du côté du prix, en *plus* du côté des avantages. Je veux bien acheter une épée pour me défendre contre le voleur : mais si pour acquérir cette épée, il faut que je vuide ma bourse ou que je vende ma maison, j'aime mieux composer avec le voleur.

Or, où est ce rapport, cette proportion des avantages de la force publique, *pour moi propriétaire*, avec le prix dont je les paie ; si chez la nation la plus policée de l'Europe, la moins exposée aux incursions & aux attaques étrangeres, après avoir cédé une portion de ma possession, je suis obligé, lorsque je vais habiter la ville, de suracheter, au profit d'une force publique, non-seulement les denrées des autres, mais les miennes, quand il me plaît des les consommer ?

Pour moi, cultivateur, si forcé d'un côté à consommer en nature une portion de mon tems & des moyens de mon industrie pour la construction & la réparation des routes, je suis encore obligé de rendre en argent une portion considérable des productions que ma sueur & mes travaux ont tiré de la terre ?

Pour moi, artisan, qui ne puis travailler sans être nourri, logé, vêtu, éclairé & chauffé ; ni me pourvoir de nourriture, d'abri, de vêtement, de lumiere & de feu, sans contribuer, puisque tous ces moyens de subsistance sont imposés ; si je suis encore obligé de rendre une partie du prix de mon tems & de mon talent à l'imposition qui frappe directement sur les productions de mon industrie ?

Pour moi, marchand, qui ai déja contribué de mille manieres, & par mes consommations personnelles, & par les consommations de mes salariés, & par le surachat des matieres premieres ; si je suis encore obligé de céder une portion du prix de la marchandise que j'envoie, & dont il ne me reviendra peut-être rien du tout, dans le cas de quelques-uns de ces accidens sans nombre, dont la force publique ne s'engage, ni de me garantir, ni de me dédommager ?

Pour nous tous, si après avoir contribué par chacun de nos besoins, à chaque pas, à chaque mouvement de notre industrie, à la masse commune, d'un côté par une imposition annuelle & générale, la capitation qui n'a aucune base, aucun rapport avec la propriété, ni avec l'industrie, nous contribuons encore d'un autre côté par le sel, denrée de premiere nécessité qu'on porte au décuple de sa valeur intrinseque & naturelle ?

Pour nous tous encore une fois, si nous voyons toutes ces quotes parts exigées pour le maintien de la force publique, se fondre entre les mains des concussionnaires qui les perçoivent ; & le résidu qui, après des circulations toutes dispendieuses, se rend au trésor du souverain, y être pillé de cent manieres diverses, ou dissipé en extravagances ?

Nous demanderons quel rapport il y a entre cette multitude bisarre & compliquée de contributions, & les avantages que chacun de nous obtient de la force publique, s'il est vrai, comme certains calculateurs politiques le prétendent, que les sommes des contribuables sont égales à celles du revenu des propriétaires ?

Il ne faut chercher la réponse à cette question que dans le cœur du souverain. S'il est de bronze, le problème ne se résoudra point, & le tems amenera, à la suite d'une longue oppression, la ruine de l'empire. S'il a quelque

que sensibilité, le problème se résoudra d'une maniere utile aux sujets.

Cependant que le chef de la nation ne se flatte pas d'opérer de grands biens, des biens durables, sans un choix judicieux de l'homme chargé d'alimenter la force publique. C'est à ce grand instrument du gouvernement de distribuer & de rendre supportable à chacun le poids énorme des tributs par son équité & par son intelligence, à le répartir selon les degrés relatifs de force ou de foiblesse des contribuables. Sans ces deux qualités, les peuples accablés seront conduits à un désespoir plus ou moins éloigné, plus ou moins redoutable. Avec ces deux qualités soutenues par l'attente d'un soulagement plus ou moins prochain, ils souffriront avec patience, & se traineront sous leur fardeau avec quelque courage.

Mais quel est le ministre qui remplira une tâche aussi difficile ? sera-ce celui qui, par une odieuse cupidité, aura ambitionné le maniment des revenus publics, & qui parvenu à ce poste important, à force d'intrigues & de bassesses, aura abandonné le fisc en proie à ses passions, à ses amis, à ses flatteurs, à ses protégés, au détriment de la force publique ? Périsse la mémoire d'un tel ministre !

Sera-ce celui qui n'aura vu, dans le pouvoir remis en ses mains que l'instrument de ses inimitiés ou de ses aversions personnelles,

& le moyen de réaliser les fantômes de son imagination féroce & désordonnée ; qui traitera comme des absurdités les opérations différentes de la sienne ; qui s'irritera contre des erreurs vraies ou prétendues, comme si c'étoient autant de crimes ; qui méprisera l'apologue des membres & de l'estomac ; qui énervera la partie du corps politique qui lui déplaira, par ses faveurs exclusivement accordées à celle que son goût, sa fantaisie, son intérêt ou ses préjugés auront préférée ; qui verra l'image du désordre par-tout où les choses ne seront pas analogues à ses idées bizarres ; qui dénué de la sagesse nécessaire pour corriger ce qui est défectueux, substituera des chimeres à un ordre peut-être imparfait ; & qui pour corriger de prétendus abus, s'aveuglant sur les suites d'une réforme mal entendue, brisera tout avec un souris dédaigneux : charlatan aussi cruel qu'ignorant, qui, prenant les poisons pour des remedes, s'écriera *guérison*, *guérison*, lorsque des convulsions réitérées annonceront la mort prochaine du malade ? Périsse la mémoire d'un tel ministre !

Souverains, qui n'êtes à l'abri, ni de l'erreur, ni du mensonge, ni de la séduction ; si vous avez été assez malheureux pour être asservis par de tels coopérateurs, ne les remplacez ni par l'homme foible & pusillanime qui, bien qu'instruit, doux, modeste, & peut-être incapable d'une grande faute, tant qu'il agira par lui-même, se laissera égarer par les autres; tombera dans les pièges qui lui feront tendus, & manquera du nerf nécessaire, soit pour arrêter ou prévenir le mal, soit pour vous résister à vous mêmes, lorsque sa conscience & l'intérêt général l'exigeront.

Ni par l'homme farouche ou dédaigneux; ni par l'homme trop austere; encore moins par l'homme impérieux & dur. L'impôt est un joug pesant. Comment le portera-t-on, s'il est aggravé par la maniere de le présenter ? C'est une coupe amère que tous doivent boire. Si vous la portez brusquement ou mal-adroitement à la bouche, quelqu'un la renversera.

Ni par l'homme qui ignore la loi; ni par l'homme qui la méprise pour ne s'occuper que du fisc. Il est de l'intérêt du souverain que la propriété & l'industrie soient protégées, contre sa propre autorité, contre les entreprises du visir souvent inconsidérées, quelquefois dangereuses. Un ministre qui sacrifiera tout au fisc, remplira les coffres de son maître; il donnera à la nation & au trône l'éclat d'une puissance formidable : mais cet éclat passera comme l'éclair. Le désespoir s'établira dans le cœur des sujets. En mettant l'industrie aux abois, il aura tué la poule aux œufs d'or.

Ni par le légiste hérissé de formules & de subtilités juridiques, qui entretiendra une querelle continue entre le fisc & la loi ; rendra le fisc trop odieux, & relâchera les liens d'une obéissance pénible, mais nécessaire.

Ni par cet outré philantrope, qui se livrant à un patriotisme mal entendu, oubliera le fisc pour se livrer indiscretement à de séduisantes impulsions de bienfaisance & de popularité : impulsions toujours louables dans un philosophe, mais auxquelles un ministre ne doit se prêter qu'avec circonspection. Car enfin, il faut une force publique ; il faut un fisc qui l'alimente.

Ecartez sur-tout le prodigue. Comment l'homme qui a mal géré ses propres affaires, administrera-t-il celles d'un grand état ? Quoi, il a dissipé ses fonds, & il sera économe du revenu public ? Il a de la probité, de la délicatesse, des lumieres même, le desir sincere de bien servir l'état : mais dans une circonstance & sur un objet de l'importance de celui dont il s'agit, ne vous en fiez qu'aux vertus de tempérament. Combien sont entrés vertueux dans le ministere, & qu'on ne reconnoissoit plus, qui ne se reconnoissoient plus eux-mêmes, en moins de six mois. Il y a peut-être moins de séductions au pied du trône que dans l'antichambre des autres ministres qu'à l'entrée du cabinet du ministre de la finance. Mais c'est trop s'arrêter sur les impôts. Il faut parler de ce qu'on a imaginé pour y suppléer ; le crédit public.

XI. Crédit public.

En général, ce qu'on nomme crédit n'est qu'un délai donné pour payer. L'usage en fut inconnu dans les premiers âges. Chaque famille se contentoit de ce qu'une nature brute, de ce que des travaux grossiers lui fournissoient. Bientôt commencerent quelques échanges, mais seulement entre parens, entre voisins. Ces liaisons s'étendirent partout où les progrès de la société multiplioient les besoins ou les délices. Avec le tems, il ne fut plus possible d'avoir des denrées avec des denrées. Les métaux les remplacerent & devinrent insensiblement la mesure commune de toutes choses. Il arriva que les agens d'un commerce qui devenoit tous les jours plus considérable, manquerent de l'argent nécessaire pour leurs spéculations. Alors les marchandises leur furent livrées pour être payées à des époques plus ou moins prochaines; & cette heureuse pratique dure encore & durera toujours.

Le crédit suppose une double confiance; confiance dans la personne qui en a besoin, & confiance dans ses facultés. La premiere est la plus nécessaire. Il est trop ordinaire qu'un débiteur de mauvaise foi trahisse ses engagemens, quoiqu'il ait assez de fortune pour les remplir, ou qu'il dissipe cette fortune par une conduite imprudente ou peu modérée. Mais l'homme intelligent & juste peut, par des opérations bien combinées, acquérir ou remplacer les moyens qui lui auroient manqué.

Les convenances réciproques de ceux qui vouloient vendre, de ceux qui vouloient acheter, ont donné naissance au crédit qui existe entre les membres d'une société, ou même de plusieurs sociétés. Il differe du crédit d'une nation considérée comme ne formant qu'un seul corps.

Entre le crédit particulier & le crédit public, il y a cette différence que l'un a le gain pour but, & l'autre la dépense. Il suit de-là que le crédit est richesse pour les négocians, puisqu'il devient pour eux un moyen de s'enrichir, & qu'il est pour les gouvernemens une cause d'appauvrissement, puisqu'il ne leur procure que la faculté de se ruiner. Un état qui emprunte, aliène une portion de son revenu pour un capital qu'il dépense. Il est donc plus pauvre après ces emprunts qu'il ne l'étoit avant cette opération funeste.

Malgré la rareté de l'or & de l'argent, les gouvernemens anciens ne connurent pas l'usage du crédit public, même à l'époque des plus funestes crises. On formoit durant la paix un trésor qui s'ouvroit dans des tems de troubles. Alors les métaux rentrés dans la circulation excitoient l'industrie, & rendoient, en quelque maniere, légeres les calamités inévitables de la guerre. Depuis que la découverte du Nouveau-Monde a rendu es métaux plus communs, les administrateurs des empires se sont généralement livrés à des entreprises supérieures aux facultés des nations qu'ils gouvernoient, & ils n'ont pas craint de charger les générations futures des dettes qu'ils s'étoient permis de contracter. Cette chaîne d'oppression s'est prolongée; elle doit lier nos derniers neveux, & s'appesantir sur tous les peuples & sur tous les siecles.

Ce sont l'Angleterre, la Hollande & la France, c'est-à-dire les plus opulentes nations de l'Europe, qui ont donné un si mauvais exemple. Ces puissances ont trouvé du crédit par la même raison que vous ne prêtez pas à l'homme qui vous demande l'aumône, mais à celui dont le brillant équipage vous éblouit. La confiance est la mere du prêt, & la confiance nait d'elle-même à l'aspect d'un pays où la richesse du sol se multiplie par l'activité d'un peuple industrieux, à la vue de ces ports renommés où se réunissent toutes les productions de l'univers.

Le site de ces trois états a aussi encouragé le prêteur. Son gage, ce ne sont pas seulement les revenus publics, mais encore les revenus particuliers dans lesquels le fisc trouve au besoin, son aliment & ses ressources. Dans les contrées qui, comme l'Allemagne, sont ouvertes de tous côtés, & n'ont ni barrieres, ni défenses naturelles, si l'ennemi qui peut y entrer librement vient à s'y établir ou seulement à y séjourner, aussitôt il lève, à son profit les revenus publics & s'applique même, par des contributions, une partie des revenus particuliers. Qu'arrive-t-il alors aux créanciers du gouvernement ? Ce qui est arrivé à ceux qui ont des rentes dans les Pays-Bas Autrichiens & auxquels il est dû plus de trente années d'arrérage. Avec l'Angleterre, avec la France, avec la Hollande, toutes trois un peu plus ou un peu moins à l'abri de l'invasion, il n'y a à redouter que les causes d'épuisement, dont l'effet est plus lent & par conséquent plus éloigné.

Mais ne seroit-ce pas à l'indigent d'emprunter & au riche de prêter ? Pourquoi donc les états qui ont le plus de ressources sont-ils les plus endettés ? C'est que la folie des nations est la même que celle des particuliers : c'est que plus ambitieuses, elles se forment plus de besoins : c'est que la confiance qu'elles ont dans leurs facultés, les aveugle sur les dépenses qu'elles peuvent faire : c'est qu'il n'y a point d'action contre elles, & qu'elles se sont liquidées, lorsqu'elles ont le front de dire, je ne dois plus rien : c'est que les sujets ne peuvent pas traduire en justice leur souverain : c'est qu'on n'a point vu & qu'on ne verra peut-être jamais une puissance prendre les armes en faveur de ses citoyens volés, spoliés par une puissance étrangere : c'est qu'un état s'assujettit pour ainsi dire ses voisins par des emprunts : c'est que la Hollande craint, à chaque instant, que le premier coup de canon qui crévera le flanc d'un de ses vaisseaux, n'acquitte l'Angleterre avec elle : c'est qu'un édit daté de Versailles peut du soir au matin acquitter sans conséquence la France avec Genève : c'est que ces motifs qu'il seroit honteux de s'avouer, agissent sourdement dans l'ame & les conseils des rois puissans.

L'usage du crédit public, quoique ruineux pour tous les états, ne l'est pas pour tous au même point. Une nation qui a beaucoup de riches productions, dont le revenu entier est libre ; qui a toujours respecté ses engagemens ; qui n'a pas l'ambition des conquêtes ; qui se gouverne elle-même : une telle nation trouvera de l'argent à meilleur marché, qu'un empire dont le sol n'est pas abondant ; qui est surchargé de dettes ; qui entreprend au-delà de ses forces ; qui a trompé ses créanciers ; qui gémit sous un gouvernement arbitraire. Le prêteur qui dictera nécessairement la loi, en proportionnera toujours la rigueur aux risques qu'il lui faudra courir. Ainsi, un peuple dont les finances sont en désordre, tombera rapidement dans les derniers malheurs, par le crédit public : mais le gouvernement le mieux ordonné, y trouvera aussi le terme de sa prospérité.

Mais, disent quelques arithméticiens politiques, n'est-il pas utile aux états d'appeler dans leur sein l'argent des autres nations, & les emprunts publics ne produisent-ils pas cet effet important ? Oui, sans doute, on attire les métaux des étrangers par cette voie, comme on l'attireroit en leur vendant une ou plusieurs provinces de l'empire. Peut-être même seroit-il moins déraisonnable de leur livrer le sol, que de cultiver uniquement pour eux.

Mais si l'état n'empruntoit que de ses sujets, on ne livreroit pas le revenu national à des étrangers ? Non ; mais la république énerveroit plusieurs de ses membres pour en engraisser un seul. Ne faut-il pas augmenter les impositions, en raison des intérêts qu'il faut payer, des capitaux qu'il faut rembourser ? Les propriétaires des terres, les cultivateurs, tous les citoyens ne se trouveront-ils pas plus chargés, que si on leur eût demandé directement & tout d'un coup, les sommes empruntées par le gouvernement ? Leur position est la même que s'ils eussent emprunté eux-mêmes, au lieu de faire des économies sur leurs dépenses ordinaires, pour subvenir à une dépense accidentelle.

Mais les papiers publics qui résultent des emprunts faits par le gouvernement, augmentent la masse des richesses circulantes, donnent une grande extension aux affaires, facilitent toutes les opérations. Hommes aveugles ! voulez-vous voir tout le vice de votre politique ? Poussez-la aussi loin qu'elle peut aller; faites emprunter; accablez-le d'intérêts à payer; mettez-le ainsi dans la nécessité de forcer tous les impôts: vous verrez qu'avec vos richesses circulantes, bientôt vous n'aurez plus de richesses renaissantes pour vos consommations & pour le commerce. L'argent & les papiers qui le représentent, ne circulent pas d'eux-mêmes, & sans les mobiles qui les mettent en mouvement. Tous ces différens signes ne figurent qu'à raison des ventes & des achats qui se font. Couvrez d'or, si vous voulez, l'Europe entiere. Si elle n'a point de marchandises dans le commerce, cet or sera sans activité. Multipliez seulement les effets commerçables, & ne vous embarrassez pas des signes; la confiance & la nécessité les sauront bien établir sans vous. Gardez-vous, sur-tout, de vouloir les multiplier par des moyens qui diminueroient nécessairement la masse de vos productions renaissantes.

Mais l'usage du crédit public met une puissance en état de faire la loi aux autres puissances. Ne verra-t-on jamais que cette ressource est commune à toutes les nations? Si c'est une espece de grand chemin dont vous puissiez vous servir pour aller à votre ennemi, ne pourra-t-il pas s'en servir pour venir à vous? Le crédit des deux peuples ne sera-t-il pas proportionné à leurs richesses respectives? & ne se trouveront-ils pas ruinés, sans avoir eu l'un sur l'autre d'autres avantages que ceux dont ils jouissoient indépendamment de tout emprunt ? Quand je vois des monarques & des empires se battre & s'acharner les uns sur les autres, au milieu de leurs dettes, de leurs fonds publics, & de leurs revenus engagés ; il me semble voir, dit un écrivain philosophe, des gens qui s'escriment avec des bâtons dans la boutique d'un fayancier au milieu des porcelaines.

Il y auroit peut-être de la témérité à assurer que, dans aucune circonstance, le service public ne pourra exiger l'aliénation d'une portion des revenus publics. Les scènes qui agitent la terre sont si variées ; les empires sont exposés à de si étranges révolutions ; le champ des événemens est si étendu ; la politique frappe des coups si surprenans, qu'il n'est pas donné à la sagesse humaine de tout prévoir, de tout calculer. Mais ici, c'est la conduite pratique des gouvernemens qui nous occupe, & non, une situation bizarre, qui vraisemblablement ne se présentera jamais.

Tout état qui ne sera pas détourné de la voie ruineuse des emprunts par les considérations que nous venons de peser, creusera lui-même sa tombe. La facilité d'avoir beaucoup d'argent à la fois, jettera un gouvernement dans toutes sortes d'entreprises injustes, téméraires, dispendieuses ; lui fera hypothéquer l'avenir pour le présent, & jouer le présent pour l'avenir. Un emprunt en attirera un autre ; & pour accélérer le dernier, on grossira de plus en plus l'intérêt.

Ce désordre fera passer le fruit du travail dans quelques mains oisives. La facilité de jouir sans rien faire, attirera tous les gens riches, tous les hommes vicieux, tous les intriguans dans une capitale, avec un cortège de valets dérobés à la charrue ; des filles ravies à l'innocence & au mariage ; des sujets de tout sexe voués au luxe ; instrumens, victimes, objets ou jouets de la mollesse & des voluptés.

La séduction des dettes publiques se communiquera de plus en plus. Dès qu'on peut moissonner sans labourer, tout le monde se jette dans cette espece de négoce, qui est, tout-à-la-fois, lucratif & facile. Les propriétaires & les négocians veulent devenir rentiers. On change son argent en papier d'état, parce que c'est le signe le plus portatif, le moins sujet à l'altération du tems, à l'injure des saisons, à l'avidité des traitans. L'agriculture, le commerce & l'industrie, souffrent de la préférence qu'on donne aux signes sur les choses. Comme l'état dépense toujours mal ce qu'il a mal acquis, à mesure que ses dettes s'accumulent, il augmente les impôts pour payer les intérêts. Ainsi toutes les classes actives & fécondes de la société sont dépouillées, épuisées par la classe paresseuse & stérile des rentiers. L'augmentation des impôts fait hausser le prix des denrées, & par-là celui de l'industrie. Dès-lors la consommation diminue, parce que l'exportation cesse aussi-tôt que la marchandise est trop chere pour soutenir la concurrence. Les terres & les manufactures languissent également.

L'impuissance où se trouve l'empire de faire face à ses engagemens, le réduit à s'en libérer par la voie la plus destructive de la liberté des citoyens & de la puissance du souverain, par la banqueroute. Alors les édits d'emprunts sont payés en édits de réduction. Alors sont trahis les sermens du monarque & les droits des peuples. Alors est perdue sans retour la base de tous les gouvernemens, la confiance publique. Alors est renversée la fortune de l'homme riche, est arraché au pauvre le fruit de ses longues veilles, qu'il avoit confié au fisc pour avoir une subsistance dans sa vieillesse. Alors sont suspendus les travaux, les salaires, & tombent dans une espece de paralysie une multitude de bras laborieux, auxquels il ne reste des mains que pour mendier. Alors les atteliers se vuident, les hôpitaux se remplissent comme dans une épidémie. Alors les cœurs sont remplis de rage contre le prince, & tout retentit d'imprécations contre ses agens. Alors est condamné aux larmes le foible qui peut se résoudre à une vie misérable ; est armé d'un poignard, qu'il tourne contre lui-même ou contre son concitoyen, celui à qui la nature a donné une ame impatiente & forte. Alors sont anéantis l'esprit, les mœurs, la santé d'une nation ; l'esprit, par l'abattement & la douleur ; les mœurs, par la nécessité des ressources urgentes, toujours criminelles ou malhonnêtes ; la santé, par les mêmes suites qui naîtroient d'une disette générale & subite. Ministres souverains, comment l'image d'une pareille calamité pourroit-elle vous laisser tranquilles & sans remords ? S'il est un grand juge qui vous attende, comment oserez-vous paroître devant lui ? Quelle sentence en pourrez-vous espérer ? N'en doutez pas, ce sera celle que les malheureux que vous avez faits, & dont il étoit l'unique vengeur, auront invoquée sur vous. Maudits dans ce monde, vous le serez encore dans l'autre. Telle est la fin des emprunts ; jugez par-là de leur principe.

XII. Beaux arts & belles-lettres.

Après avoir examiné les pivots & les colonnes de toute société policée, jettons un coup-d'œil sur les ornemens & sur la décoration de l'édifice. Ce sont les beaux-arts & les belles-lettres.

La nature est le modele des uns & des autres. La voir & la bien voir ; la choisir ; la rendre scrupuleusement ; en corriger les défauts ; l'embellir ou en rapprocher les beautés éparses pour en former un tout merveilleux : ce font autant de talens infiniment rares. Quelques-uns peuvent naître avec l'homme de génie; d'autres font le produit de l'étude & des travaux de plusieurs grands hommes. On est sublime; mais on manque de goût. On a de l'imagination, de l'invention; mais on est fougueux, incorrect. Il se passe des siecles avant l'apparition d'un orateur, d'un poëte, d'un peintre, d'un statuaire en qui le jugement qui compte ses pas tempère la chaleur qui veut courir.

C'est principalement l'utilité qui a donné naissance aux lettres, & l'agrément aux beaux-arts.

Dans la Grece, ils furent enfans du sol même. Le Grec favorisé du plus heureux climat, avoit sans cesse sous les yeux le spectacle d'une nature merveilleuse, soit par ses charmes, soit par son horreur; des fleuves rapides; des montagnes escarpées; d'antiques forêts; des plaines fertiles; de riantes valées; des côteaux délicieux; la mer tantôt calme, tantôt agitée : tout ce qui échauffe l'ame, tout ce qui émeut & agrandit l'imagination. Imitateur scrupuleux, il la rendit d'abord telle qu'il la voyoit. Bientôt il mit du discernement entre les modèles. Les principales fonctions des membres lui en indiquerent les vices les plus grossiers qu'il corrigea. Il en sentit ensuite les moindres imperfections, qu'il corrigea encore; & ce fut ainsi qu'il s'éleva peu-à-peu au beau idéal, c'est-à-dire, au concept d'un être qui est possible peut-être, mais qui n'existe pas : car la nature ne fait rien de parfait. Rien n'y est régulier, & rien n'y est déplacé. Trop de causes conspirent en même tems au développement, je ne dis pas d'un animal entier, mais des moindres parties semblables d'un animal, pour qu'on y retrouve de la symmétrie. Le beau de la nature consiste dans un enchaînement rigoureux d'imperfections. On peut accuser le tout, mais dans ce tout, chaque partie est parfaitement ce qu'elle doit être. L'étude d'une fleur, de la branche d'un arbre, d'une feuille, suffit pour s'en assurer.

Ce fut par cette voie lente & pénible que la peinture & la sculpture arriverent à ce degré qui nous étonne dans le Gladiateur, dans l'Antinoüs, dans la Vénus de Médicis. Ajoutez à ces causes heureuses une langue harmonieuse dès son origine ; avant la naissance des arts, un poëte sublime, un poëte rempli d'images riantes & terribles ; l'esprit de la liberté ; l'exercice des beaux-arts interdits à l'esclave ; le commerce des artistes avec les philosophes ; leur émulation soutenue par des travaux, des récompenses & des éloges ; la vue continuelle du corps humain dans les bains & dans les gymnases, leçon assidue pour l'artiste, & principe d'un goût délicat dans la nation ; les vêtemens larges & fluents qui ne déformoient aucune partie du corps, en la serrant, en la gênant ;

des temples sans nombre à décorer des statues, des dieux & des déesses, & en conséquence un prix inestimable attaché à la beauté qui devoit servir de modèle; l'usage de consacrer par des monumens les actions mémorables & les grands hommes.

Homère avoit donné le ton à la poésie épique. Les jeux olympiques hâtèrent les progrès de la poésie lyrique, de la musique & de la tragédie. L'enchaînement des arts les uns avec les autres, influa sur l'architecture. L'éloquence prit de la grandeur & du nerf au milieu des intérêts publics.

Le Romain, imitateur des Grecs en tout genre, resta au-dessous de ses modèles : il n'en eut ni la grace, ni l'originalité. A côté de ses beautés réelles, on remarqua souvent l'effort d'un copiste habile, & c'étoit presque une nécessité. Si les chefs d'œuvre qu'il avoit sous les yeux eussent été anéantis, son génie abandonné à son propre élan & à son énergie naturelle, auroit, après quelques essais, après quelques écarts, poussé très-loin sa carriere; & ses ouvrages auroient eu un caractere de vérité qu'ils ne pouvoient avoir, exécutés moitié d'après nature, moitié d'après les productions d'une école dont l'esprit lui étoit inconnu. Il étoit devant ces originaux comme devant l'œuvre du créateur. On ignore comment il s'est fait.

Cependant un goût sévere présidoit à toutes les compositions de Rome. Il guidoit également les artistes & les écrivains. Leurs ouvrages étoient l'image ou la copie de la vérité. Le génie de l'invention, le génie de l'exécution ne franchissoient jamais les bornes convenables. Au milieu de l'abondance & des richesses, les graces étoient dispensées avec sagesse. Tout ce qui étoit au-delà du beau étoit habilement retranché.

C'est une expérience de toutes les nations & de tous les âges, que ce qui est arrivé à sa perfection ne tarde pas à dégénérer. La révolution est plus ou moins rapide, mais toujours infaillible. Chez les Romains, elle fut l'ouvrage de quelques écrivains ambitieux qui ne voyant point de jour à surpasser ou même à égaler leurs prédécesseurs, imaginerent de s'ouvrir une nouvelle carriere. A des plans fortement conçus, à des idées lumineuses & profondes, à des images pleines de noblesse, à des tours d'une grande énergie, à des expressions assorties à tous les sujets, on substitua l'esprit de saillie, des rapports plus singuliers que vrais, un contraste continuel de mots ou de pensées, un style rompu, décousu, plus piquant que naturel ; les défauts que produit le desir habituel de briller & de plaire. Les arts furent entrainés dans le même tourbillon ; ils furent outrés, maniérés, affectés comme l'éloquence & la poésie. Toutes les productions du génie porterent le même caractere de dégradation.

Elles en sortirent, mais pour tomber dans

une plus fâcheuse encore. Les premiers hommes auxquels il fut donné de cultiver les arts, se proposoient de faire des impressions vives & durables. Pour atteindre plus sûrement leur but, ils crurent devoir aggrandir tous les objets. Cette erreur, qui étoit une suite presque nécessaire de leur inexpérience, les poussa à l'exagération. Ce qu'on avoit fait d'abord par ignorance, fut renouvellé depuis par flatterie. Les empereurs qui avoient élevé une puissance illimitée sur les ruines de la liberté romaine, ne voulurent plus être de simples mortels. Pour satisfaire cet extravagant orgueil, il fallut leur donner les attributs de la divinité. Leurs images, leurs statues, leurs palais, tout s'éloigna des vraies proportions, tout devint colossal. Les nations se prosternerent devant ces idoles, & l'encens brûla sur leurs autels. Les peuples & les artistes entrainerent les poëtes, les orateurs & les historiens, dont la personne eût été exposée, dont les écrits auroient paru des satyres, s'ils se fussent renfermés dans les bornes du vrai, du goût & de la décence.

Tel étoit au midi de l'Europe, le déplorable état des arts & des lettres, lorsque des hordes barbares sorties des régions du Nord, anéantirent ce qui n'étoit que corrompu. Ces peuples, après avoir couvert les campagnes d'ossemens, après avoir jonché les provinces de cadavres, se jetterent avec la fureur qui leur étoit naturelle sur les villes. Ils renverserent de fond en comble plusieurs de ces superbes cités où étoit réuni ce que l'industrie, ce que le génie de l'homme avoit enfanté de plus parfait, les livres, les tableaux, les statues. Ceux de ces précieux monumens qu'on n'avoit pas détruits ou incendiés, étoient mutilés ou consacrés aux plus vils usages. Des ruines ou des cendres couvroient obscurément le peu qui avoit échappé à la dévastation. Rome même, plusieurs fois saccagée par des brigands féroces, étoit à la fin devenue leur repaire. Cette maîtresse des nations, si long-tems la terreur & l'admiration de l'univers, n'étoit plus qu'un objet de mépris ou de pitié. Au milieu des décombres de l'empire, quelques malheureux échappés au glaive ou à la famine, languissoient honteusement, esclaves de ces sauvages, dont ils avoient ignoré jusqu'au nom, ou qu'ils avoient enchaînés & foulés aux pieds.

L'histoire a conservé le souvenir de plusieurs peuples belliqueux, qui ayant subjugué des nations éclairées, en avoient adopté les mœurs, les loix & les connoissances. A la trop funeste époque qui nous occupe, ce furent les vaincus qui s'assimilerent bassement à leurs barbares vainqueurs. C'est que les lâches qui subissoient un joug étranger avoient beaucoup perdu des lumieres & du goût de leurs aïeux: c'est que le peu qui leur en restoit, n'étoit pas suffisant pour éclairer un conquérant, plongé dans l'ignorance la plus grossiere, & que des succès faciles avoient accoutumé à regarder les arts comme une occupation frivole, comme un instrument de servitude.

Avant ce siecle de ténebres, le christianisme avoit détruit en Europe les idoles de l'antiquité païenne, & n'avoit conservé quelques arts que pour servir de soutien à l'empire de la persuasion, & pour seconder la prédication de l'évangile. A la place d'une religion embellie, égayée par les divinités riantes de la Grece & de Rome, il avoit substitué des images de terreur & de tristesse, conformes aux tragiques événemens qui avoient signalé sa naissance & ses progrès. Les siecles gothiques nous ont laissé des monumens, où la hardiesse & la majesté respirent à travers les ruines du goût & de l'élégance. Tous ces temples furent bâtis en croix, couverts de croix, remplis de croix, décorés de scenes horribles & funebres, d'échafauds, de supplices, de martyrs, de bourreaux;

Que devinrent les arts, condamnés à effaroucher continuellement l'imagination par des spectacles de sang, de mort & d'enfer? Hideux comme leurs modeles; féroces comme les princes & les pontifes qui les employoient; bas & rampans comme les adorateurs de leurs ouvrages, ils épouvanterent les enfans dès le berceau ; ils aggraverent les horreurs du tombeau par une perspective éternelle d'ombres effrayantes ; ils attristerent la face de la terre.

Enfin le tems vint de diminuer ces échafaudages de la religion, de la police sociale ; & c'est la Grece qui nous l'apprit.

Cette contrée est aujourd'hui barbare & très-barbare. Elle gémit dans les fers & dans l'ignorance. Son climat & des ruines sont ce qui lui reste. Nul vestige d'urbanité, d'émulation, d'industrie. Plus d'entreprises pour le bien public, plus d'activité pour les productions du génie, plus de ferveur pour la restauration des arts, plus de zèle pour le recouvrement de la liberté. On ne songe ni à la gloire de Thémistocle & d'Alcibiade, ni aux talens de Sophocle & de Démosthene, ni aux lumieres de Licurgue & de Platon, ni à la politique de Pisistrate & de Periclès, ni aux travaux de Phidias & d'Apelle. Tout a subi le joug du despotisme, tout a péri ; & une nuit profonde couvre cette région, autrefois si féconde en merveilles.

Les esclaves qui marchent sur les débris des statues, des colonnes, des palais, des temples, des amphithéâtres, & qui foulent aveuglement tant de richesses, ont perdu jusqu'au souvenir des grandes choses dont leur patrie fut le théâtre. Ils ont dénaturé jusqu'aux noms des villes & des provinces.

On les voit surpris que le desir d'acquérir des connoissances ramene dans leurs foyers des savans ou des artistes. Devenus insensibles aux restes inappréciables de leur splendeur anéantie, ils desireroient au monde entier la même indifférence. Pour visiter ces lieux intéressans, il faut en acheter chèrement la permission, courir de grands risques, & s'appuyer encore de l'autorité.

Ces peuples, quoiqu'en proie durant dix ou douze siecles, dans l'intérieur de leur empire, à des guerres civiles, à des guerres religieuses, à des guerres scholastiques, & au-dehors exposés à des combats sanglans, à des invasions destructives, à des pertes continuelles, conservoient encore quelque goût & quelques lumieres; lorsque les disciples de Mahomet, qui armés du glaive & de l'alcoran avoient rapidement subjugué toutes les parties d'une si grande domination, s'emparerent de la capitale même.

A cette époque, les beaux-arts tournerent avec les lettres de la Grece en Italie, par la Méditerranée, qui faisoit commercer l'Asie avec l'Europe. Les Huns, sous le nom de Goths, les avoient chassés de Rome à Constantinople; ces mêmes Huns, sous le nom de Turcs, les repousserent de Constantinople à Rome. Cette ville, dont le destin étoit de dominer par la force ou par la ruse, accueillit & ressuscita les arts ensevelis sous des tombeaux antiques.

Des

Des murailles, des colonnes, des statues, des vases, sortirent de la poussiere des siecles & des ruines de l'Italie, pour servir de modele à la régénération des beaux-arts. Le génie, qui préside au dessin, éleva trois arts à la fois; je veux dire l'architecture, où la commodité même ordonna les proportions de la symmétrie, qui contribue au plaisir des yeux; la sculpture, qui flatte les rois & récompense les grands hommes; la peinture, qui perpétue le souvenir des belles actions & les soupirs des ames tendres. L'Italie seule eut plus de villes superbes, plus de magnifiques édifices, que tout le reste de l'Europe ensemble. Rome, Florence & Venise enfanterent trois écoles de peintres originaux. Tant le génie appartient à l'imagination, & l'imagination au climat. Si l'Italie eût possédé les trésors du Mexique & les productions de l'Asie, combien les arts se seroient encore plus enrichis de la découverte des deux Indes!

Cette région, autrefois féconde en héros, & depuis en artistes, vit refleurir les lettres, compagnes inséparables des arts. Elles étoient étouffées par le barbarisme continuel d'une latinité corrompue & défigurée par la religion. Un mélange de théologie Egyptienne, de philosophie Grecque, de poésie Hébraïque: telle étoit la langue latine dans la bouche des moines qui chantoient la nuit, enseignoient le jour des choses & des paroles qu'ils n'entendoient pas.

La mythologie des Romains fit renaître dans la littérature les graces de l'antiquité. L'esprit d'imitation les emprunta d'abord sans choix. L'usage amena le goût, dans l'emploi de ces richesses. Le génie italien, trop fécond pour ne pas créer, mêla ses hardiesses, ses caprices même aux regles & aux exemples de ses anciens maîtres ; les fictions de la féerie à celles de la fable. Les mœurs du siecle & le caractere national imprimerent leur teinte aux ouvrages de l'imagination. Pétrarque avoit peint cette beauté virginale & céleste qui servoit de modele aux héroïnes de la chevalerie. Armide fut l'emblême de la coquetterie qui régnoit alors en Italie. L'Arioste confondit tous les genres dans un ouvrage qu'on peut appeller un labyrinthe de poësie, plutôt qu'un poëme. Cet auteur sera dans l'histoire de la littérature, isolé, comme les palais enchantés qu'il a bâtis dans les déserts.

Les lettres & les arts, après avoir traversé les mers, franchirent les Alpes. De même que les croisades avoient apporté les romans Orientaux en Italie ; les guerres de Charles VIII & de Louis XII transporterent en France quelques germes de bonne littérature. François I, s'il ne fût pas allé disputer le Milanez à Charles-Quint, n'auroit peut-être jamais recherché le nom de *pere des lettres* : mais ces germes de culture & de lumiere, furent noyés dans des guerres de religion. On les recueillit, pour ainsi dire, dans le sang & le carnage ; & le tems vint où ils devoient éclorre & fructifier. Le seizieme siecle avoit été celui de l'Italie ; le suivant fut celui de la France, qui, par les victoires de Louis XIV, ou plutôt par le génie des grands hommes qui se rencontrerent en foule sous son regne, mérita de faire une époque dans l'histoire des beaux-arts.

Ainsi qu'en Italie, on vit en France le génie s'emparer à la fois de toutes les facultés de l'homme. Il respira dans le marbre & sur la toile ; dans les édifices & les jardins publics, comme dans l'éloquence & la poësie. Tout lui fut soumis, & les arts ingénieux qui dépendent de la main, & ceux qui sont uniquement du domaine de la pensée. Tout sentit son empreinte. Les couleurs visibles de la nature, vinrent animer les ouvrages de l'imagination, & les passions humaines vivifierent les desseins du crayon. L'homme donna de l'esprit à la matiere, & du corps à l'esprit. Mais, qu'on l'observe bien, ce fut dans un moment où l'amour de la gloire échauffoit une nation grande & puissante par la situation & l'étendue de son empire. L'honneur qui l'élevoit à ses propres yeux, qui la caractérisoit alors aux yeux de toute l'Europe, l'honneur étoit son ame, son instinct, & lui tenoit lieu de cette liberté qui avoit créé tous les arts du génie dans les républiques d'Athènes & de Rome; qui les avoit fait revivre dans celle de Florence; qui les forçoit de germer fur les bords nébuleux & froids de la Tamife.

Que n'eût pas fait le génie en France fous la feule influence des loix, s'il ofa de fi grandes chofes fous l'empire du plus abfolu des rois ? En voyant ce que le patriotifme a donné d'énergie aux Anglois, malgré l'inactivité du climat; jugez de ce qu'il auroit produit chez les François, où le ciel le plus doux invite un peuple vif & fenfible, à créer, à jouir ? Un pays où l'on trouve, comme autrefois en Grece, des efprits ardens & propres à l'invention fous un ciel qui les échauffe de fes plus beaux rayons: des bras nerveux, fous un climat où le froid même excite au travail: des provinces tempérées, entre le nord & le midi : des ports de mer fecondés par des fleuves navigables, de vaftes plaines abondantes en grains : des côteaux chargés de pampres & de fruits de toutes les efpeces: des falines qu'on peut multiplier à fon gré: des prairies couvertes de chevaux : des montagnes où croiffent les plus beaux bois : par-tout une terre peuplée d'hommes laborieux, les premieres reffources pour la fubfiftance, les matieres communes des arts, & les fuperfluités du luxe: en un mot, le commerce d'Athènes, l'induftrie de Corinthe, les foldats de Sparte, & les troupeaux d'Arcadie ? Avec tous ces avantages de la Grece, la France auroit porté les beaux-arts auſſi loin que cette mere du génie, ſi elle avoit eu les mêmes loix, le même exercice de la raiſon & de la liberté, créatrices des grands hommes, ſouveraines des grands peuples.

Après la ſupériorité de la législation, il n'a manqué peut-être aux nations modernes, pour égaler les anciennes dans les travaux de l'eſprit humain, que des langues plus heureuſes. Les Romains qui, comme les Grecs, connoiſſoient l'influence du dialecte ſur les mœurs, avoient recherché à étendre le leur avec leurs armes; & ils étoient parvenus à le faire adopter par-tout où ils avoient établi leur domination. A l'exception de quelques hommes obſcurs qui s'étoient réfugiés dans des montagnes inacceſſibles, l'Europe preſque entiere parloit latin. Mais l'invaſion des Barbares ne tarda pas à le dénaturer. Aux ſons tendres & harmonieux d'un idiome poli par le génie & par des organes délicats, ces peuples guerriers & chaſſeurs mêlerent les accens rudes, les expreſſions groſſieres qu'ils apportoient de leurs ſombres forêts, de leur âpre climat. Bientôt il y eut autant de jargons divers qu'il y avoit de gouvernemens. A la renaiſſance des lettres, ces jargons devoient prendre naturellement un ton plus élevé, une prononciation plus agréable. Cette amélioration ne ſe fit que très-lentement, parce que tous ceux qui ſe fentoient quelque talent pour écrire, dédaignant un langage sans grace, sans force, sans aménité, employerent bien ou mal dans leurs productions le langage des anciens Romains.

Ce furent les Italiens qui secouerent les premiers ce joug humiliant. Leur langue, avec du son, de l'accent & du nombre, a pris tous les caracteres de la poësie & tous les charmes de la musique. Ces deux arts l'ont consacrée aux délices de l'harmonie comme son plus doux organe.

La langue Françoise regne dans la prose. Si ce n'est pas le langage des dieux, c'est celui de la raison & de la vérité. La prose parle sur-tout à l'esprit dans la philosophie, l'étude constante de ces ames privilégiées de la nature, qui semblent placées entre les rois & les peuples pour instruire & diriger les hommes. Dans un tems où la liberté n'a plus de tribunes, ni d'amphithéâtres pour agiter de vastes assemblées, une langue qui se multiplie dans les livres, qui se fait lire chez toutes les nations, qui sert d'interprète commun à toutes les autres langues, & d'instrumens à toutes sortes d'idées : une langue anoblie, épurée, adoucie, & sur-tout fixée par le génie des écrivains & la politesse des courtisans, devient enfin universelle & dominante.

La langue angloise a produit aussi ses poëtes & ses prosateurs qui lui ont donné un caractere d'énergie & d'audace propre à l'immortaliser. Qu'on l'apprenne chez tous les peuples qui aspirent à n'être pas esclaves. Ils oseront penser, agir, & se gouverner eux-mêmes. Elle n'est pas la langue des mots, mais celle des idées ; & les Anglois n'en ont eu que de fortes. Ce sont eux qui ont dit les premiers, *la majesté du peuple* ; & ce seul mot consacre une langue.

L'Espagnol n'a proprement eu jusqu'à présent ni poésie, ni prose, avec une langue organisée pour exceller dans l'une & dans l'autre. Eclatante comme l'or pur, & sonore comme l'argent, sa marche est grave & mesurée comme la danse de sa nation ; elle est noble & décente comme les mœurs de l'antique chevalerie. Cette langue pourra soutenir un rang, acquérir même de la supériorité lorsqu'elle aura beaucoup d'écrivains, tels que Cervantez & Mariana. Quand son académie aura fait taire l'inquisition avec ses universités, cette langue s'élévera d'elle-même aux grandes idées, aux sublimes vérités où l'appelle la fierté naturelle du peuple qui la parle.

Avant toutes les autres langues vivantes, est l'Allemand, cette langue mere, originelle & indigene de l'Europe. C'est elle qui a formé l'Anglois & même le François par son mélange avec la langue latine. Mais peu faite, ce semble, pour les yeux & pour des organes polis, elle est restée dans la bouche du peuple sans oser entrer que bien tard dans les livres. Sa difette d'écrivains annonçoit un pays où les beaux-arts, la poéfie & l'éloquence ne devoient pas fleurir. Mais tout-à-coup le génie y a pris fon effor; & des poëtes originaux en plus d'un genre y font éclos en affez grand nombre, pour entrer en rivalité avec les autres nations.

Les langues ne pouvoient fe cultiver & fe polir jufqu'à un certain degré, fans que les arts de toute efpece ne fuiviffent ce degré de perfection. Auffi leurs monumens font-ils tellement multipliés en Europe, que la barbarie des fiecles & des peuples à venir aura de la peine à les détruire entierement.

Cependant comme l'efpece humaine n'eft qu'une matiere de fermentations & de révolutions, il ne faut qu'un génie ardent, un enthoufiafte, pour mettre de nouveau la terre en combuftion. Les peuples de l'Orient ou du Nord, foumis au defpotifme, font encore tout prêts à répandre leurs ténebres & leurs chaînes dans toute l'Europe. Ne fuffiroit-il pas d'une irruption des Turcs ou des Africains en Italie, pour y renverfer les temples & les palais, pour y confondre dans une ruine générale les idoles de la religion avec les chefs-d'œuvre des arts? Et nous aurions d'autant moins de courage pour défendre ces ouvrages de notre luxe, que nous y fommes plus attachés. Une ville qui a coûté deux fiecles à décorer, eft brûlée & saccagée en un jour. Un Tartare brisera peut-être, d'un seul coup de hache, cette statue de Voltaire que Pigalle n'aura pas achevée en dix ans : & nous travaillons encore pour l'immortalité, vains atômes poussés les uns par les autres dans la nuit d'où nous venons ! Peuples, artistes ou soldats, qu'êtes-vous entre les mains de la nature, que le jouet de ses loix, destinés tour-à-tour à mettre de la poussiere en œuvre, & cette œuvre en poussiere ?

Mais c'est par les arts que l'homme jouit de son existence, & qu'il se survit à lui-même. Les siecles d'ignorance ne sortent jamais du néant. Il n'en reste pas plus de trace après qu'avant leur époque. On ne peut dire le lieu & le tems où ils s'écoulerent, ni graver sur la terre d'un peuple barbare : C'EST ICI QU'IL FUT ; puisqu'il ne laisse pas même des ruines pour annales. L'invention seule donne à l'homme de la puissance sur la matiere & sur le tems. Le génie d'Homere a rendu les caracteres de la langue grecque ineffaçables. L'harmonie & la raison ont mis l'éloquence de Cicéron au-dessus de tous les orateurs sacrés. Les pontifes eux-mêmes, amollis, éclairés par la lumiere & le charme des arts, en les admirant & les protégeant, ont aidé l'esprit humain à briser les chaînes de la superstition. Le commerce a hâté les progrès de l'art par le luxe des richesses. Tous les efforts de l'esprit & de la main se sont réunis pour embellir & perfectionner la condition de l'espece humaine. L'industrie & l'invention, avec les jouissances du Nouveau - Monde, ont pénétré jusqu'au cercle polaire, & les beaux-arts tâchent de forcer la nature à Pétersbourg.

Les orateurs, les poëtes, les historiens, les peintres, les statuaires sont faits pour être les amis des grands hommes. Hérauts de leur renommée pendant qu'ils vivent, ils en sont les conservateurs éternels quand ils ne sont plus. En les portant à l'immortalité, ils y vont eux-mêmes. C'est par les uns & par les autres que les nations se distinguent entre les nations contemporaines. Après les avoir illustrées, les arts les enrichissent encore quand elles sont devenues indigentes. C'est Rome l'ancienne qui nourrit aujourd'hui la moderne Rome. Peuples qu'ils honorent dans le présent & dans l'avenir, honorez-les si vous n'êtes pas des ingrats. Vous passerez, mais leurs productions ne passeront pas. Le flambeau qui vous éclaire, le génie s'éteindra parmi vous si vous le négligez; & après avoir marché pendant quelques siecles dans les ténèbres, vous tomberez dans l'abyme de l'oubli qui a englouti tant de nations qui vous ont précédés, non parce qu'elles ont manqué de vertus, mais d'une voix sacrée qui les célébrât.

Gardez-vous sur-tout d'ajouter la persécution à l'indifférence. C'est bien assez qu'un écrivain brave le ressentiment du magistrat intolérant, du prêtre fanatique, du grand seigneur ombrageux, de toutes les conditions entêtées de leurs prérogatives, sans être encore exposé aux sévérités du gouvernement. Infliger au philosophe une peine infamante & capitale, c'est le condamner à la pusillanimité ou au silence ; c'est étouffer le génie ou le bannir ; c'est arrêter l'instruction nationale & le progrès des lumieres.

Ces réflexions sont, dira-t-on, d'un homme qui a bien résolu de parler sans ménagement des personnes & des choses ; des personnes, à qui l'on n'ose guere s'adresser avec franchise ; des choses, sur lesquelles un écrivain, doué d'un peu de sens, ne pense, ni ne s'exprime comme le vulgaire, & qui ne seroit pas fâché d'échapper à la proscription. Cela se peut ; & quel mal y auroit-il à cela ? Cependant, quoi qu'il en puisse arriver, jamais je ne trahirai l'honorable cause de la liberté. Si je n'en recueillois que des malheurs, ce que je ne crois, ni ne redoute, tant pis pour l'auteur de mon infortune. Pour un instant de ma durée dont il auroit disposé avec injustice & avec violence, il resteroit détesté pendant sa vie. Son nom passeroit aux siecles à venir couvert d'ignominie ; & cette sentence cruelle seroit indépendante du peu de valeur, du peu de mérite de mes productions.

XIII. Philosophie.

Au char des lettres & des arts, est attachée la philosophie qui devroit, ce semble, en tenir le timon : mais qui, n'arrivant qu'après eux, ne doit marcher qu'à leur suite. Les arts naissent des besoins même de la société, dans l'enfance de l'esprit humain. Les lettres sont les fleurs de sa jeunesse. Filles de l'imagination qui aime la parure, elles ornent tout ce qu'elles touchent ; & ce goût d'embellissement crée ce qu'on appelle proprement les beaux-arts ou les arts de luxe & de décoration qui polissent les premiers arts, enfans du besoin. C'est alors qu'on voit les génies ailés de la sculpture voler sur les portiques de l'architecture ; les génies de la peinture entrer dans les palais, y dessiner l'Olympe sur un plafond, y retracer sur la laine & sur la soie toutes les scenes animées de la campagne, y reproduire sur la toile les utiles vérités de l'histoire, & les agréables chimeres de la fable.

Quand l'esprit s'est exercé sur les plaisirs de l'imagination & des sens, la raison vient avec la maturité des empires donner aux nations une certaine gravité : c'est l'âge de la philosophie. Elle marche à pas lents & sans bruit, annonçant la vieillesse des empires qu'elle s'efforce en vain de soutenir. C'est elle qui forma le dernier siecle des belles républiques de la Grece & de Rome,

Athenes n'eut des philosophes qu'à la veille de sa ruine qu'ils semblerent prédire. Cicéron & Lucrèce n'écrivirent sur la nature des dieux & du monde, qu'au bruit des guerres civiles qui creuserent le tombeau de la liberté.

Cependant Thalès, Anaximandre, Anaximene, Anaxagore avoient jetté les germes de la physique dans leur théorie sur les élémens de la matiere : mais la manie des systêmes les détruisit les uns par les autres. Socrate vint, qui ramena la philosophie à la vraie sagesse, à la vertu : il n'aima, ne pratiqua, n'enseigna qu'elle; persuadé que l'homme n'a pas besoin de la science, mais des mœurs pour être heureux. Platon, son disciple, quoique physicien, quoique instruit des mysteres de la nature par ses voyages en Egypte, donna tout à l'ame & presque rien à la nature ; noya la philosophie dans la théologie, & la connoissance de l'univers dans les idées de la divinité. Aristote, disciple de Platon, parla moins de Dieu que de l'homme & des animaux. Son histoire naturelle est venue à la postérité : mais elle fut médiocrement estimée de ses contemporains. Épicure, qui vivoit à-peu-près dans le même tems, ressuscita les atômes de Démocrite, qui, sans doute, balancerent les quatre élémens d'Aristote ; & dans cet équilibre de systêmes, la physique ne put avancer d'un pas. Les moralistes entraînerent le peuple qui les entend mieux qu'il ne comprend les phyficiens. Ils formerent des écoles: car auſſi tôt que des opinions font du bruit, elles font des partis.

Dans ces circonſtances, la Grece agitée au-dedans d'elle-même, après s'être déchirée par une guerre inteſtine, fut ſubjuguée par la Macédoine, & diſſoute par les Romains. Alors, les calamités publiques tournerent les eſprits & les cœurs vers la morale. Zenon & Démocrite, qui n'avoient été que des philoſophes naturaliſtes, devinrent long-tems après leur mort, les chefs de deux ſectes de moraliſtes, plus théologiens que phyſiciens, plus caſuiſtes que philoſophes; ou plutôt la philoſophie fut livrée & reſtreinte aux ſophiſtes. Les Romains qui avoient tout pris aux Grecs, ne découvrirent rien dans le véritable champ de la philoſophie. Chez les anciens, elle fit peu de progrès, parce qu'elle fut preſque entièrement bornée à la morale. Chez les modernes, ſes premiers pas ont été plus heureux, parce qu'ils ont été guidés par le flambeau de la phyſique.

Il ne faut pas compter un intervalle de près de mille ans, où la philoſophie, les ſciences, les lettres & les arts ont dormi dans le tombeau de l'empire Romain, parmi les cendres de l'antique Italie & la pouſſiere des cloîtres. L'Aſie en conſervoit les monumens ſans en jouir; & l'Europe, quelques débris ſans les connoître. Le monde étoit chrétien ou mahométan, enseveli par-tout dans le sang des nations. L'ignorance seule triomphoit sous l'étendard de la croix ou du croissant. Devant ces signes redoutés, tout genou fléchissoit, & tout esprit trembloit.

La philosophie balbutioit dans une enfance continuelle les noms de Dieu & de l'ame. Elle s'occupoit des seules choses qu'elle devoit toujours ignorer. Elle perdoit le tems, la raison & tous ses travaux dans des questions du-moins oiseuses, la plupart vuides de sens, indéfinissables, interminables par la nature de leur objet, source éternelle de disputes, de scissions, de sectes, de haines, de persécutions, de guerres nationales ou religieuses.

Cependant, les Arabes conquérans menoient, comme en triomphe, les dépouilles du génie & de la philosophie. Aristote s'étoit entre leurs mains, sauvé des ruines de l'ancienne Grece. Ces destructeurs des empires avoient quelques sciences, dont ils étoient les créateurs. Le calcul étoit de leur invention. L'astronomie & la géométrie alloient avec eux sur les côtes de l'Afrique, qu'ils dévastoient & repeuploient. La médecine les suivit par-tout. Cette science, qui n'a rien de meilleur peut-être que son affinité avec la chymie & la physique, les rendit aussi fameux que l'astrologie, autre appui de la charlatanerie. Avicenne & Averroès, médecins, mathématiciens & philosophes, conserverent la tradition des véritables sciences, par des traductions & des commentaires. Mais imaginez ce qu'Aristote, traduit du Grec en Arabe, & depuis eux, d'Arabe en Latin, dut devenir entre les mains des moines qui voulurent concilier la philosophie du paganisme avec les codes Hébraïques de Moïse & de Jesus ? Cette confusion des systèmes, des idées & des langues, arrêta long-tems l'édifice des sciences. Le théologien renversoit les matériaux qu'apportoit le philosophe. Celui-ci sappoit par les fondemens l'édifice de son rival. Cependant, avec quelques pierres de l'un, beaucoup de sable de l'autre, de méchans architectes bâtirent un monument gothique & bizarre : c'est la philosophie de l'école. Toujours refaite, étayée & recrépie de siecle en siecle, par des métaphysiciens Irlandois ou Espagnols, elle se soutint à-peu-près jusqu'à la découverte du Nouveau-Monde, qui devoit changer la face de l'ancien.

La lumiere naquit au sein des ténebres. Un moine Anglois cultiva la chymie ; & préparant l'invention de la poudre, qui devoit soumettre l'Amérique à l'Europe, il ouvrit la porte aux vraies sciences par la physique expérimentale. Ainsi la philosophie sortit du cloître, & l'ignorance y resta. Quand Bocace eut mis au jour les débauches du clergé séculier & régulier, Galilée osa deviner la figure de la terre. La superstition en fut effrayée ; elle jetta ses cris ; elle lança ses foudres : mais la philosophie arracha le masque du monstre, & le voile dont étoit couverte la vérité. On sentoit bien la foiblesse & le mensonge des opinions populaires, sur quoi portoit la base de l'édifice social, mais pour détrôner l'erreur, il falloit connoître les loix de la nature, & la cause de ses phénomenes. C'est ce que chercha la philosophie.

Dès que Copernic fut mort, après avoir conjecturé, par la raison, que le soleil étoit au centre du monde, Galilée naquit & confirma, par l'invention du télescope, le vrai système d'astronomie, ignoré ou mis en oubli depuis Pythagore qui l'avoit imaginé. Tandis que Gassendi remuoit les élémens de la philosophie ancienne ou les atomes d'Epicure, Descartes agitoit & combinoit les élémens d'une nouvelle philosophie, ou ses tourbillons ingénieux & subtils. Presque en même tems, Toricelli inventoit, à Florence, le thermometre pour peser l'air ; Pascal mesuroit la hauteur de l'athmosphere sur les montagnes d'Auvergne, & Bayle, en Angleterre, vérifioit & constatoit les expériences de l'un & de l'autre.

Descartes avoit appris à douter, pour détromper avant d'instruire. Son doute méthodique fut le plus grand instrument de la science, & le service le plus signalé qu'on pût rendre à l'esprit humain, dans les ténebres & les chaînes dont il étoit enveloppé. Bayle, en appliquant cette méthode aux opinions les plus consacrées par l'autorité de la force & du tems, a fait sentir depuis l'importance du doute.

Le chancelier Bacon, philosophe & malheureux à la cour, comme le moine Bacon l'avoit été dans le cloître; comme lui précurseur plutôt que législateur de la nouvelle philosophie, avoit protesté contre les préjugés des sens, des écoles; contre ces phantômes qu'il appelloit les idoles de l'entendement. Il avoit prédit les vérités qu'il ne pouvoit révéler. D'après ses oracles, tandis que la philosophie expérimentale découvroit des faits, la philosophie rationelle cherchoit les causes.

L'une & l'autre conduisoient à l'étude des mathématiques, qui devoient diriger les efforts de l'esprit, & assurer ses succès. Ce fut, en effet, la science de l'algèbre appliquée à la géométrie, & l'application de la géométrie à la physique, qui fit soupçonner à Newton le vrai système du monde. En levant les yeux au ciel, il vit dans la chûte des corps sur la terre, il vit entre les mouvemens des astres, des rapports, qui supposoient un principe universel différent de l'impulsion, seule cause visible de tous les mouvemens. En étudiant l'optique après l'astronomie, il conjectura l'origine de la lumiere; & les expériences où l'entraîna cette conjecture, la changerent en système.

Quand Descartes mourut, Newton & Leibnitz étoient à peine nés, pour achever, corriger & perfectionner son ouvrage, c'est-à-dire, l'établissement de la bonne philosophie. Ces deux hommes seuls en hâterent prodigieusement les progrès. L'un poussa la science de Dieu & de l'ame aussi loin que la raison peut la conduire; & l'inutilité de ses efforts désabusa pour jamais l'esprit humain de cette fausse métaphysique. L'autre étendit les principes de la physique & des mathématiques beaucoup plus avant que le génie de plusieurs siecles n'avoit pu les amener, & montra le chemin de la vérité. En même tems, Locke, précédé d'un homme à qui la nature avoit accordé une force de tête peu commune & qui étoit resté dans l'obscurité par la hardiesse même de ses principes qui auroit dû l'en tirer, je veux parler de Hobbes, Locke poursuivoit les préjugés scientifiques dans tous les retranchemens de l'école; il faisoit évanouir tous les spectres de l'imagination, que Mallebranche laissoit renaitre en les abaissant, parce qu'il n'alloit pas à la racine du mal.

Ne croyez pas que les philosophes seuls aient tout découvert & tout imaginé. C'est le cours des évènemens qui a donné une certaine pente aux actions & aux pensées de l'homme. Une complication de causes physiques ou morales, un enchainement des progrès de la politique avec les progrès des études & des sciences, un mélange de circonstances impossibles à hâter comme à prévoir, a dû concourir à la révolution qui s'est faite dans les esprits. Chez les nations comme dans l'individu, le corps & l'ame agissent & réagissent tour-à-tour l'un sur l'autre. Le peuple entraîne les philosophes, & les philosophes menent le peuple. Galilée avoit dit que la terre tournant autour du soleil, il devoit y avoir des antipodes; & Drake l'avoit prouvé par un voyage autour du monde. L'église se disoit universelle; le pape se disoit le maître de la terre; & plus des deux tiers de ses habitans ignoroient qu'il y eût une religion catholique, & sur-tout qu'il y eût un pape. Des Européens qui voyageoient par-tout & commerçoient par-tout, apprirent à l'Europe qu'une partie de la terre vivoit dans les visions de Mahomet, & une plus grande partie encore dans les ténebres de l'idolâtrie, ou dans *l'inscience & l'incuriosité* de l'athéisme. Ainsi la philosophie étendoit l'empire des connoissances humaines, par la découverte des erreurs de la superstition & des vérités de la nature.

L'Italie, dont le génie impatient s'élançoit à travers les obstacles qui l'environnoient, fonda la premiere une académie de physique. La France & l'Angleterre, qui devoient s'aggrandir par leur rivalité même, éleverent à la fois deux monumens éternels à l'accroissement de la philosophie ; deux académies où tous les savans de l'Europe vont puiser & verser leurs lumieres. C'est de-là que sont émanés dans le monde une foule de mysteres de la nature, d'expériences & de phénomenes, de découvertes dans les arts & dans les sciences ; les secrets de l'électricité, les causes de l'aurore boréale. C'est de-là que sont sortis les instrumens & les moyens pour purifier l'air dans les vaisseaux ; pour rendre potable l'eau de la mer ; pour déterminer la figure de la terre & fixer les longitudes ; pour perfectionner l'agriculture, & donner plus de grain avec moins de semence & de peine.

Aristote avoit régné dix siecles dans toutes les écoles de l'Europe ; & les chrétiens, après avoir perdu les traces de la raison, n'avoient pu la trouver que sur ses pas. Long-tems même ils s'étoient égarés à la suite de ce philosophe, parce qu'ils y marchoient à tâtons dans les ténebres de la théologie. Mais enfin Descartes avoit donné le fil, & Newton des aîles, pour sortir de ce labyrinthe. Le doute avoit dissipé les préjugés, & l'analyse avoit trouvé la vérité. Après les deux Bacons, Galilée, Descartes, Hobbes, Locke, Bayle, Leibnitz & Newton ; après les mémoires des académies de Florence & de Leipsick, de Paris & de Londres, il restoit un grand ouvrage à faire, pour la perpétuité des sciences & de la philosophie. Il a paru.

Ce livre, qui contient toutes les erreurs & les vérités qui sont sorties de l'esprit humain depuis la théologie jusqu'à l'insectologie ; tous les ouvrages de la main de l'homme, depuis le vaisseau jusqu'à l'épingle : ce dépôt des lumieres des nations, qui auroit été moins imparfait s'il n'eût été exécuté au milieu de toutes les sortes de persécutions & d'obstacles ; ce dépôt caractérisera, dans les siecles à venir, le siecle de la philosophie.

Après tant de bienfaits, elle devroit tenir lieu de la divinité sur la terre. C'est elle qui lie, éclaire, aide & soulage les humains. Elle leur donne tout, sans en exiger aucun culte. Elle leur demande, non pas le sacrifice de leurs passions, mais un emploi juste, utile & modéré de toutes leurs facultés. Fille de la nature, dispensatrice de ses dons, interprète de ses droits, elle consacre ses lumieres & ses travaux à l'usage de l'homme. Elle le rend meilleur, pour qu'il soit plus heureux. Elle ne hait que la tyrannie & l'imposture, parce qu'elles foulent le monde. Elle ne veut point régner, mais elle exige que ceux qui régnent n'aiment à jouir que de la félicité publique. Elle fuit le bruit & le nom des sectes, mais elle les tolere toutes. Les aveugles & les méchans la calomnient ; les uns ont peur de voir, les autres d'être vus : ingrats, qui se soulevent contre une mere tendre, quand elle veut les guérir des erreurs & des vices qui font les calamités du genre-humain.

Cependant, la lumiere gagne infenfiblement un plus vaste horifon. Une espece d'empire s'est formé, celui de la littérature, qui commence & prépare la république Européenne. Si jamais, en effet, la philofophie peut s'infinuer dans l'ame des fouverains ou de leurs miniftres, les fiftêmes de politique s'aggrandiront, & feront fimplifiés. On aura plus d'égard à l'humanité dans tous les projets; le bien public entrera dans les négociations, non comme un mot, mais comme une chofe utile, même aux rois.

Déja l'imprimerie a fait des progrès qu'on ne fauroit arrêter dans un Etat, fans reculer la nation pour vouloir avancer l'autorité du gouvernement. Les livres éclairent la multitude, humanifent les hommes puiffans, charment le loifir des riches, inftruifent toutes les claffes de la fociété. Les fciences perfectionnent les différentes branches de l'économie politique. Les erreurs même des efprits fyftématiques fe diffipent au grand jour de l'impreffion, parce que le raifonnement & la difcuffion les mettent au creufet de la vérité.

Le commerce des lumieres eft devenu néceffaire à l'induftrie, & la littérature feule entretient cette communication. La lecture d'un voyage autour du monde, a occafionné, peut-être, les autres tentatives de ce genre : car l'intérêt feul ne fait pas trouver les moyens d'entreprendre. Aujourd'hui, rien ne se peut cultiver sans quelque étude, ou sans des connoissances transmises & répandues par la lecture. Les princes eux-mêmes n'ont recouvré leurs droits sur les usurpations du clergé, qu'à la faveur des lumieres qui ont détrompé le peuple des abus de toute puissance spirituelle.

Mais la plus grande folie de l'esprit humain, seroit d'avoir employé toutes ses forces à augmenter le pouvoir des monarques & à rompre plusieurs chaînes pour forger de leurs débris celle du despotisme. Le même courage que la religion inspire pour soustraire la conscience à la tyrannie exercée sur les opinions, l'homme de bien, le citoyen, l'ami du peuple, doit l'avoir, pour garantir les nations de la tyrannie des puissances conjurées contre la liberté du genre-humain. Malheur à l'état où il ne se trouveroit pas un seul défenseur du droit public ! Bientôt ce royaume se précipiteroit, avec sa fortune, son commerce, ses princes & ses citoyens, dans une anarchie inévitable. Les loix, les loix pour sauver une nation de sa perte, & la liberté des écrits pour sauver les loix ! Mais quel est le fondement & le rempart des loix ! Les mœurs.

XIV. Morale.

Depuis trop long-tems on cherche à dégrader l'homme. Ses détracteurs en ont fait un monstre. Dans leur humeur, ils l'ont accablé d'outrages. La coupable satisfaction
de

de le rabaisser a seule conduit leurs noirs crayons. Qui es-tu donc, toi, qui oses insulter ainsi ton semblable ? Quel sein te donna le jour ? Est-ce au fond de ton cœur que tu puisas tant de blasphêmes ? Si ton orgueil eût été moins aveugle ou ton caractere moins féroce, barbare ! tu n'aurois vu qu'un être toujours foible, souvent séduit par l'erreur, quelquefois égaré par l'imagination, mais sorti des mains de la nature avec des penchans honnêtes.

L'homme naît avec un germe de vertu, quoiqu'il ne naisse pas vertueux. Il ne parvient à cet état sublime qu'après s'être étudié lui-même, qu'après avoir connu ses devoirs, qu'après avoir contracté l'habitude de les remplir. La science qui conduit à ce haut degré de perfection s'appelle morale. C'est la règle des actions, & si l'on peut s'exprimer ainsi, l'art de la vertu. On doit des encouragemens, on doit des éloges à tous les travaux entrepris pour écarter les maux qui nous assiègent, pour augmenter la masse de nos jouissances, pour embellir le songe de notre vie, pour élever, pour perfectionner, pour illustrer notre espéce. Bénis, & bénis soient à jamais ceux dont les veilles ou le génie ont procuré au genre humain quelqu'un de ces avantages. Mais la premiere couronne sera pour le sage dont les écrits touchans & lumineux auront eu un but plus noble, celui de nous rendre meilleurs.

Tome X.

L'espoir d'une si grande gloire a enfanté des productions sans nombre. Que de livres inutiles ! Que de livres même pernicieux ! Ils sont la plupart l'ouvrage des prêtres & de leurs disciples, qui, ne voulant pas voir que la religion ne devoit considérer les hommes que dans leurs rapports avec la divinité, il falloit chercher une autre base aux rapports que les hommes avoient entre eux. S'il y a une morale universelle, elle ne peut être l'effet d'une cause particuliere. Elle a été la même dans les tems passés, elle sera la même dans les siecles à venir ; elle ne peut avoir donc pour base les opinions religieuses, qui, depuis l'origine du monde & d'un pole à l'autre, ont toujours varié. Les Grecs ont eu des dieux méchans ; les Romains ont eu des dieux méchans ; l'adorateur stupide du fétiche adore plutôt un diable qu'un dieu. Chaque peuple se fit des dieux, & les fit comme il lui plut ; les uns bons, & les autres cruels ; les uns débauchés, & les autres de mœurs austeres. On diroit que chaque peuple a voulu déifier ses passions & ses opinions. Malgré cette diversité de systèmes religieux & de cultes, toutes les nations ont senti qu'il falloit être juste. Toutes les nations ont honoré comme des vertus, la bonté, la commisération, l'amitié, la fidélité, la sincérité, la reconnoissance, l'amour de la patrie, la tendresse paternelle, le respect filial ; tous les sentimens, enfin, qu'on peut regarder comme autant de liens propres à unir plus étroitement les hommes. L'origine de cette unanimité de jugement si constante & si générale, ne devoit donc pas être cherchée au milieu d'opinions contradictoires & passageres. Si les ministres de la religion ont paru penser autrement, c'est que par leur systême, ils devenoient les maîtres de régler toutes les actions des hommes; ils disposoient de toutes les fortunes, de toutes les volontés, ils s'assuroient au nom du ciel, le gouvernement arbitraire de la terre. Leur empire étoit si absolu, qu'ils étoient parvenus à établir une morale barbare, qui mettoit les seuls plaisirs qui fassent supporter la vie au rang des plus grands forfaits; une morale abjecte qui imposoit l'obligation de se plaire dans l'humiliation & dans l'opprobre; une morale extravagante qui menaçoit des mêmes supplices, & les foiblesses de l'amour & les actions les plus atroces; une morale superstitieuse qui enjoignoit d'égorger sans pitié tout ce qui s'écartoit des opinions dominantes; une morale puérile qui fondoit les devoirs les plus essentiels sur des contes également dégoutans & ridicules; une morale intéressée qui n'admettoit de vertus que celles qui étoient utiles au sacerdoce, ni de crimes, que ce qui leur étoit contraire. Si les prêtres eussent seulement encouragé les hommes à l'observation de la morale naturelle par l'espérance ou par la crainte des récompenses & des peines futures, ils auroient bien mérité des sociétés : mais, en voulant soutenir par la violence des dogmes utiles qui ne s'étoient introduits que par la voie douce de la persuasion, ils ont dérangé le bandeau qui voiloit les profondeurs de leur ambition. Le masque est tombé.

Il y a plus de deux mille ans que Socrate, étendant un voile au-dessus de nos têtes, avoit prononcé que rien de ce qui se passoit au-delà du voile ne nous importoit, & que les actions des hommes n'étoient pas bonnes, parce qu'elles plaisoient aux dieux, mais qu'elles plaisoient aux dieux, parce qu'elles étoient bonnes : principe qui isoloit la morale de la religion.

En effet, au tribunal de la philosophie & de la raison, la morale est une science, dont l'objet est la conservation & le bonheur commun de l'espece humaine. C'est à ce double but que ses regles doivent se rapporter. Leur principe physique, constant & éternel, est dans l'homme même, dans la similitude d'organisation qui entraîne celle des mêmes besoins, des mêmes plaisirs, des mêmes peines, de la même force, de la même foiblesse; source de la nécessité de la société, ou d'une lutte commune contre les dangers communs & naissans du sein de la nature même, qui menace l'homme de cent côtés différens. Voilà l'origine des liens particuliers & des vertus domestiques; voilà l'origine des liens généraux & des vertus publiques ; voilà la source de la notion d'une utilité personnelle & générale ; voilà la source de tous les pactes individuels & de toutes les loix.

Il n'y a proprement qu'une vertu, c'est la justice ; & qu'un devoir, c'est de se rendre heureux. L'homme vertueux est celui qui a les notions les plus exactes de la justice & du bonheur, & qui y conforme le plus rigoureusement sa conduite. Il y a deux tribunaux, celui de la nature & celui des loix. L'un connoit des délits de l'homme contre ses semblables ; l'autre des délits de l'homme contre lui-même. La loi châtie les crimes ; la nature châtie les vices. La loi montre le gibet à l'assassin ; la nature montre, ou l'hydropisie ou la phthisie à l'intempérant.

Beaucoup d'écrivains ont cherché les premiers principes de la morale dans les sentimens d'amitié, de tendresse, de compassion, d'honneur, de bienfaisance, parce qu'ils les trouvoient gravés dans le cœur humain. Mais n'y trouvoient-ils pas aussi la haine, la jalousie, la vengeance, l'orgueil, l'amour de la domination ? Pourquoi donc ont-ils plutôt fondé la morale sur les premiers sentimens que sur les derniers ? C'est qu'ils ont compris que les uns tournoient au profit commun de la société, & que les autres lui seroient funestes. Ces philosophes ont senti la nécessité de la morale, ils ont entrevu ce qu'elle devoit être : mais ils n'en ont pas saisi le premier principe, le principe fondamental. En effet, les mêmes sentimens qu'ils adoptent pour fondement de la morale, parce qu'ils leur paroissent utiles au bien général, abandonnés à eux-mêmes, pourroient être très-nuisibles. Comment se déterminer à punir le coupable, si l'on n'écoutoit que la compassion ? Comment se défendre des partialités, si l'on ne prenoit conseil que de l'amitié ? Comment ne pas favoriser la paresse, si l'on ne consultoit que la bienfaisance ? Toutes ces vertus ont un terme, au-delà duquel elles dégénerent en vices ; & ce terme est marqué par les regles invariables de la justice par essence, ou, ce qui revient au même, par l'intérêt commun des hommes réunis en société, & par l'objet constant de cette réunion.

Est-ce pour lui-même qu'on érige en vertu le courage ? Non, c'est à cause de l'utilité dont il est pour la société. La preuve en est qu'on le punit comme vice dans l'homme qui s'en sert pour troubler l'ordre public. Pourquoi la crapule est-elle un vice ? parce que chaque citoyen est tenu de concourir à l'utilité commune, & qu'il a besoin, pour remplir cette obligation du libre exercice de ses facultés. Pourquoi certaines actions sont-elles plus blâmables dans un magistrat ou un général que dans un particulier ? c'est qu'il en résulte de plus grands inconvéniens pour la société.

Les obligations de l'homme isolé me sont inconnues. Je n'en vois ni l'origine ni le terme. Puisqu'il vit seul, il a droit de ne vivre que pour lui seul. Nul être n'est en droit d'exiger de lui des secours qu'il n'implore pas. C'est tout le contraire pour celui qui vit dans l'état social. Il n'est rien par lui-même. C'est ce qui l'entoure qui le soutient. Ses possessions, ses jouissances, ses forces, & jusqu'à son existence, il doit tout au corps politique auquel il appartient.

Les maux de la société deviennent les maux du citoyen. Il court risque d'être écrasé, quelque partie de l'édifice qui s'écroule. L'injustice qu'il commet, le menace d'une injustice semblable. S'il se livre au crime, d'autres pourront devenir criminels à son préjudice. Il doit donc tendre constamment au bien général, puisque c'est de cette prospérité que dépend la sienne.

Qu'un seul s'occupe de ses intérêts, sans s'embarrasser de l'intérêt public ; qu'il s'exempte du devoir commun sous prétexte que les actions d'un particulier ne peuvent pas avoir une influence marquée sur l'ordre général, d'autres auront des volontés aussi personnelles. Alors tous les membres de la république seront à leur tour bourreaux & victimes. Chacun nuira & recevra des dommages ; chacun dépouillera & sera dépouillé ;

chacun frappera & sera frappé. Ce sera un État de guerre de tous contre tous. L'État sera perdu, & les citoyens seront perdus avec l'État.

Les premiers hommes qui se réunirent ne saisirent pas d'abord sans doute l'ensemble de ces vérités. Pénétrés du sentiment de leur force, c'est d'elle vraisemblablement qu'ils voulurent tout obtenir. Des calamités répétées les avertirent avec le tems de la nécessité des conventions. Les obligations réciproques s'accrurent à mesure que le besoin s'en fit sentir. Ainsi ce fut avec la société que commença le devoir.

Le devoir peut donc être défini, l'obligation rigoureuse de faire ce qui convient à la société. Il renferme la pratique de toutes les vertus, puisqu'il n'en est aucune qui ne soit utile au corps politique; il exclut tous les vices, puisqu'il n'en est aucun qui ne lui soit nuisible.

Ce seroit raisonner pitoyablement que de se croire en droit de mépriser avec quelques cœurs pervers, toutes les vertus, sous prétexte qu'elles ne sont que des institutions de convenance. Malheureux, tu vivrois dans cette société qui ne peut subsister sans elles; tu jouirois des avantages qui en sont le fruit, & tu te croirois dispensé de les pratiquer, même de les estimer. Eh! quel pourroit être leur objet, si elles étoient sans relation avec les hommes ? Eût-on accordé ce beau nom à des actes purement stériles ? C'est leur nécessité qui en fait l'essence & le mérite.

Le maintien de l'ordre, encore une fois, constitue donc toute la morale. Ses principes sont constans & uniformes : mais leur application varie quelquefois à raison du climat & de la situation locale ou politique des peuples. En général la polygamie est plus naturelle aux pays chauds qu'aux pays froids. Cependant les circonstances du tems dérogeant à la loi du climat, peuvent ordonner la monogamie dans une isle d'Afrique, & permettre la polygamie au Kamtschatka, si l'une est un moyen d'arrêter l'excès de la population à Madagascar, & l'autre d'en hâter les progrès sur les côtes de la mer glaciale. Mais rien ne peut autoriser l'adultere & la fornication dans ces deux zones, quand les conventions ont établi les loix du mariage ou de la propriété dans l'usage des femmes.

Il en est de même pour les terres & pour les biens. Ce qui est larcin dans un état où la propriété se trouve justement répartie, devient usufruit dans un état où les biens sont en commun. Ainsi le vol & l'adultere n'étoient pas permis à Sparte ; mais le droit public y permettoit ce qu'on regarde ailleurs comme vol & comme adultere. Ce n'étoit pas la femme & le bien d'autrui qu'on prenoit alors : mais la femme & le bien de tous, quand les loix accordoient pour récompense à l'adresse ce qu'elle pouvoit se procurer.

Par-tout on connoît le juste & l'injuste : mais on n'a pas attaché universellement ces idées aux mêmes actions. Dans les pays chauds où le climat ne demande point de vêtemens, les nudités n'offensent point la pudeur : mais l'abus, quel qu'il soit, du commerce des sexes, les attentats précoces sur la virginité sont des crimes qui doivent révolter. Dans l'Inde où tout fait une vertu de l'acte même de la génération, c'est une cruauté d'égorger la vache qui nourrit l'homme de son lait, de détruire les animaux dont la vie n'est point nuisible ni la mort utile à l'espece humaine. L'Iroquois ou le Huron qui tuent leur pere d'un coup de massue, plutôt que de l'exposer à mourir de faim, ou sur le bûcher de l'ennemi, croient faire un acte de pitié filiale, en obéissant aux dernieres volontés de ce pere qui leur demande la mort comme une grace. Les moyens les plus opposés en apparence tendent tous également au même but, au maintien, à la prospérité du corps politique.

Voilà cette morale universelle qui tenant à la nature de l'homme, tient à la nature des sociétés : cette morale qui peut bien varier dans ses applications, mais jamais dans son essence : cette morale enfin à laquelle toutes les loix doivent se rapporter, se subordonner. D'après cette regle commune de toutes nos actions publiques & privées, voyons s'il y a jamais eu, s'il peut y avoir de bonnes mœurs en Europe.

Nous vivons sous trois codes, le code naturel, le code civil, le code religieux. Il est évident que tant que ces trois sortes de législations seront contradictoires entr'elles, il est impossible qu'on soit vertueux. Il faudra tantôt fouler aux pieds la nature, pour obéir aux institutions sociales, & les institutions sociales, pour se conformer aux préceptes de la religion. Qu'en arrivera-t-il ? C'est qu'alternativement infracteurs de ces différentes autorités, nous n'en respecterons aucune ; & que nous ne serons ni hommes, ni citoyens, ni pieux.

Les bonnes mœurs exigeroient donc une réforme préliminaire qui réduisît les codes à l'identité. La religion ne devroit nous défendre ou nous prescrire que ce qui nous seroit prescrit ou défendu par la loi civile, & les loix civiles & religieuses se modeler sur la loi naturelle qui a été, qui est, & qui sera toujours la plus forte. D'où l'on voit que le vrai législateur est encore à naître ; que ce ne fut ni Moïse, ni Solon, ni Numa, ni Mahomet, ni même Confucius ; que ce n'est pas seulement dans Athenes, mais par toute la terre qu'on a prescrit aux hommes, non la meilleure législation qu'on pouvoit leur donner, mais la meilleure qu'ils pouvoient recevoir ; & qu'à ne considérer que la morale, ils seroient peut-être moins éloignés du bien, s'ils étoient restés sous l'état simple & innocent de certains sauvages : car rien n'est si difficile que de déraciner des préjugés invétérés & sanctifiés. Pour celui qui projette un grand édifice, il vaut mieux une aire unie, qu'une aire couverte de mauvais matériaux entassés sans méthode & sans plan, & malheureusement liés par les cimens les plus durables, ceux du tems, de l'usage & de l'autorité souveraine & des prêtres. Alors le sage ne travaille qu'avec timidité, court plus de risque, & perd plus de tems à démolir qu'à construire.

Depuis l'invasion des barbares dans cette partie du monde, presque tous les gouvernemens n'ont eu pour base que l'intérêt d'un seul homme ou d'un seul corps, au préjudice de la société générale. Fondés sur la conquête, ouvrage de la force, ils n'ont varié que dans la maniere d'asservir les peuples. D'abord la guerre en fit des victimes, vouées au glaive de leurs ennemis ou de leurs maîtres. Que de siecles s'écoulerent dans le sang & le carnage des nations, c'est-à-dire dans la distribution des empires, avant que les conditions de la paix eussent divinisé cet état de guerre inteſtine, qu'on appella ſociété ou gouvernement !

Quand le gouvernement féodal eut à jamais exclu ceux qui labouroient la terre du droit de la poſſéder ; quand, par une colluſion ſacrilege entre l'autel & le trône, on eut aſſocié Dieu à l'épée, que faiſoit la morale de l'évangile, qu'enhardir la tyrannie par l'obéiſſance paſſive ; que cimenter l'eſclavage par le mépris des ſciences ; qu'ajouter enfin à la crainte des grands, la crainte des démons ? Et qu'étoient les mœurs avec de telles loix ? Ce qu'elles ſont de nos jours en Pologne, où le peuple, ſans terres & ſans armes, ſe laiſſe hacher par les Ruſſes, enrôler par les Pruſſiens ; & n'ayant ni vigueur, ni ſentiment, croit qu'il ſuffit d'être chrétien, & reſte neutre entre ſes voiſins & ſes Palatins.

A un ſemblable état d'anarchie, où les mœurs ne prirent ni caractere, ni ſtabilité, ſuccéda l'épidémie des guerres ſaintes où les nations ſe pervertirent & ſe dégraderent, en ſe communiquant la contagion des vices avec celle du fanatiſme. On changea de mœurs, pour avoir changé de climat. Toutes les paſſions s'allumerent & s'exalterent entre les tombeaux de Jeſus & de Mahomet. On rapporta de la Paleſtine un germe de luxe & de faſte, un goût ardent pour les épiceries de l'Orient, un eſprit romaneſque qui poliça la noblesse, sans rendre le peuple plus heureux, ni dès-lors plus vertueux : car s'il n'y a point de bonheur sans vertu, jamais aussi la vertu ne se soutiendra sans un fonds de bonheur.

Environ deux siecles après la dépopulation de l'Europe en Asie, arriva sa transmigration en Amérique. Cette révolution substitua le cahos au néant, & mêla parmi nous les vices & les productions de tous les climats. La morale ne se perfectionna pas davantage, parce qu'on égorgea par avarice, au lieu de massacrer par religion. Les nations qui avoient le plus acquis dans le Nouveau-Monde, semblerent recueillir en même tems toute la stupidité, la férocité, l'ignorance de l'ancien. Elles devinrent l'égout des vices & des maladies, pauvres & sales dans l'or, débauchées avec des temples & des prêtres, fainéantes & superstitieuses avec toutes les sources du commerce & les facilités de s'éclairer. Mais aussi l'amour des richesses corrompit toutes les autres nations.

Que ce soient la guerre ou le commerce qui introduisent de grandes richesses dans un état, elles sont l'objet de l'ambition publique. Ce sont d'abord les hommes les plus puissans qui s'en emparent. Alors, comme les richesses se trouvent dans les mains qui tiennent le timon des affaires, elles se confondent dans l'esprit du peuple avec les honneurs; & le citoyen vertueux qui n'aspiroit aux emplois que pour l'amour de la gloire, aspire, sans le savoir, à l'honneur pour le lucre. On ne conquiert pas, on n'acquiert pas des terres & des trésors, sans vouloir en jouir; & l'on ne jouit des richesses que par la volupté ou l'ostentation du luxe. Par ce double usage, elles corrompent & le citoyen qui les possede, & le peuple qu'elles fascinent. Dès qu'on ne travaille que par l'attrait du gain, & non par l'amour du devoir, on préfere les conditions les plus lucratives aux plus honorables. C'est alors qu'on voit l'honneur de profession se détourner, s'obscurcir & se perdre dans les routes de l'opulence.

A l'avantage de la fausse considération où parviennent les richesses, se joignent les commodités naturelles de l'opulence, nouvelle source de corruption. L'homme en place veut attirer chez lui. Ce n'est pas assez des honneurs qu'il reçoit en public; il lui faut des admirateurs, ou de son esprit, ou de son luxe, ou de sa table. Si les richesses corrompent en conduisant aux honneurs, combien plus encore en répandant le goût des plaisirs? La misere vend la chasteté; la paresse vend la liberté; le prince vend la magistrature, & les magistrats vendent la justice; la cour vend les places, & les hommes en place vendent le peuple au prince;

qui le revend à ſes voiſins par des traités de guerre ou de ſubſide, de paix ou d'échange. Mais dans ce trafic ſordide qu'introduit l'amour des richeſſes, l'altération la plus ſenſible eſt celle qui ſe fait dans les mœurs des femmes.

Il n'y a point de vice qui naiſſe d'autant de vices & qui en produiſe un plus grand nombre que l'incontinence d'un ſexe dont la pudeur & la modeſtie ſont le véritable apanage & la plus belle parure. Je n'entends point par incontinence la promiſcuité des femmes ; le ſage Caton la conſeille dans ſa république : ni leur pluralité ; le préſent des contrées ardentes & voluptueuſes de l'Orient : ni la liberté, ſoit indéfinie, ſoit limitée, que l'uſage lui accorde en certains pays de ſe prêter au deſir de pluſieurs hommes. C'eſt chez quelques peuples un des devoirs de l'hoſpitalité ; chez d'autres un moyen de perfectionner l'eſpece humaine ; ailleurs une offrande faite aux dieux, un acte de piété conſacrée par la religion. J'appelle incontinence tout commerce entre les deux ſexes interdit par les loix de l'Etat.

Pourquoi ce délit, ſi pardonnable en lui-même ; cette action ſi indifférente par ſa nature, ſi peu libre par ſon attrait, a-t-elle une influence ſi pernicieuſe ſur la moralité des femmes ? C'eſt, je crois, la ſuite de l'importance que nous y avons attachée.

Quel sera le frein d'une femme déshonorée à ses yeux & aux yeux de ses concitoyens ? Quel appui les autres vertus trouveront-elles au fond de son ame, lorsque rien ne peut plus aggraver sa honte ? Le mépris de l'opinion publique, un des plus grands efforts de la sagesse, se sépare rarement dans un être foible & timide du mépris de soi-même. On n'a point cet héroïsme avec la conscience du vice. Celle qui ne se respecte plus cesse bientôt d'être sensible au blâme & à la louange ; & sans l'effroi de ces deux respectables fantômes, j'ignore quelle sera la regle de sa conduite. Il n'y a plus que la fureur du plaisir qui puisse la dédommager du sacrifice qu'elle a fait. Elle le sent ; elle se le dit ; & affranchie de la contrainte de la considération publique, elle s'y livre sans réserve.

La femme se détermine beaucoup plus difficilement que l'homme : mais lorsqu'elle a pris son parti, elle est bien plus déterminée. Elle ne rougit plus, lorsqu'une fois elle a cessé de rougir. Que ne foulera-t-elle pas aux pieds, lorsqu'elle aura triomphé de sa vertu ? Que pensera-t-elle de cette dignité, de cette décence, de cette délicatesse de sentimens, qui, dans ses jours de candeur, dictoit ses propos, composoit son maintien, ordonnoit de sa parure ? Ce ne seront plus que de l'enfantillage, de la pusillanimité, le petit manege d'une fausse innocente, qui a des parens à contenter & un époux à séduire : mais d'autres tems, d'autres mœurs.

Quelle que soit sa perversité, ce n'est point aux grands attentats qu'elle se portera. Sa foiblesse ne lui laisse pas le courage de l'atrocité : mais l'habituelle hypocrisie de son rôle, si elle n'a pas tout-à-fait levé le masque, jettera une teinte de fausseté sur son caractere. Ce que l'homme ose par la force, elle le tentera & l'obtiendra par la ruse. La femme corrompue propage la corruption. Elle la propage par le mauvais exemple ; par des conseils insidieux ; quelquefois par le ridicule. Elle a débuté par la coquetterie qui s'adressoit à tous les hommes ; elle a continué par la galanterie si volage dans ses goûts, qu'il est plus facile de trouver une femme qui n'ait point eu de passions, que d'en trouver une qui n'ait été passionnée qu'une fois ; & elle finit par compter autant d'amans que de connoissances, qu'elle rappelle, qu'elle éloigne, qu'elle rappelle encore, selon le besoin qu'elle en a, & la nature des intrigues de toute espece dans lesquelles elle se précipite. C'est-là ce qu'elle entend par avoir su jouir de ses belles années & profiter de ses charmes. C'est une d'entr'elles, qui s'étoit rendue profonde dans cet art, qui disoit en mourant, qu'elle ne regrettoit que les peines qu'elle s'étoit données pour tromper les hommes, & que les plus honnêtes étoient les meilleures dupes.

Sous l'empire de ces mœurs, l'amour conjugal est dédaigné ; & ce dédain affoiblit le sentiment de la tendresse maternelle, s'il ne l'éteint pas. Les devoirs les plus sacrés & les plus doux deviennent importuns ; & lorsqu'on les a négligés ou rompus, la nature ne les renoue plus. La femme, qui se laisse approcher d'un autre que de son mari, n'aime plus sa famille, & n'en est plus respectée. Les nœuds du sang se relâchent. Les naissances sont incertaines ; & le fils ne reconnoît plus son père, ni le pere son fils.

Oui, je le soutiens, les liaisons de la galanterie consomment la dépravation des mœurs & la caractérisent plus fortement que la prostitution publique. La religion est perdue, lorsque le prêtre mene une vie scandaleuse ; pareillement la vertu n'a plus d'asyle, lorsque le sanctuaire du mariage est profané. La pudeur est sous la sauve-garde du sexe timide. Qui est-ce qui rougira, où la femme ne rougit plus ? Ce n'est pas la prostitution qui multiplie les adulteres ; c'est la galanterie qui étend la prostitution. Les moralistes anciens, qui plaignoient les malheureuses victimes du libertinage, prononçoient sans ménagement contre les épouses infidelles ; & ce n'étoit pas sans raison. Si l'on parvient à rejetter toute la honte du vice sur la classe des femmes communes, les autres ne tarderont pas à s'honorer d'un commerce restreint, bien qu'il soit d'autant plus criminel qu'il est plus volontaire & plus illicite. On ne distinguera plus la femme honnête & vertueuse de la femme tendre; l'on établira une distinction frivole entre la femme galante & la courtisanne; entre le vice gratuit, & le vice réduit par la misere à exiger un salaire; & ces subtilités déceleront une dépravation systématique. O tems heureux & grossiers de nos peres, où il n'y avoit que des femmes honnêtes ou malhonnêtes; où toutes celles qui n'étoient pas honnêtes étoient malhonnêtes, & où le vice constant ne s'excusoit pas par sa durée!

Mais enfin quelle est la source de ces passions délicates, formées par l'esprit, le sentiment, la sympathie des caracteres? La maniere dont elles se terminent toujours, marque bien que ces belles expressions ne sont employées que pour abréger le combat & justifier la défaite. Egalement à l'usage des femmes réservées & des femmes dissolues, elles sont devenues presque ridicules.

Quel est le résultat de cette galanterie nationale? Un libertinage précoce, qui ruine la santé des jeunes gens avant la maturité de l'âge, & fane la beauté des femmes à la fleur de leurs années; une race d'hommes sans instruction, sans force & sans courage, incapables de servir la patrie ; des magistrats, sans dignité & sans principes ; la préférence de l'esprit au bon sens, de l'agrément au devoir, de la politesse au sentiment de l'humanité, de l'art de plaire aux talens, à la vertu ; des hommes personnels, substitués à des hommes officieux ; des offres sans réalité ; des connoissances sans nombre & point d'amis ; des maîtresses & point d'épouses ; des amans & plus d'époux ; des séparations ; des divorces ; des enfans sans éducation ; des fortunes dérangées ; des meres jalouses & des femmes vaporeuses ; les maladies des nerfs ; des vieillesses chagrines & des morts prématurées.

Les femmes galantes échappent difficilement au péril du tems critique. Le dépit d'un abandon qui les menace acheve de vicier le sang & les humeurs, dans un moment où le calme qui naît de la conscience d'une vie honnête seroit salutaire. Il est affreux de chercher inutilement en soi les consolations de la vertu, lorsque les maux de la nature viennent nous assaillir.

Ne parlez donc plus de morale chez les nations modernes ; & si vous voulez trouver la cause de cette dégradation, cherchez-la dans son vrai principe.

L'or ne devient point l'idole d'un peuple, & la vertu ne tombe point dans l'avilissement, si la mauvaise constitution du gouvernement ne provoque cette corruption. Malheureusement, il la provoquera toujours, s'il est organisé de maniere que l'intérêt momentané d'un seul ou d'un petit nombre, puisse impunément prévaloir sur l'intérêt commun & invariable de tous ; il la provoquera toujours, si les dépositaires de l'autorité peuvent en faire un usage arbitraire, se placer au-dessus de toutes les regles de la justice, faire servir leur puissance à la spoliation, & la spoliation à prolonger les abus de leur puissance. Les bonnes loix se maintiennent par les bonnes mœurs : mais les bonnes mœurs s'établissent par les bonnes loix. Les hommes sont ce que le gouvernement les fait. Pour les modifier, il est toujours armé d'une force irrésistible, celle de l'opinion publique ; & le gouvernement deviendra toujours corrupteur, quand, par sa nature, il sera corrompu. Voilà le mot. Les nations de l'Europe auront de bonnes mœurs, lorsqu'elles auront de bons gouvernemens. Finissons. Mais auparavant jettons un coup-d'œil rapide sur le bien & sur le mal qu'a produit la découverte des deux Indes.

XV. *Réflexions sur le bien & le mal que la découverte du Nouveau-Monde a fait à l'Europe.*

Ce grand événement a perfectionné la

construction des vaisseaux, la navigation, la géographie, l'astronomie, la médecine, l'histoire naturelle, quelques autres connoissances; & ces avantages n'ont été accompagnés d'aucun inconvénient connu.

Il a procuré à quelques empires de vastes domaines, qui ont donné aux états fondateurs, de l'éclat, de la puissance & des richesses. Mais que n'en a-t-il pas coûté pour mettre en valeur, pour gouverner ou pour défendre ces possessions lointaines ? Lorsque ces colonies seront arrivées au degré de culture, de lumiere & de population qui leur convient, ne se détacheront-elles pas d'une patrie qui avoit fondé sa splendeur sur leur prospérité ? Quelle sera l'époque de cette révolution ? On l'ignore : mais il faut qu'elle se fasse.

L'Europe doit au Nouveau-Monde quelques commodités, quelques voluptés. Mais avant d'avoir obtenu ces jouissances, étions-nous moins sains, moins robustes, moins intelligens, moins heureux ? Ces frivoles avantages, si cruellement obtenus, si inégalement partagés, si opiniâtrément disputés, valent-ils une goutte du sang qu'on a versé & qu'on versera ? Sont-ils à comparer à la vie d'un seul homme ? Combien n'en a-t-on pas sacrifié, n'en sacrifie-t-on pas, n'en sacrifiera-t-on pas dans la suite, pour fournir à des besoins chimériques, dont ni l'autorité ; ni la raison, ne nous délivreront jamais ?

Les voyages sur toutes les mers ont affoibli la morgue nationale ; inspiré la tolérance civile & religieuse ; ramené le lien de la confraternité originelle ; inspiré les vrais principes d'une morale universelle fondée sur l'identité des besoins, des peines, des plaisirs, de tous les rapports communs aux hommes sous toutes les latitudes ; amené la pratique de la bienfaisance avec tout individu qui la réclame, quelles que soient ses mœurs, sa contrée, ses loix & sa religion. Mais en même-tems les esprits ont été tournés vers les spéculations lucratives. Le sentiment de la gloire s'est affoibli. On a préféré la richesse à la célébrité ; & tout ce qui tendoit à l'élévation a penché visiblement vers sa décadence.

Le Nouveau Monde a multiplié parmi nous les métaux. Un desir vif de les obtenir a occasionné un grand mouvement sur le globe : mais le mouvement n'est pas le bonheur. De qui l'or & l'argent ont-ils amélioré le sort ? Les nations qui les arrachent des entrailles de la terre, ne croupissent-elles pas dans l'ignorance, la superstition, la paresse, l'orgueil : ces vices les plus difficiles à déraciner, lorsqu'ils ont jetté de profondes racines ? N'ont-elles pas perdu leur agriculture & leurs atteliers ? Leur existence n'est-elle pas précaire ? Si le peuple industrieux

&

& propriétaire d'un sol fertile, s'avisoit un jour de dire à l'autre peuple: Il y a trop long-tems que je fais un mauvais trafic avec vous, & je ne veux plus donner la chose pour le signe: cette loi somptuaire ne seroit-elle pas une sentence de mort contre la région qui n'a que des richesses de convention; à moins que, dans son désespoir, celle-ci ne fermât ses mines pour ouvrir des sillons?

Les autres puissances de l'Europe pourroient bien n'avoir pas retiré plus d'avantage des trésors de l'Amérique. Si la répartition en a été égale ou proportionnée entre elles, aucune n'a diminué d'aisance, aucune n'a augmenté de force. Les rapports qui existoient dans les tems anciens, existent encore. Supposons que quelque nation soit parvenue à acquérir une plus grande quantité de ces métaux que les nations rivales: ou elle les enfouira, ou elle les jettera dans la circulation. Dans le premier cas, ce n'est que la propriété stérile d'une masse d'or superflue. Le second ne lui donnera qu'une supériorité momentanée, parce qu'avec le tems, & bientôt, toutes les choses vénales auront un prix proportionné à l'abondance des signes qui les représentent.

Voilà donc les maux attachés même aux avantages que nous devons à la découverte des deux Indes. Mais de combien de calamités qui sont sans compensation, la conquête de ces régions n'a-t-elle pas été suivie ?

En les dépeuplant pour une longue suite de siecles, les dévastateurs n'ont-ils rien perdu eux-mêmes ? Si tout le sang qui a coulé dans ces contrées se fût rendu dans un réservoir commun, si les cadavres eussent été entassés dans la même plaine ; le sang, les cadavres des Européens n'y auroient-ils pas occupé un grand espace ? Le vuide que ces émigrans avoient laissé a-t il pu être promptement rempli sur leur terre natale, infectée d'un poison honteux & cruel du Nouveau-Monde, qui attaque jusqu'aux germes de la reproduction ?

Depuis les audacieuses tentatives de Colomb & de Gama, il s'est établi dans nos contrées un fanatisme jusqu'alors inconnu : c'est celui des découvertes. On a parcouru & l'on continue à parcourir tous les climats vers l'un & vers l'autre pôle, pour y trouver quelques continens à envahir, quelques isles à ravager, quelques peuples à dépouiller, à subjuguer, à massacrer. Celui qui éteindroit cette fureur ne mériteroit-il pas d'être compté parmi les bienfaiteurs du genre-humain ?

La vie sédentaire est la seule favorable à la population ; celui qui voyage ne laisse point de postérité. La milice de terre avoit créé une multitude de célibataires. La milice de mer l'a presque doublée : avec cette différence que les derniers sont exterminés par les maladies des vaisseaux, par les naufrages, par la fatigue, par les mauvaises nourritures, & par les changemens de climat. Un soldat peut rentrer dans quelques-unes des professions utiles à la société. Un matelot est matelot pour toujours. Hors de service, il n'en revient à son pays que le besoin d'un hôpital de plus.

Les expéditions de long cours ont enfanté une nouvelle espece de sauvages nomades. Je veux parler de ces hommes qui parcourent tant de contrées qu'ils finissent par n'appartenir à aucune ; qui prennent des femmes où ils en trouvent, & ne les prennent que pour un besoin animal : de ces amphibies qui vivent à la surface des eaux ; qui ne descendent à terre que pour un moment ; pour qui toute plage habitable est égale ; qui n'ont vraiment ni peres, ni meres, ni enfans, ni freres, ni parens, ni amis, ni concitoyens ; en qui les liens les plus doux & les plus sacrés sont éteints ; qui quittent leur pays sans regret ; qui n'y rentrent qu'avec l'impatience d'en fortir, & à qui l'habitude d'un élément terrible donne un caractere féroce. Leur probité n'eft pas à l'épreuve du paffage de la ligne; & ils acquierent des richeffes en échange de leur vertu & de leur fanté.

Cette foif infatiable de l'or a donné naiffance au plus infâme, au plus atroce de tous les commerces, celui des efclaves. On parle des crimes contre nature, & l'on ne cite pas celui-là comme le plus exécrable. La plupart des nations de l'Europe s'en font fouillées; & un vil intérêt a étouffé dans leur cœur tous les fentimens qu'on doit à fon femblable. Mais, fans ces bras, des contrées dont l'acquifition a coûté fi cher, refteroient incultes. Eh! laiffez-les en friche, s'il faut que, pour les mettre en valeur, l'homme foit réduit à la condition de la brute, & dans celui qui achete, & dans celui qui vend, & dans celui qui eft vendu.

Comptera-t-on pour rien la complication que les établiffemens dans les deux Indes ont mis dans la machine du gouvernement? Avant cette époque, les mains propres à tenir les rênes des empires étoient infiniment rares. Une adminiftration plus embarraffée a exigé un génie plus vafte & des connoiffances plus profondes. Les foins de souveraineté partagés entre les citoyens placés au pied du trône & les sujets fixés sous l'équateur ou près du pôle, ont été insuffisans pour les uns & pour les autres. Tout est tombé dans la confusion. Les divers états ont langui sous le joug de l'oppression ; & des guerres interminables ou sans cesse renouvellées ont fatigué & ensanglanté le globe.

Arrêtons-nous ici, & plaçons-nous au tems où l'Amérique & l'Inde étoient inconnues. Je m'adresse au plus cruel des Européens, & je lui dis. Il existe des régions qui te fourniront de riches métaux, des vêtemens agréables, des mets délicieux. Mais lis cette histoire, & vois à quel prix la découverte t'en est promise. Veux-tu, ne veux-tu pas qu'elle se fasse ? Croit-on qu'il y eût un être assez infernal pour répondre : JE LE VEUX. Eh bien ! il n'y aura pas dans l'avenir un seul instant où ma question n'ait la même force.

Peuples, je vous ai entretenus de vos plus grands intérêts. J'ai mis sous vos yeux les bienfaits de la nature & les fruits de l'industrie. Trop souvent malheureux les uns par les autres, vous avez dû sentir que l'avarice jalouse & l'ambitieux orgueil repoussent loin de votre commune patrie le bonheur qui se présente à vous entre la paix & le commerce. Je l'ai appelé ce bonheur que l'on éloigne. La voix de mon cœur s'est élevée en faveur de tous les hommes, sans distinction de secte ni de contrée. Ils ont été tous égaux à mes yeux, par le rapport des mêmes besoins & des mêmes miseres, comme ils le sont aux yeux de l'Être suprême par le rapport de leur foiblesse à sa puissance.

Je n'ai pas ignoré qu'assujettis à des maîtres, votre sort doit être sur-tout leur ouvrage, & qu'en vous parlant de vos maux, c'étoit leur reprocher leurs erreurs ou leurs crimes. Cette réflexion n'a pas abattu mon courage. Je n'ai pas cru que le saint respect que l'on doit à l'humanité pût jamais ne pas s'accorder avec le respect dû à ses protecteurs naturels. Je me suis transporté en idée dans le conseil des puissances. J'ai parlé sans déguisement & sans crainte, & je n'ai pas à me reprocher d'avoir trahi la grande cause que j'osois plaider. J'ai dit aux souverains quels étoient leurs devoirs & vos droits. Je leur ai retracé les funestes effets du pouvoir inhumain qui opprime, ou du pouvoir indolent & foible qui laisse opprimer. Je les ai environnés des tableaux de vos malheurs, & leur cœur a dû tressaillir. Je les ai avertis que s'ils en détournoient les yeux, ces fidelles & effrayantes peintures seroient gravées sur le marbre de leur tombe, & accuseroient leur cendre que la postérité fouleroit aux pieds.

Mais le talent n'est pas toujours égal au zele. Il m'eût fallu sans doute beaucoup plus de cette pénétration qui apperçoit les moyens, & de cette éloquence qui persuade les vérités. Quelquefois, peut-être, mon ame a élevé mon génie. Mais je me suis senti le plus souvent accablé de mon sujet & de ma foiblesse.

Puissent des écrivains plus favorisés de la nature achever par leurs chefs-d'œuvre ce que mes essais ont commencé ! Puisse, sous les auspices de la philosophie, s'étendre un jour d'un bout du monde à l'autre cette chaîne d'union & de bienfaisance qui doit rapprocher toutes les nations policées ! Puissent-elles ne plus porter aux nations sauvages l'exemple des vices & de l'oppression ! Je ne me flatte pas qu'à l'époque de cette heureuse révolution mon nom vive encore. Ce foible ouvrage qui n'aura que le mérite d'en avoir produit de meilleurs, sera sans doute oublié. Mais au-moins je pourrai me dire que j'ai contribué, autant qu'il a été en moi, au bonheur de mes semblables, & préparé peut-être de loin l'amélioration de leur fort. Cette douce pensée me tiendra lieu de gloire. Elle sera le charme de ma vieillesse, & la consolation de mes derniers instans.

Fin du dix-neuvieme & dernier Livre.

TABLE
ALPHABÉTIQUE
DES MATIERES

CONTENUES DANS CE VOLUME.

A

ABBÉ DE ST. PIERRE (l'), Auteur d'un projet de paix perpétuelle, pourquoi ce beau rêve ne se réaliseroit-il pas? 54. Avantages immenses qu'apporteroit à tout l'univers l'exécution d'un tel projet 271.

Académies, l'Italie en fonda la premiere une de physique. La France & l'Angleterre en fonderent deux où les savans de l'Europe vont puiser & verser la lumiere 356. Connoissances qu'elles ont tiré des ténebres. 357.

Acte de navigation (l'), a été le fondement de la puissance maritime des Anglois 178. Fruits qu'ils en ont retirés 179. Et disposition où ils sont de le soutenir 179, & suiv.

Administration (l'), est devenue beaucoup plus compliquée & embarrassée depuis les établissemens dans les deux Indes 388, & suiv.

Agriculture (l'), est la premiere source du commerce, qui y revient par la circulation 225. Elle est la premiere & la véritable richesse d'un Etat *ibid*. A mesure qu'elle s'étendit les hommes se multiplierent avec les subsistances 226. Calamités qui suivirent son abandon *ibid*. Le mépris des Romains, maîtres du monde, pour l'agriculture, ayant été adopté par les barbares qui détruisirent leur empire, elle fut abandonnée aux serfs. 227. Elle a dû prendre faveur chez les nations les plus commerçantes 228. Réponse d'un monarque qui en fait l'éloge 229. Celle du laboureur n'est pas encore favorisée en France 230, & suiv. Elle trouvera d'autant plus de bras que la récompense de ses peines sera plus sûre 231. Le goût du siecle a entraîné les Allemands à s'en occuper avec attention 232. Elle n'a pas fait les mêmes progrès que les autres arts 235. Objets sur lesquels on est encore dans l'ignorance à cet égard 235, 236. Elle fait la force intérieure des Etats & y attire les richesses du dehors 237. Un gouvernement sage ne sauroit, sans se couper les veines, lui refuser ses premieres attentions 241. Inconvéniens de la régler, ainsi que la circulation de ses produits, par des régles particulieres 242. Elle donne naissance aux arts 243. Ce qu'elle deviendra si le prince a seul le droit des tributs 290. Elle souffre de la préférence qu'on donne aux signes sur les choses 325.

Allemagne (l'), est le pays dont la constitution a le moins changé 50. Les princes ne peuvent pas y être aussi tyrans que dans les monarchies 51. Révolutions qui y ont affoibli le pouvoir souverain 52, & suiv. Maximilien y soumit les grands aux loix 53. L'Europe lui doit les progrès de la législation dans tous les Etats 54. Les écrits sur son droit public sont sans nombre 55. Sa constitution dégénere insensiblement en esclavage 56. Pourquoi a-t-il fallu bien du tems pour y établir le commerce 195, & suiv. Cultures & manufactures qui en ont été la suite 196. Elle a été conduite par le goût du siecle à s'occuper de l'agriculture & des grands objets qu'elle embrasse 232. Avantages qu'elle en a retirés ainsi que toute l'Europe 233. Elle a conservé la supériorité dans l'art de fondre, tremper & travailler le fer & le cuivre 246. Raisons pour lesquelles elle ne peut pas établir un crédit public, aussi sûr aux prêteurs que l'Angleterre, la France & la Hollande 319, & suiv.

Allemands (les), sont plus guerriers que belliqueux ; pourquoi 51. Raisons de ce qu'il y en a peu qui connoissent la constitution de leur patrie 55. Ils furent les premiers à réussir dans la nouvelle discipline militaire ; pourquoi 190.

Amérique (l'), ou le Nouveau-Monde ; l'Europe doit sa découverte à la boussole 169. Elle fut découverte deux siecles après les Croisades ; influence de cette découverte sur la morale en Europe 374. Les avantages qu'en a retiré l'Europe, valent-ils le sang qu'elle lui a coûté ? 383 & *suiv*. Il y a multiplié les métaux précieux 384. Calamités dont la conquête en a été suivie 385. Hypothèse de l'Auteur avant sa découverte 389.

Amour conjugal, sous quelle espece de mœurs il est dédaigné 379.

Anarchie; époque où l'église & l'Empire s'y trouverent 109.

Anaxagore, Anaximandre, Anaximène & Thalès, philosophes Grecs, jetterent les germes de la physique dans leurs théories sur les élémens de la matiere 349.

Angleterre (l'), royaume au midi de la plus grande des isles Britanniques, est subjuguée par Guillaume le conquérant, qui y forme un gouvernement 56. Révolutions qui y détruisirent le despotisme 56. 57. Autres révolutions qui succéderent 57 & *suiv*. Despotisme sous lequel elle a gémi pendant plus d'un siecle 58. Epoque à laquelle la liberté y enflamma tous les esprits 59. Révolutions qui en résultent *ibid*. & *suiv*.

Angleterre ou *isles Britanniques*; la marche intérieure & extérieure du gouvernement y est à découvert 68. Grand abus qui y a lieu à l'égard des représentans des Communes 69 & *suiv*. Influence de son administration sur le sort des autres nations 71. Circonstances qui la conduiroient à l'asservissement 72. Elle étoit soumise au pape, même pour le temporel, avant le schisme d'Henri VIII, 112. Elle s'est emparée d'une espece de monarchie universelle sur la mer 137. Elle prit, après ses victoires sur Louis XIV, une supériorité qui l'a portée au comble de la prospérité 175. Elle fut la premiere à s'appercevoir qu'elle n'avoit pas besoin de l'entremise des Hollandois pour négocier 192. Et à sentir les avantages de l'agriculture 228. A tiré ses manufactures de Flandres 245. A donné la premiere le mauvais exemple d'un crédit public; comment 319. Son crédit est fondé sur ce qu'elle est assez à l'abri de l'invasion 320. Elle a fondé une académie, pour les sciences & les arts, bien précieuse à tous les savans de l'Europe 356.

Anglois; époque à laquelle la liberté enflamma leurs esprits 59. Avantages de leur constitution 60. Leur conduite en 1688 à l'égard d'un roi ambitieux 66. Ils regardent leur marine comme le rempart de leur sureté

& la source de leurs richesses 178. Ce furent les attentats du despotisme qui enfanterent la liberté chez eux 192.

Arabes (les), sauverent des ruines de l'ancienne Grece les ouvrages d'Aristote 351.

Architecture (l'), Aussi-tôt qu'elle admet des ornemens extérieurs, elle attire la décoration au dedans 249. L'enchainement des arts les uns sur les autres influa puissamment sur elle 330. La commodité y ordonne les proportions de la symétrie qui plait à l'œil 387.

Ardeur (l') de se nuire réciproquement s'étend d'un pole à l'autre 221.

Aristocratie (l'), ou le gouvernement des grands, flottant entre la tyrannie & la démocratie a les écueils de tous les deux 60. Est établie à Venize depuis 1173., époque où les nobles s'y emparerent de l'autorité 86. Elle est substituée par le despotisme 87. Ce genre de gouvernement ne contribue pas à la multiplication de l'espece humaine 263 *& suiv.*

Aristote, philosophe Grec fameux ; ses ouvrages furent sauvés des ruines de la Grece par les Arabes 351. Quelle confusion de systêmes occasionna la conciliation que voulurent faire les moines de sa philosophie avec l'Ecriture Sainte 352. Les chrétiens ne purent retrouver les traces de la raison que sur ses pas 357.

Artistes ; quels sont ceux qui sont faits pour être les amis des grands hommes 346.

Arts ; le premier a été le labourage 236. Ils sont nés de l'agriculture portée à un certain point de perfection 243. Les nations industrieuses de l'Europe les ont apportés de l'Asie *ibid. & suiv.* Pourquoi est-il indispensable aux nations Agricoles d'avoir des arts ? 246. Rien n'est plus favorable qu'eux à la liberté *ibid.* Ils multiplient les moyens de fortune 247. Ils ouvrirent, dans tous les Etats civilisés de l'Europe, un refuge aux protestans chassés de France par l'intolérance ecclésiastique *ibid.* Aucun n'est isolé, tous tiennent à une infinité d'autres objets 248 *& suiv.* Après la culture des terres, c'est celle des arts qui convient le plus à l'homme 250. Le caractere national influe beaucoup sur ceux de luxe, comment 244. Ne devoient pas avoir anciennement plus de vigueur en Europe que les loix 260. Les denrées n'ont point de débouché où les arts

DES MATIERES.

languissent *ibid.* Maniere dont le fisc les fait contribuer sous le despotisme 297 *& suiv.*

Arts libéraux, pourquoi doivent céder les préférences du gouvernement aux cultivateurs 240. Combien sont avantageux à ceux qui s'y distinguent 241. L'art de jouïr, qu'a créé le luxe, dépend entierement d'eux 249. Epoque à laquelle ils enfantent cet esprit de société qui fait le bonheur de la vie civile *ibid. & suiv.* Maniere dont le fisc en tire un tribut sous un gouvernement oppressif 297 *& suiv.*

Art militaire, fut institué par les Grecs & perfectionné par les Romains 149. L'imperfection qu'y apporta l'usage presqu'unique de la cavalerie fit durer pendant des siecles une guerre entre la France & l'Angleterre 151. Epoque où l'on n'avoit point celui de discipliner l'infanterie 153. Quel étoit alors celui des Suisses 154.

Asie (l'), l'une des quatre parties du monde, est toute sous le despotisme 121. La beauté de son climat & la richesse de son sol y produisirent le luxe & les arts 244. Quelles sont ses provinces où on les trouve en plus grande abondance *ibid.* C'est des Croisades que les peuples de l'Europe ont tiré le luxe Asiatique 245. Doit avoir été de tous tems couverte de nations innombrables 258. A quelle époque elle conservoit les monumens de la philosophie & des arts sans en jouïr 350.

Asyle; les arts en ouvrirent partout aux Protestans que l'intolérance chassoit de la France, mais les prêtres bannis de leur patrie n'en trouverent nulle part 247.

Athéïsme (l'), a gagné dans les pays catholiques, parce que les lumieres y avoient moins fait de progrès II. 12.

Athènes, ancienne république de la Grèce; elle ne parvint au commerce que par les armes 264.

Averroës, médecin & philosophe Arabe, de quelle maniere conserva-t-il la tradition des vrayes sciences 351. *& suiv.*

Avicenne, médecin & philosophe Arabe; comment il conserva la tradition des véritables sciences 351 *& suiv.*

Aumône (l'), est le devoir de tous ceux qui ont au-delà du besoin absolu 117. Autrefois le clergé vécut de celle des peuples, aujourd'hui c'est lui qui les y réduit 264.

Auteur (l') de l'*Histoire Philosophique &c.* n'est pas entré dans cette carriere sans en connoître l'étendue & les difficultés 1. Quelles sont les classes de citoyens auxquelles il a élevé un autel dans son cœur 207. Conseils qu'il donne aux nations pour terminer les maux que des systêmes mal combinés ont fait à la terre entiere 222 & suiv. Exhortations qu'il adresse aux peuples de relire leur Histoire 294. Et d'y apprendre qu'ils ne sont pas créés pour se courber devant un homme 295. Sa conversation avec un visir sur les conséquences qui résultent de ce que le prince ait seul le droit des tributs 296 & suiv. Son étonnement sur les atrocités du fisc & sur la patience de ceux qui les supportent 308. Il est bien déterminé, quoiqu'il puisse lui en arriver, à ne jamais trahir l'honorable cause de la vérité 347. Quelle proposition il voudroit faire au plus cruel des Européens 389 & suiv. Discours qu'il adresse aux divers peuples du monde 389 & suiv. Vœux qu'il fait pour le bonheur de tous 391.

Autorité des rois (l'), s'affoiblit à mesure que les sujets s'éloignent du centre de la domination 36. Paroles d'un gouverneur éloigné *ibid.*

Autorité Souveraine; quels sont ses pouvoirs relativement à la religion 114 & *suiv*. Elle divise l'intérêt du gouvernement quand les volontés particulieres sont substituées à l'ordre établi 123. Quand elle persévere opiniâtrément dans une erreur 124. Quand elle sacrifie la tranquillité, l'aisance & le sang des peuples à l'éclat des exploits guerriers *ibid*. Quand celui qui tient les rênes du gouvernement les laisse flotter au gré du hazard 124. Quand les places qui décident du repos public sont confiées à des intrigans corrompus 125. Quand la faveur obtient les récompenses dues au mérite; désordres qui en résultent *ibid*. & *suiv*. La jalousie de ses dépositaires, sous un prince foible, occasionne la plus grande instabilité 142.

B

BACON, chancelier d'Angleterre, fut précurseur plutôt que législateur de la nouvelle philosophie. 354. Principes de sa philosophie. *ibid.*

Baillifs de la Suisse, sont des administrateurs qui, en quelques endroits, ont introduit un abus bien dangereux; quel ? 98.

DES MATIERES.

Bane de l'Empire, Tribunal du gouvernement Germanique, auquel sont soumis tous les princes de l'Allemagne 53.

Banqueroute, (*la*) est la voie destructive des citoyens & du souverain, dans laquelle plonge l'impuissance d'un Etat de faire face à ses engagemens. 326. Affreuses suites de cette calamité. *ibid. & suiv.*

Beaux-Arts, sont l'ornement & la décoration d'un Empire 327. Quel est leur modèle *ibid.* C'est l'agrément qui leur a donné la naissance 328. Ils furent en Grèce les enfans du sol même; comment *ibid.* Comment furent encouragés dans la Grèce 329. Leur exercice étoit interdit aux esclaves *ibid.* Leur enchainement entr'eux influa sur l'architecture 330. Une révolution les rendit outrés, maniérés & affectés chez les Romains 331 Qu'en devinrent les monumens en Italie après l'irruption en Europe des barbares du nord. 332. *& suiv.* Triste où ils avoient été réduits par le christianisme 334. Epoque à laquelle ils repasserent de la Grèce dans l'Italie 336. Par qui furent repoussés de Rome à Constantinople, puis de Constantinople à Rome *ibid.* Leur régénération sortit des ruines fouillées en Italie *ibid.* Epoque à laquelle ils passerent en France 339. C'est par eux que l'homme jouit de son existence & se survit à lui-même 345. Ils tâchent de forcer la nature à Pétersbourg 346.

Belles-Lettres, sont l'ornement & la décoration d'un Empire 307. Quel est leur modele *ibid.* L'utilité leur a donné la naissance 328. Comment furent encouragées dans la Grèce 329. Homere donna le ton à la poésie épique 330. Chez les Romains les graces y étoient dispensées avec sagesse 331. Il s'y fit chez eux une révolution qui fut l'ouvrage de quelques écrivains ambitieux *ibid.* Elle y produisit les défauts qu'entraine le desir de briller & de plaire. 332. Qu'en devinrent les productions après l'irruption des barbares du nord en Europe 332. Epoque à laquelle elles se réfugierent en Italie en fuyant la Grèce 336. Par qui avoient été repoussées de Rome à Constantinople & le furent de Constantinople à Rome *ibid.* Epoque de leur introduction en France 341.

Bienfaiteur du genre-humain; qui mériteroit bien ce titre 387.

Boeace, auteur Florentin, mit au jour dans ses contes les débauches du clergé séculier & régulier 352.

Bouſſole; l'Europe doit sa connoiſſance au hazard ou à la Chine, & lui doit à elle la découverte de l'Amérique 168.

Boyle, (Robert) grand philoſophe Anglois, conſtata & vérifia en Angleterre les expériences de Toricelli & de Paſcal 353.

Bretons, anciens habitans des iſles Britanniques, doutes ſi le nombre de ceux qui furent ſubjugués par Céſar étoit plus conſidérable que celui des Corſes aujourd'hui 161.

C

CABARETIERS, dans un gouvernement oppreſſif, comment tirent du voyageur & du payſan le tribut que le fiſc exige d'eux 300. Comment ſont arrangés avec le fiſc pour le débit des boiſſons *ibid*. Impoſſibilité où ſont de tromper le fiſc 301 *& ſuiv.*

Caiſſe de dépôt, créée en Ruſſie, à l'uſage de tous les membres de l'Empire, ſans réſerve 41, 42.

Capitation, genre d'impôts, qui ſe perçoit dans quelques Etats, annuellement ſur chaque tête humaine qui y exiſte, ſuivant ſa ſituation. Indignité de cet impôt 281. Difficulté & impoſſibilité de l'aſſeoir avec équité 282. C'eſt un eſclavage affligeant pour l'homme & ſans profit pour l'Etat 283.

Caractere national, (le) influe beaucoup ſur le progrès des arts 254.

Catherine II, impératrice de toutes les Ruſſies, a bien ſenti que la liberté eſt l'unique ſource du bonheur public 39. Examen de ſa conduite à cet égard 40. Etabliſſemens qu'elle a formés de ſéminaires, académies 41. Hôpital d'enfans trouvés 41. Si elle parvient à ſurmonter tous les obſtacles qui s'oppoſent à la civiliſation de ſon empire, ce ſera la plus grande preuve de ſon courage & de ſon génie 42.

Catholiciſme, (le) tend ſans ceſſe au proteſtantiſme 11.

Cavalerie, (la) prévalut dans les armées Romaines par molleſſe; quelle en fut la conſéquence 149. Elle décida du ſort des armées, qui, en Europe dans les treize & quatorzieme ſiecles, n'étoient compoſées que de cavalerie 150. La peſanteur de ſes armes la rendit inutile à l'attaque des châteaux & des villes. L'invention de la poudre donna beaucoup d'avantage à l'infanterie sur elle; comment 152.

Célibat de convenance, introduit par le luxe, est un grand obstacle à la population 274.

Célibat, (le) militaire, fait grand tort à la population *ibid*.

Célibat (le) des prêtres, sa suppression seroit un des grands moyens de favoriser la population 272 & *suiv*.

Charles VII, roi de France, après en avoir chassé les Anglois, établit le premier un corps d'armée permanent dans son royaume 151. Ce fut par-là qu'en abaissant la noblesse il augmenta le pouvoir du monarque *ibid*. Cette innovation préjudicia à la liberté de tous les peuples de l'Europe; pourquoi 153.

Charles VIII, roi de France, ses guerres en Italie furent cause qu'il en transporta dans son royaume quelques germes de bonne littérature 339.

Charles II, roi d'Angleterre; Etat de la marine Angloise quand il monta sur le thrône, & augmentation qu'il y fit 177.

Charles-Quint, roi d'Espagne; son ambition & sa rivalité avec François I, ont donné naissance au systême actuel de la politique moderne 130. La fortune seconda son habileté, sa force & sa ruse *ibid*. Il a été accusé d'aspirer à la monarchie universelle. 132.

Chine, (la) est une des parties de l'Asie qui possèdent & les thrésors de la nature & les plus brillantes inventions de l'art 244.

Chrétiens, (les) n'ont retrouvé les traces de la raison que sur les pas d'Aristote 357.

Chrétienté; révolution qui préparoit son élévation 26.

Christ, (le) naquit environ l'an sept cent de Rome, suites de cet événement 271. & *suiv*. Les livres de David & ceux de la Sybille annonçoient à cette naissance la fin du monde &c. 272.

Christianisme, (le) a succédé au Judaïsme 5. Causes qui devoient amener une révolution dans le culte 6. Il vint consoler le peuple des tyrannies qu'il éprouvoit & lui apprendre à souffrir *ibid*. Histoire de ses progrès 6. Moyens par lesquels il pénétra dans le cœur des femmes & dans les cours des princes 7. A quelle époque il pourra cesser d'être regardé comme uniquement appuyé sur l'autorité civile 11. Il est resté dégagé des mysteres chez les nations qui ont rejetté l'infaillibilité papale *ibid.* Sa destinée étoit de s'emparer du thrône des Césars 105. Originairement la primauté du siege des papes n'étoit fondée que sur un jeu de mots 105. Il tomba dans la plus grande abjection en Espagne par l'irruption des Maures 111. Il s'établit en Pologne avec toutes les prétentions de l'autorité papale. Il fut refoulé en Europe par l'établissement en Orient de la religion de Mahomet 271. Il avoit détruit les idoles du paganisme en Europe avant l'irruption des barbares du nord 334. Quels furent les monumens des arts qu'il avoit conservés *ibid. & suiv.*

Cicéron, orateur Romain, l'harmonie & la raison ont mis son éloquence au-dessus de tous les orateurs sacrés 345.

Circulation; celle des denrées amène l'âge d'or; comment 241 *& suiv.* Inconvéniens de la régler par des loix particulieres 242. Depuis que les avantages de celle des especes ont été développés, on ne thésaurise plus pour les besoins des guerres futures. 293.

Citoyen; les maux de la société deviennent les siens; comment 267. Sa prospérité dérive de celle du bien général *ibid.* Circonstances qui entraîneroient sa perte & celle de l'Etat. *ibid. & suiv.*

Civilisation des Etats, à quoi tous les monumens indiquent-ils qu'elle doit être attribuée ? 35.

Classe d'hommes médiateurs entre le ciel & la terre; effets que produisit cette opinion. 3.

Clergé (le) ne s'occupa, après qu'Isidore de Séville eut publié ses décrétales, que du soin d'accroître par toutes voyes ses revenus. 105 *& suiv.* Sa profession est pour le moins stérile pour la terre lors même qu'il s'occupe à prier. 239. Abus qui ne lui sont que trop ordinaires. *ibid. & suiv.* Ses domaines inaliénables sont un grand obstacle à la population; pourquoi. 267. Il se souviendra un jour de ce que Dieu dit à l'homme innocent & à l'homme pécheur. 272. S'il vécut une fois de l'aumône des peuples, aujourd'hui il les réduit à l'aumône. *ibid.* Les princes n'ont recouvré leurs droits sur ses usurpations que par les connoissances transmises par la lecture. 360.

Climat; c'est le plus tempéré qui doit être le plus favorable à l'industrie sédentaire; pourquoi. 252. Sa différence fut vraisemblablement cause de ce que les arts

& métiers que les protestans réfugiés en d'autres Etats y porterent, n'y réussirent point comme en France. *ibid. & suiv.*

Code ; quels sont les trois sous lesquels nous vivons. 371.

Coborn, ainsi que Vauban, ouvrit les yeux à l'Europe sur l'art d'attaquer & de défendre les places. 157.

Colbert, ministre d'Etat en France, par quelles raisons y établit de tous côtés des manufactures. 193.

Commerce (le), a beaucoup influé depuis un demi-siecle sur la prépondérance des nations 137. Il ne produit rien de lui-même, ses fonctions se réduisent à des échanges 186. Quand Rome eut tout envahi il retourna à sa source vers l'orient. 179. Influence des Croisades sur le commerce. *ibid.* Efforts des Portugais pour s'emparer de celui de l'Asie. 188. Succès de l'Espagne par l'acquisition des mines d'or & d'argent, premieres matieres de tout le commerce. *ibid. & suiv.* L'Angleterre l'envisagea la premiere comme la science & le soutien d'un peuple éclairé, puissant & vertueux. 192. Il a fallu beaucoup de tems pour l'établir en Allemagne; pourquoi. 195. *& suiv.* Il a commencé à améliorer le sort des peuples du nord ; comment. 196. *& suiv.* Il a changé les maximes politiques de l'Europe. 197. Il devient une nouvelle ame du monde moral. *ibid.* Influence qu'il prend sur les corps politiques. *ibid.* Image des opérations immenses qui sont les enfans du commerce. 199, *& suiv.* C'est une science qui demande plus la connoissance des hommes que des choses. 200. Idée noble que doivent en avoir les hommes qui en font profession. 203. Obstacles que les divers Etats mettent à celui que leurs sujets font entr'eux. 215. Entravés qui lui sont mises en tems de paix. 215. Guerre de commerce combien sont funestes 216 *& suiv.* Suites de la suspension de ses opérations par la guerre 220 *& suiv.* Ses rapports sont tous très-intimes 221. Heureuse la puissance qui, la premiere, le débarrassera de toutes entraves 225. Avantages immenses qu'elle en retirera *ibid.* Comme il sort de l'agriculture, il y revient par sa pente & sa circulation 226. S'il ne s'exerce pas en premier lieu sur les objets d'agriculture du pays, il tombe en mains des nations étrangeres ; pourquoi 237. Sa liberté jointe à celle de l'industrie donneront les manufactures & la population 257. A quoi se réduisoit anciennement celui de l'Europe 260. S'il favorise la population par l'industrie de terre & de mer, il la diminue par les vices qu'amène le luxe 274. Quels sont ses progrès infaillibles dans une monarchie 276. Raisons pour lesquelles il faut aujourd'hui y porter les hommes 277. Etat où le réduira le gouvernement, si le prince a seul le droit des tributs 295. Il souffre de la préférence qu'on donne aux signes sur les choses, comment 326. Il a hâté les progrès de l'art par le luxe des richesses 345.

Commerce des esclaves, est le plus infâme & le plus atroce de tous. 388.

Constantinople, siège des empereurs chrétiens d'Orient, prise en 1453 par Mahomet, devient la capitale de l'empire des Turcs 26. Le cimeterre y est toujours l'interprète de l'alcoran 30. Quelles voyes y sont pratiquées par le sultan à l'égard des impôts 293.

Constitution Britannique (la), est la mieux ordonnée sur le globe; pourquoi 67. Elle ne sauroit être parfaite, pourquoi 68.

Contributions (les) des citoyens au trésor public, ce qu'elles sont & comment doivent être présentées 291. Justice de celles qui sont destinées au maintien de la force publique 309. Doivent être proportionnées aux avantages que procure la force publique 310. Combien sont onéreuses à tous les états de l'espèce humaine, quand cette proportion est contr'eux *ibid. & suiv.* Atrocité de leur exaction quand elles sont pillées ou follement dissipées 312. Quel est leur rapport avec les avantages de la force publique? *ibid.*

Conversation de l'Auteur avec un Visir, qui établit les conséquences qui suivent le droit qu'a le prince de créer seul les tributs 296 *& suiv.*

Copernic, fameux astronome, avoit conjecturé que le soleil étoit au centre du monde 353.

Corps Helvétique; Epoque où il regorgeoit d'habitans 93 *& suiv.* Quel est le moyen de richesses qu'il tira de sa surabondance de population 95 *& suiv.* Sa tranquillité est encore moins menacée par ses voisins que par ses citoyens, pourquoi 98. 99.

Courage (le), dépend souvent des circonstances 2. Qu'est-ce qui constitue le vrai courage? 165. Raisons pour lesquelles il est érigé en vertu. 366.

Couronne élective; ses inconvéniens 61.

Crainte des puissances invisibles (la); ses effets. La plupart des législateurs en ont fait usage pour asservir les peuples 4.

Crédit public; définition du mot crédit en général 317. Quelle est la double confiance qu'il suppose 318. Les convenances des acheteurs & des vendeurs ont donné naissance au crédit particulier *ibid*. Quelle est la différence entre le crédit public & le crédit particulier. *ibid*. Il ne fut point connu des anciens gouvernemens. 318. Ce qui y a donné lieu, & quelles sont les premieres nations qui en ont fait usage 319. Celui de l'Angleterre, de la Hollande & de la France est fondé sur ce que ces Etats sont plus à l'abri de l'invasion que d'autres de l'Europe 320. Son usage n'est pas ruineux au même point pour tous les Etats 321. Vice de l'idée que son usage met une puissance en état de faire la loi aux autres 323.

Croizades (les), à quoi dûrent s'attribuer 272. Avoient apporté les romans Orientaux en Italie 338. Comment influerent sur les mœurs de l'Europe 373. Elles précéderent de deux siecles la découverte de l'Amérique 374.

Cromwel, Anglois presbytérien, éveilla dans sa patrie la jalousie du commerce 172.

Cultivateurs; le gouvernement leur doit plus de protection qu'aux habitans des villes 237. Il doit les favoriser avant toutes les classes oiseuses 239. Même avant les fabriquans & les artistes 239. Ils sont éloignés de tout ce qui peut flatter l'ambition ou charmer la curiosité *ibid*. La liberté indéfinie dans le commerce des denrées étend leurs vues sur le commerce en général 242. Comment se trouvent chargés par les emprunts publics 323.

D

Danois (les), quoique soumis au pouvoir arbitraire, n'ont pas les mêmes préjugés que les Turcs sur les droits de leur souverain sur leur vie 32.

Découverte des deux Indes; quelle en a été la conséquence pour l'Europe 386. Exposition des maux attachés aux avantages de cette découverte 387. & *suiv*.

Déisme (le), ou la croyance à un seul être divin, est né du manichéisme 3. Il tend au scepticisme 12.

Démocratie (la) ou le gouvernement du peuple, tend à l'anarchie 60.

Dépopulation des Etats; à quoi doit-on peut-être attribuer le cri qui s'est élevé à cet égard depuis quelques années 265.

Descartes, grand philosophe, a fondé les élémens de la philosophie moderne 355. Il avoit appris à douter: influence précieuse de son doute méthodique *ibid*. Newton & Leibnitz acheverent après sa mort l'établissement de la bonne philosophie 345 *& suiv*.

Despote; sous la suprême volonté il n'y a que terreur, bassesse, flatterie, stupidité, superstition 20. Sous le despote ferme, juste & éclairé est, suivant quelques-uns, le plus heureux gouvernement 33. Esclavage où sa continuité plonge irrémissiblement, sans que le despote même put en tirer son peuple 33. 34. Un revers met à la merci de son peuple celui d'une nation belliqueuse parvenu au despotisme par des victoires 40. Si les troupes nombreuses empêchent les invasions, elles ne sauvent pas des attentats du despote, au contraire 166. Avec des impôts il lève des soldats, avec des soldats il lève des impôts *ibid*.

Despotisme (le): Dégradation de l'homme sous son empire 32. Idée de celui sous lequel l'Angleterre a gémi plus d'un siecle 58. Il s'appesantit sur les ames dégradées 72. Il existe dans toutes les ames, mais plus ou moins exalté 79. Il s'élève par des soldats & se dissout par eux 126. Quand les progrès du gouvernement militaire l'ont amené il n'y a plus de nation 167. Les attentats du despotisme enfanterent la liberté chez les Anglois 192. Il s'oppose à la multiplication de l'espece humaine 262 *& suiv*. L'impôt est la preuve du despotisme 282.

Despotisme ecclésiastique (le), fut introduit par Constantin, comment 7 *& suiv*. Révolutions qui diminuerent sa puissance 7 *& suiv*.

Détracteurs de l'homme; quel être ils en ont fait; combien ils sont détestables 361.

Dialecte; les Romains, comme les Grecs, ayant reconnu son influence sur les mœurs, chercherent à étendre le leur par les armes 341.

Discipline militaire; après l'invention de la poudre, celle de l'infanterie devint beaucoup moins couteuse que celle de la cavalerie 153. Celle des Suisses dans leurs combats contre les Bourguignons les rendit aussi fameux que formidables 154. Les Espagnols la perfectionnerent 154. Le roi de Prusse en créa une toute nouvelle 157. Dont aucune puissance n'a réussi à saisir les principes: idée de celle des Prussiens 154 *& suiv.* Pourquoi le François ne sauroit être soumis à la même discipline 150. La perfection de la discipline est une preuve que la guerre est aujourd'hui un état presque naturel 161.

Distinction (la), d'une puissance temporelle & d'une puissance spirituelle est une absurdité palpable 116.

Doute (le); époque où il avoit dissipé les préjugés 357.

Drake (François), amiral Anglois, fut embrassé & créé chevalier par la reine Elizabeth 176. Que prouva son voyage autour du monde 356.

Droit féodal, le plus destructeur de tous les droits, époque de sa plus grande rigueur 80.

E

ECRIVAINS; que d'especes de ressentimens ils ont à braver 347.

Egypte (l'), est une des parties de l'Asie où les plus brillantes inventions de l'art ont été jointes à tous les thrésors de la nature 244.

Elisabeth, reine d'Angleterre, se conduisit toujours par des principes arbitraires 57. 59. Moyens qu'elle mit en œuvre pour parvenir à l'établissement d'une flotte: nombre des vaisseaux de guerre qu'elle laissa à ses successeurs 176.

Eloquence (l') prit de la grandeur & du nerf chez les Grecs, au milieu des intérêts publics 330. Elle fut affectée, maniérée & outrée chez les Romains 331.

Empereurs d'Allemagne (les) préparerent les voyes à la reforme de la législation, pourquoi 53. L'un d'eux Maximilien, soumit les princes Allemands aux loix *ibid.*

Empereurs Romains (les); à quelle époque ne voulurent plus être de simples mortels, & quelle en fut la conséquence 332.

Empire Germanique, la constitution s'est perfectionnée

depuis le règne de Maximilien 54. L'esprit militaire y est devenu général; conséquence qui en a résulté 55. Pourquoi sa constitution dégénere insensiblement en esclavage 56.

Empire Ottoman (l') fut fondé en 1300 par Ottoman, chef des Turcs, alors une horde des Tartares 25. Epoque où une prospérité trompeuse préparoit sa décadence 26. Ses sultans n'ont jamais changé de principes; révolutions qui en sont la suite 29.

Empire Romain (l'), crouloit de toutes parts quand les Germains entrerent dans les Gaules; raisons de cette irruption 79. Il déclina promptement avec le paganisme vers l'an 700 de Rome, époque de la naissance du Messie 271.

Emprunts publics; illusions des arithméticiens politiques sur leur utilité 321 & *suiv*. Comment leur multiplication conduit un Etat à sa ruine 324. Désordres dans lesquels leur facilité jette les Etats, les particuliers, le commerce & l'agriculture 325. Leur cumulation oblige à l'augmentation des impôts pour le paiement des intérêts *ibid.* & 326. Ce qu'il en résulte *ibid.* Epoque où leurs édits sont payés en édits de réduction *ibid.* Horribles calamités qui en sont la suite *ibid.* & *suiv.*

Encyclopédie des sciences & des arts; époque où elle a paru 358. Ce dépôt caractérisera dans les siecles à venir le siecle de la philosophie *ibid.*

Enthousiasme (l') des peuples; moyen le plus sûr de l'éteindre 12. de Fair-Child, auteur Anglois, en faveur du labourage 236.

Ere Chrétienne (l'), commença environ l'an 700 de Rome ancienne, à la naissance du Messie 271. Mille ans après l'Ere chrétienne les livres de David & ceux de la Sybille annonçoient le jugement dernier 272.

Espagne (l'), avec beaucoup d'orgueil a perdu toutes les traces de la liberté 84. L'irruption des Maures y jette le catholicisme dans une grande abjection & l'inquisition lui donne aujourd'hui l'aspect le plus hideux 111. Elle acquit au quinzieme siecle des droits en Allemagne 130. Sous Philippe III l'église ne cessa d'y dérober l'Etat 131. La succession à son thrône mit l'Europe en feu 134. Par le caractere de ses habitans, elle semble moins appartenir à l'Europe qu'à l'Afrique 135. En s'emparant des mines d'or & d'argent de l'Amérique, elle se rendoit maîtresse & des objets du commerce & de la matière qui les acquiert 189 & *suiv.* Elle a senti l'importance du labourage, &, faute d'habitans, elle a appellé des laboureurs étrangers 234.

Espagnols; leurs déprédations en Amérique ont éclairé le monde sur les excès du fanatisme 12. 13. Leur maniere d'établir leur religion a plus détaché de catholiques de la communion Romaine, qu'elle n'a fait de chrétiens chez les Indiens 13. Ils perfectionnerent la discipline militaire dont les Suisses avoient donné l'exemple 255. Quand les Hollandois se furent rendus maîtres du commerce par leur industrie, les Espagnols devinrent pauvres quoiqu'ils possédassent tout l'or du monde 189.

Espece humaine (l'), est si susceptible de fermentation qu'il ne faut qu'un enthousiaste pour mettre de nouveau la terre en combustion 344. Révolutions qui peuvent y survenir *ibid.* & *suiv.* Tous les efforts de l'esprit & de la main se sont réunis pour embellir sa condition 345. Quel est l'objet de la morale à son égard 364.

Esprit humain (l'), est désabusé de l'ancienne superstition 12. Epoque où il prit des forces contre les fantômes de l'imagination 24. Moyen de lui rendre la tranquillité 274. Les lettres sont les fleurs de sa jeunesse 348. Quelle seroit sa plus grande folie 360.

Etablissemens dans les deux Indes; quelle complication ils ont mis dans la machine du gouvernement 388.

Etat (l') n'est pas fait pour la religion, mais la religion est faite pour lui 114. L'intérêt général est la règle de tout ce qui doit y subsister *ibid.* Il a la suprématie en tout 116. C'est une machine très-compliquée qu'on ne peut monter & faire agir sans en connoître toutes les pieces 120. Il ne doit avoir d'autre objet que celui de la félicité publique 125. Plus un Etat s'affoiblit, plus on y multiplie les soldats 166. Un Etat bien cultivé produit les hommes par les fruits, & les richesses par les hommes 237. Système rélatif à l'agriculture qui conduit l'Etat à sa dissolution 242. Pourquoi ceux qui ont le plus de ressources sont-ils les plus endettés? réponse 320. L'usage du crédit public n'est pas également ruineux pour tous 321. Discussion sur l'utilité dont il est pour eux d'attirer l'argent des autres nations par la voye des emprunts publics 322.

Etats; avantages immenses que tous ceux du globe entier retireroient en laissant à la culture les bras qu'ils lui dérobent par la milice 270.

Europe; l'Auteur en a montré l'état avant la découverte des deux Indes 2. Pas qui l'ont conduite à son état de police actuel 21 *& suiv*. Ses grands peuples ayant été soumis aux Romains, ces Romains si nombreux retomberent dans la barbarie 23. La naissance de Luther & de Colomb y causa une grande agitation, quel en fut le résultat 25. Causes qui s'opposerent à son envahissement par les Turcs après la prise de Constantinople 30 *& suiv*. Quoique leur empereur y possède de vastes Domaines, il entre pour très-peu dans le systême général de l'Europe; pourquoi 29. Pourra bien devenir sujette à un seul gouvernement, qui sera nommé *Banc de l'Europe* 54. Tous les Etats doivent les progrès de leur législation à l'Allemagne 54. Quel établissement de la Chine ses souverains devroient imiter 120. 121. La succession à la couronne d'Espagne y alluma de tous côtés le feu de la guerre 124. Elle doit ôter à l'Angleterre la monarchie universelle sur mer 137. Si chaque nation y connoissoit ses droits & ses vrais biens, il n'y auroit guerre ni sur terre, ni sur mer *ibid*. Epoque où elle se trouve toute en combustion; de quelle maniere 155. Quels sont les hommes qui ouvrirent les yeux à tous ses princes sur la maniere d'attaquer & de défendre les places 157. Préjugés qui y subsistent encore sur les occupations que l'on pourroit donner aux soldats 164. Le hazard ou la Chine lui ont donné la boussole, qui lui donna l'Amérique 168. Elle n'avoit eu aucune marine depuis l'Ere chrétienne jusqu'au seizieme siecle 175 *& suiv*. La marine est un nouveau genre de puissance qui lui a donné en quelque sorte l'Univers 179. Les différens sistêmes de l'Europe ont été changés par la marine; de quelle maniere *ibid. & suiv*. Elle jouït d'une plus grande sécurité depuis qu'elle a des flottes 180. Pendant que les barbares l'inondoient, le commerce alla se fixer vers l'Orient 179. La Flandre, avant l'établissement des Provinces-Unies, avoit été le lien des communications entre son nord & son midi 190. Les maximes générales de la politique l'ont changée par la révolution que le commerce a occasionné dans les mœurs 197. La grande fertilité de ses provinces méridionales y a plongé les peuples dans l'indolence 233. Autres causes de cette indolence 234.

Elle feroit encore plus reculée en connoissances sur l'agriculture sans les écrivains Anglois 236. Sa balance est dans les mains des nations artistes 250. Depuis qu'elle est couverte de manufactures, l'esprit & le cœur humain semblent avoir changé de pente *ibid. & suiv.* Examen si elle a été plus habitée anciennement que de nos jours 259 *& suiv.* Les arts ne devoient pas y avoir plus de vigueur que les loix 260. Le nombre des hommes devoit y être très-borné 260. Réflexions sur la conquête de la plus belle partie de l'Europe en trois ou quatre siecles par les habitans du nord 262. Le christianisme vint s'y concentrer vers l'an 700 de l'Ere chrétienne, à l'époque de l'établissement de la religion de Mahomet dans l'Orient 272. Quand elle commença à s'éclairer, les nations s'occuperent de leur sureté ; de quelle maniere 281. Etat des arts & des lettres au midi de l'Europe, lors de l'invasion des barbares du nord 332. Qu'en devinrent les monumens 333. Le christianisme y avoit détruit les idoles payennes avant l'irruption des barbares du nord 334. Epoque où l'on parloit latin dans presque toute son étendue, mais l'invasion des barbares du nord en corrompit l'idiome 341. Connoissances qu'elle acquit par ses voyageurs & ses négocians sur les religions du globe 356. Examen s'il peut y avoir des bonnes mœurs 370 *& suiv.* A quelle époque il pourra y en avoir 382. Les avantages qu'elle a retirés de la découverte du Nouveau-Monde valent-ils le sang qu'elle lui a couté ? 383. Etat des nations de l'Europe à qui appartiennent les Mines du Nouveau-Monde 384. Les autres puissances ont-elles retiré plus d'avantages des thrésors de l'Amérique ? 385. Que de cadavres elle a laissé dans le Nouveau-Monde ! & quel poison elle en a reçu ! 386. La plupart de ses nations se sont souillées par le commerce des esclaves. Ses divers Etats, depuis les établissemens dans les deux Indes, ont langui sous le joug de l'oppression 387. 388.

Européens (les) auront de bonnes mœurs quand ils auront de bons gouvernemens 382.

Expéditions de long cours (les), quelle nouvelle espece de sauvages ont-elles enfanté ? 387. Caractere de cette espece d'hommes 388.

S ij

F

FACTIONS, dans une nation divisée, quelle est leur marche ordinaire 44. Quelle en est la suite en Pologne 48. 49. Epoques où il y en avoit de continuelles par le vice des gouvernemens 259.

Fair Child, auteur Anglois sur l'agriculture; exemple de son enthousiasme à l'égard du labourage 236.

Famille (la), fut la première société, qui s'étend, se sépare & se fait ensuite la guerre pour quelques intérêts opposés, parce que les freres ne se connoissent plus 19.

Fanatisme, les déprédations des Espagnols en Amérique ont éclairé sur ses excès 12. 13. Il a dû s'éteindre comme la chevalerie; pourquoi 14. Quelle espece en ont fait naître les tentatives de Colomb & de Gama 386.

Fanatisme des prêtres. Quel est le moyen le plus sûr de l'éteindre 12.

Femmes (les), quand les richesses ont amené le luxe, deviennent enfans 274. Leur déroute ne fait que précéder celle des hommes 276. Leur incontinence est le vice qui produit le plus grand nombre de vices 376. Combien son influence est pernicieuse sur leur moralité *ibid*. Elles se déterminent plus difficilement, mais plus fortement que les hommes 377. Il est plus facile d'en trouver qui n'ont point eu de passion, qu'une qui n'en ait eu qu'une 378. Regrets d'une femme galante à ses derniers momens *ibid. & suiv*. Qu'arrive-t-il à celle qui se laisse approcher d'un autre que de son mari 379. La distinction entre la femme galante & la courtisanne est frivole 380. Péril auquel les femmes galantes échappent difficilement 381.

Ferdinand, roi d'Hongrie, forma dans le voisinage des Turcs une puissance capable de leur résister 27.

Fermes; extrémité des Etats qui y ont recours pour le recouvrement de l'impôt 292. Odieux aspect sous lequel celles des taxes ont toujours été regardées *ibid*. Leur usage tyrannique s'est concentré dans les gouvernemens absolus 292.

Fermier des taxes; c'est lui qui imagine les impôts, son talent est de les multiplier; conséquences funestes qui en résultent 291 *& suiv*.

DES MATIERES.

Fertilité, des champs ; les villes ne sauroient être florissantes sans elle 238. Elle dépend souvent moins du sol que des habitans *ibid*.

Fisc (le), maniere dont, sous le nom d'un visir, il établit la nécessité des impôts sur les propriétaires des terres 296. Ensuite sur les arts *ibid*. Sur la vente & l'achat des objets de premiere nécessité & de tous les objets du commerce & de l'industrie 298 *& suiv*. D'où résulte la guerre & l'exaction sur les frontieres 299. La nécessité d'entretenir une troupe très-incommode de soldats 300. Le voyageur étranger ou du pays, le paysan qui porte ses denrées à la ville payent le tribut pour subvenir à ses exactions sur le cabaretier *ibid. & suiv*. Exactions sur le pourvoyeur payées par le consommateur 301. Méthode d'asseoir le tribut sur les boissons 301 *& suiv*. De percevoir les droits d'entrée dans les villes 302 *& suiv*. De soumettre tout à son exaction 303 *& suiv*. Il a des agens par-tout 305 *& suiv*. Atrocité de ses impositions sur le tabac & le sel *ibid*. Comment se perçoivent sur le sel 306 *& suiv*. Il fait même contribuer les plaideurs 308. Par qui il a été figuré dans les livres sacrés 307.

Flandre (la), jusqu'à l'époque où les Provinces-unies s'en détacherent, elle avoit été le lien de communication entre le nord & le midi de l'Europe 190. Elle tira ses manufactures de l'Italie & les communiqua à l'Angleterre 245 *& suiv*. On y fit des dentelles, on y fabriqua des tentures *ibid*.

Fondateurs des nations ; comment on en fait la satyre 16.

Force publique, intérieure & extérieure, est absolument nécessaire au gouvernement ; pourquoi 309. En quoi est avantageuse aux citoyens 309 *& suiv*. Pourquoi il est juste qu'elle ait des contributions *ibid*. Qui doivent être proportionnées aux avantages qu'elle procure 310. Quel rapport y a-t-il entre les contributions qu'on exige & les avantages que vaut au peuple la force publique ? *ibid. & suiv*. Où se trouve la réponse à cette question 313.

France, (la) après l'établissement du droit féodal, ne fut plus qu'un assemblage de petites souverainetés ; quelle en fut la conséquence ? 80. Une lutte du pouvoir entre les rois & la noblesse y dura jusqu'au quinzieme siecle 100. Raisons qui déterminerent la nation à désirer que le souverain devint plus puissant *ibid*. Qu'offroit l'Histoire de France avant Louis XI ? 81. Moyens employés par les princes pour y augmenter l'autorité royale 81. La puissance temporelle y a été regardée comme subordonnée à la puissance spirituelle 112. Changemens dans le quatorzieme siecle à cet égard & dans les sciences *ibid.* Depuis la paix d'Utrecht, elle a toujours conservé sa supériorité en Europe 136 *& suiv.* Le caractere frivole de ses habitans lui a valu des trésors 194. On y commença en 1750 l'Encyclopédie & l'Histoire Naturelle de Buffon 230. Le laboureur n'y jouit pas encore du bonheur d'être taxé en proportion de ses facultés *ibid. & suiv.* Persécutions qu'il y éprouve 230. 231. Heureusement pour elle, tous les agens de son gouvernement ne pensent pas si atrocement à l'égard des laboureurs que quelques-uns 232. *& suiv.* Elle a emprunté son industrie de toutes les nations & en a surpassé plusieurs dans les arts 245. Est une des premieres puissances qui ait imaginé l'établissement du crédit public; par quel moyen 319. Son crédit auprès des prêteurs est fondé sur la plus grande certitude qu'elle est à l'abri de l'invasion 320. A qui doit-elle le transport dans le royaume de quelques germes de bonne littérature ? 339. Progrès qu'elle fit dans les arts & dans les lettres au dix-septieme siecle *ibid. & suiv.* On y vit, sous Louis XIV, le génie s'emparer à la fois de toutes les facultés de l'homme *ibid.* Combien il y auroit fait de plus grands progrès sous la seule influence des loix 340. Les avantages de son climat, de son sol, de sa population, de son commerce, de son industrie, de ses troupeaux la rendent comparable à l'ancienne Grèce *ibid.* A érigé une académie où les savans vont puiser & verser leurs lumieres 357.

François; Epoque qui changea leur caractere 80. Origine du joug sous lequel ils gémissent aujourd'hui 151. Pourquoi eurent-ils de la peine à recevoir la nouvelle discipline militaire ? 154 *& suiv.* Par une suite de leur caractere, ils se sont montrés le peuple le plus propre à former les sieges 157. Pourquoi se sont flattés long-tems d'avoir beaucoup à donner aux autres nations & peu à leur demander 193. La frivolité même de leur caractere a valu des trésors à l'Etat 194. Ont commencé en 1750 à écrire sur des matieres d'intérêt, 230. Conjectures sur les progrès qu'auroit fait chez eux le patriotisme sous la seule influence des loix, fondées

sur le climat de leur patrie & sur tant d'autres avantages qui la rendent comparable à la Grèce 340. *& suiv.*
François I, roi de France, son ambition, ses talens & sa rivalité avec Charles-Quint donnerent naissance au système de la politique moderne 130. Son caractere voluptueux le fit céder à son adversaire *ibid.* Il n'auroit peut-être jamais recherché le nom de *Pere des Lettres*, s'il n'étoit pas allé disputer le Milanois à Charles-Quint 338. La France doit à ses guerres en Italie le transport de quelques germes de bonne littérature 339.

G.

Galanterie; ses liaisons consomment la dépravation des mœurs 379. C'est elle qui étend la prostitution 380. Résultat & effets de la galanterie 380 *& suiv.*
Galilée, fameux philosophe & astronome de Florence, osa déviner la figure de la terre 352. Il confirma par l'invention du télescope le vrai système d'astronomie 353. D'où avoit il conclu la nécessité de l'existence des Antipodes ? 356.
Gassendi, philosophe Italien, remua les élémens de la philosophie ancienne, ou les atómes d'Epicure 353.
Genève, république indépendante, seroit perdue si les artistes qu'elle renferme se répandoient dans un vaste territoire 256. Un édit de Versailles peut du soir au matin acquitter la France avec elle 321.
Genre humain, (le) est ce qu'on veut qu'il soit suivant la maniere dont on le gouverne 125. La philosophie travaille à le délivrer des erreurs & des vices qui font ses calamités 358. Qui mériteroit d'être compté parmi ses bienfaiteurs ? 387.
Gouvernement, (le) est inséparable de l'état social 14. Exposition de la maniere dont il dérive de la nécessité de s'associer 17. Mais par un contraste étonnant le gouvernement, au lieu d'être la sureté de la société, est devenu celle de son dominateur *ibid.* Le premier fut patriarchal ; quels étoient ses fondemens 19. Les révolutions y succedent partout avec rapidité 20 *& suiv.* Extravagance de ceux qui prétendent que le plus heureux est celui d'un despote juste, ferme, éclairé 39 *& suiv.* Comment celui d'un pays pauvre & belliqueux passe rapidement de l'état de monarchie tempérée à

celui du despotisme illimité 43. Le gouvernement féodal domine en Pologne dans toute la force de son institution primitive 47. Ecueils d'un gouvernement placé entre la monarchie & la démocratie 60. Celui où le pouvoir législatif & le pouvoir exécutif sont séparés porte le germe de la division 69. Quand il est arbitraire, il n'y a plus d'états, c'est la terre d'un seul homme 85. Toutes les formes en sont comprises dans les différentes expositions de l'Auteur 118. Il ne faut pas croire que le caractere des hommes qui gouvernent fasse la seule différence des gouvernemens 119. L'intérêt unique & indivisible du gouvernement c'est l'intérêt de la nation 123. Manieres dont l'autorité parvient à le diviser *ibid. & suiv*. Comment on découvre qu'il est vicieux de sa nature 125. Il peut se diviser en législation & en politique 126. Pourquoi doit-il sa protection aux campagnes plutôt qu'aux villes? 237. Des contrées fertiles produisent quelquefois moins que de fort inférieures, parce qu'il y étouffe la nature de mille manieres 238. Son intérêt est de favoriser les cultivateurs 239. Il n'y a que ses soins paternels qui puissent dédommager le cultivateur des peines de la nature 240. 241. Il ne peut donc, sans se couper les veines, refuser ses premieres attentions à l'agriculture 241. Après la nature, c'est lui qui doit faire prospérer les manufactures 255. Le despotisme & l'aristocratie sont deux genres de gouvernement qui ne favorisent pas la multiplication de l'espece humaine 263 *& suiv*. De quel genre qu'il soit il ne doit jamais outrer la mesure des impositions 290. Inconvéniens qui en résultent *ibid*. Désordres qu'il causera dans le commerce & l'industrie si le prince seul a le droit des tributs 295. Il doit indubitablement avoir une force publique intérieure & extérieure 309. C'est sa mauvaise constitution qui fait tomber la vertu dans l'avilissement 381. Les hommes sont ce qu'il les fait être 382. Quand il y en aura de bons en Europe il y aura de bonnes mœurs *ibid*. Quelle complication sa machine a reçu par les établissemens dans les deux Indes 388.

Gouvernement ecclésiastique; comparaison entre St. Pierre & le pape 99. Abrégé de l'Histoire de Jesus-Christ *ibid. & suiv*. Quels furent ses préceptes & sa conduite 101. Le Sacerdoce, au lieu de s'y conformer, établit une hiérarchie puissante. 102. Qui devient enfin une véritable démocratie *ibid.* Les chrétiens commencent à se diviser sous Aurélien *ibid.* Rapidité des progrès de l'autorité ecclésiastique depuis la fin du troisieme siecle 103. Rome devient la capitale des chefs du christianisme 105. La primauté du siege pontifical ne fut fondée que sur un jeu de mots 105. Il panche vers la monarchie universelle 106. L'église d'Occident devient un despotisme absolu 107. Calamités de l'église d'Orient 108. Les évêques de celle d'Occident deviennent chasseurs & guerriers *ibid.* Désordres étonnans dans le gouvernement ecclésiastique Romain 108 *& suiv.* Autres désordres occasionnés par les Croisades *ibid. & suiv.* Corruption de la milice papale & des moines 110. Atrocités de l'inquisition 111 *& suiv.* Il passa en France de la tyrannie anarchique à une sorte d'Aristocratie tempérée 112.

Gouvernement féodal (le), domine en Pologne dans toute la force de son institution primitive 47. D'où se forma-t-il, & quel est son caractere 52. Sa décadence par le dérangement de fortune des seigneurs 109. Quel étoit l'un de ses vices dans les treizieme & quatorzieme siecles 150. Il fit désirer & croire prochaine la fin du monde aux nations foulées par sa tyrannie 272. Il n'y eut point d'impôt où il avoit lieu, pourquoi 280. A quoi servit la morale de l'Evangile sous son règne 372 *& suiv.*

Gouvernement Germanique; sa constitution: Les princes Allemands ne peuvent pas y être tyrans aussi impunément que dans les Etats monarchiques 51. Son tribunal se nomme *Banc de l'Empire* 54. Tout prince de l'empire peut y être cité: sous quelle évocation *ibid.*

Gouvernement militaire (le), tend au despotisme, mais le soldat dispose tôt ou tard de l'autorité souveraine; pourquoi 27. La plupart des gouvernemens sont déja ou deviennent militaires 161. Quand ses progrès ont amené le despotisme il n'y a plus de nation 167.

Gouvernement républicain (le); en quoi il differe des autres 143. Le contraste de ses maximes politiques avec celles des despotes, leur en a rendu la constitution odieuse; pourquoi 144.

Gouvernement théocratique (le), fut établi par Moïse chez les Hébreux; par quels moyens 20. 21.

Gouvernemens absolus ; c'est chez eux que l'usage tyrannique des fermes s'est concentré 292. Quelle a été l'unique base de presque tous ceux de l'Europe, depuis l'invasion des barbares du nord 372.

Gouvernemens anciens (les), ne connoissoient pas l'usage du crédit public 318. On y formoit pendant la paix un trésor qui s'ouvroit au tems des troubles 293, 318.

Grand Seigneur (le), ou empereur des Turcs, entre pour très-peu dans le systême général de l'Europe ; pourquoi 29.

Grande Bretagne (la), étoit peu connue avant les Romains : Révolutions qui y suivirent leur retraite 56. La royauté y est la premiere singularité heureuse de sa constitution actuelle ; comment 61. Elle y est héréditaire *ibid*. Revenus & autorité attribués à son monarque 62. Le roi ne peut y exiger aucun impôt 64.

Grèce ; ses Etats furent fondés par des brigands 22. Elle fut le théâtre de tous leurs genres de gouvernement & des actes les plus sublimes du patriotisme *ibid*. Caractere de ses habitans *ibid*. Elle a été, ainsi que l'Italie, le seul pays plus peuplé anciennement que tous ceux de l'Europe aujourd'hui 264. Les beaux arts y furent les enfans du sol même ; comment 328. Etat actuel de cette contrée 335. Epoque à laquelle les beaux arts la quitterent pour se réfugier en Italie 336.

Grecs (les), ont été le seul peuple original qu'on ait vu & qu'on verra peut-être sur la terre 22. Ils instituerent l'art militaire, & vainquirent toutes les forces de l'Asie 147. Ils succéderent aux Phéniciens dans les connoissances & l'exploitation du commerce 178. Comment trouverent les beaux arts sur le sol même de leur patrie 328. Ils eurent des Dieux méchans ; pourquoi 362.

Grégoire IX, pape ; exemple de son audace dans une lettre à St Louis 108 *& suiv*.

Guerre (la), doit son origine à la sociabilité, & cause plus de destruction en quelques heures à l'espece humaine, qu'il ne peut en résulter de 20 siecles d'insociabilité 15, 16. Elle commença entre des freres qui ne se connoissoient plus & que des intérêts diviserent 19. Après avoir soumis aux Romains les grands peuples de l'Europe, elle fit redevenir barbares ces Romains si nombreux 23. Elle ne décide pas seule de la prépondérance des nations 137. Ses funestes effets 145. L'Auteur espère que l'art de la faire tombera un jour dans l'oubli 146. Elle a été de tous les tems & de tous les pays 149. Elle s'étendit de plus en plus depuis l'augmentation de l'infanterie 152. Elle ne se faisoit auparavant qu'entre les pays limitrophes *ibid*. Elle n'étoit dans les siecles de barbarie qu'un tems d'orage, c'est presqu'aujourd'hui un état naturel 161. Elle est moins cruelle aujourd'hui qu'anciennement ; pourquoi 162. Celles de commerce sont contre nature ; pourquoi 216. Suites affreuses des deux dernieres dont le commerce avoit été l'origine 217. L'esprit en avoit passé des souverains aux particuliers, & avoit changé les vaisseaux marchands en vaisseaux corsaires occupés au brigandage 218. Conduite atroce de ses corsaires *ibid*. Calamités ordinaires quand elle suspend les opérations du commerce 220 *& suiv*. Maniere dont la faisoient les anciens peuples 262 *& suiv*. Elle a toujours & partout exigé plus de dépenses que la paix: maniere dont les anciens peuples y pourvoyoient 319.

Guillaume, le conquérant, asservit l'Angleterre, royaume au midi de la plus grande des isles Britanniques ; gouvernement qu'il y établit 56. 57.

H

Henri VIII, roi d'Angleterre ; avant son schisme, ce royaume étoit soumis au pape, même pour le temporel 112. Il fut obligé, quand il voulut équipper une flotte, de louer des vaisseaux à Hambourg, à Lubeck & à Dantzik 176.

Hérédité des Fiefs (l'), s'établit par-tout sous les descendans de Charlemagne, & le droit féodal régna dans toute sa force 80.

Hiérarchie ecclésiastique (la), s'étendit d'un degré par la création des cardinaux 99.

Hobbes, philosophe, à qui la nature avoit donné une force de tête peu commune, attaqua les préjugés scientifiques avec vigueur 355.

Hollande, l'une des sept Provinces-Unies ; quels princes virent échouer toute leur fureur dans ses marais 155. *& suiv*. Circonstances qui lui procurent un peuple immense de réfugiés 171. 172. Elle apprit aux Espagnols & aux Portugais que l'industrie est supérieure à

S vj

la possession de l'or 189. Elle fut bientôt un magasin immense 191. Tout favorisa la naissance & les progrès de son commerce *ibid*. Elle sut tourner tous les évènemens à son profit, mais son industrie ouvrit enfin les yeux à d'autres puissances 192 *& suiv*. Est une des premieres puissances qui ont imaginé l'usage du crédit public ; comment 319. Son crédit chez les prêteurs est principalement fondé sur la certitude qu'elle est à l'abri de toute invasion 320. Ses craintes sur ce que lui doit l'Angleterre 321.

Hollandois, raisons du peu d'attachement qu'ils doivent avoir pour leur patrie 77. Ils quitteroient infailliblement leur patrie si leur liberté étoit en danger *ibid*. Observations qu'ils doivent peser mûrement 78 *& suiv*. Ils imaginerent les premiers l'art de fortifier les places 156. La chute de la marine Espagnole fait passer dans leurs mains le sceptre de la mer 171. Ils se forment une marine aux dépens des Espagnols & des Portugais, & s'assurent des établissemens partout où ils portent les armes 172. Ils soutiennent une guerre avec les Anglois pour conserver l'empire de la mer 173. Sans terres & sans mines ils devinrent bientôt riches par les ressorts de leur industrie 189. L'Angleterre fut la premiere à s'appercevoir qu'elle n'avoit pas besoin de leur entremise pour négocier 192.

Homere, poëte grec, donna le ton à la poésie épique 330. Son génie a rendu les caracteres de la langue Grecque inéfaçables 345.

Homme (l'), auroit tourné bien tard les regards de la reconnoissance vers les dieux s'il avoit joui sans interruption d'une félicité pure 2. Raisons qui prouvent invinciblement qu'il tend par sa nature à la sociabilité 16. 17. Epoque où l'homme opprimé relève sa tête & se montre dans sa dignité 20. Différence étonnante que fait l'opinion d'un homme à un autre homme 31. Etat de dégradation où le plonge le despotisme 32 *& suiv*. Sans être même pressé par la faim il cherche toujours à dévorer l'homme 218. Epoque où il devient femme & où la femme devient enfant 274. Rolle que lui fait jouer l'amour des richesses 270. Epoque où il donna de l'esprit à la matiere & du corps à l'esprit 339. C'est par les arts qu'il jouit de son existence & qu'il se survit à lui-même 345. Comment est dégradé par ses détracteurs 361. Il naît avec le germe de la vertu, quoiqu'il ne soit pas vertueux *ibid.* Quel est l'homme vertueux 365. L'auteur ne connoit point les obligations de celui qui est isolé 366. Quelles sont celles du sociétaire 367. Inconvéniens qui résultent de ce qu'un seul s'occupe de ses intérêts sans s'embarrasser de l'intérêt public *ibid. & suiv.* Il tient par sa nature à la morale 370. Quel obstacle l'empêche d'être vertueux *ibid.*

Hommes (les), sont presque tous honnêtes excepté dans ce qui concerne leur profession 200. Sur quoi ils s'en excusent *ibid. & suiv.* Différence qu'il y a à cet égard entre ceux qui ont des professions & ceux qui font le commerce 201. Singularité de la lenteur qu'ils ont mise à revenir au premier des arts, le labourage 236. Un Etat bien cultivé les produit par les fruits de la terre, & produit à son tour les fruits par leur travail 237. Pourquoi le nombre en devoit être très-borné anciennement en Europe 260. Pourquoi faut-il les porter aujourd'hui au commerce 276 *& suiv.* Les premiers qui se réunirent ne sentirent pas d'abord l'ensemble des devoirs de la société 368. Quel est l'état dans lequel ils seroient peut-être moins éloignés du bien 371. Ils font ce que le gouvernement les fait être 382.

Hommes publics (les), à quoi ils mesurent leur faste, leur ton, & leur air 141.

Hostilités; celles de nos jours, heureusement, ne ressemblent pas à celles des tems anciens; quelle est la différence 161. Il n'y a que la faim qui puisse les excuser 215 *& suiv.*

Hurons, peuple de l'Amérique Septentrionale; c'est chez eux un acte de vertu de tuer son pere quand il est vieux 370.

I

IMMORTALITÉ de l'ame, des hommes, ce qui en fit naître l'opinion chez eux; ses effets 3. On s'en est moins occupé depuis que la communication entre les deux hémisphères s'est établie 14. Illusion de l'homme dans son idée qu'il peut faire des chefs-d'œuvres immortels 344 *& suiv.*

Impôts (les), sont le seul moyen de pourvoir aux besoins soit habituels, soit extraordinaires des Etats 64. Le despote se sert de soldats pour enlever, & se sert ensuite des impôts pour lever des soldats 166. Le laboureur françois est écrasé par des impôts arbitraires 230. Leur définition, & où ils peuvent avoir lieu 278. En quoi ils ont consisté en certains pays dans de certains tems 279 & *suiv*. L'honneur en tint lieu dans les beaux jours de la Grèce 280. Il n'y en eut ni chez les Romains, ni sous le gouvernement féodal *ibid*. Ils devinrent une des plus grandes usurpations des souverains de l'Europe dans le Nouveau-Monde 281. Indignité de celui qui se perçoit sous le nom de capitation 281. 283. Il est la preuve du despotisme *ibid*. Quand il porte sur les denrées de premier besoin, c'est le comble de la cruauté *ibid*. Conséquence qui en résulte *ibid*. & *suiv*. Inconvénient de celui qui porte sur des denrées moins nécessaires 283. Exposition de l'étendue que leur a donné l'avidité des souverains *ibid*. La taxe sur la terre est le seul impôt qui puisse concilier l'intérêt public avec les droits des citoyens 285. Difficulté qu'il y auroit à l'établir en ce moment 286. Maniere dont il devra s'exercer *ibid*. & *suiv*. Avantages qui en résulteront 287. La maniere de l'asseoir en fait la plus grande difficulté *ibid*. Systèmes sur cet objet 287 & *suiv*. Le gouvernement, de quel genre qu'il soit, ne doit jamais en outrer la mesure 290. Mis en fermes ils deviennent l'objet de l'imagination du fermier, qui ne pense qu'à les multiplier; atrocités qui en résultent 291. & *suiv*. Il ne suffit pas qu'il soit reparti avec justice, il faut surtout qu'il soit proportionné aux besoins du gouvernement 293. Par qui doivent être réglés pour en éviter l'excès *ibid*. Démonstration qu'ils ont toujours dépendu de la propriété 294. Les emprunts publics forcent à les augmenter pour le paiement des intérêts 326. Quelle en est la conséquence *ibid*. & *suiv*.

Imprimerie, ses progrès, son utilité; comment elle verse les sciences dans toutes les classes de la société humaine 359.

Incontinence des femmes, est le vice qui naît du plus grand nombre des vices & qui en produit le plus grand nombre 376. En quoi précisément il consiste *ibid*. Quelle en est l'influence sur la moralité des femmes 377. Quelle en est la suite *ibid*. & *suiv*.

Incrédulité (l'), est devenue trop générale pour que les anciens dogmes puissent reprendre leur ascendant 12.

Inde (l'), est une des parties de l'Asie, qui, avec tous

les trésors de la nature, possedent les plus brillantes inventions de l'art 244. Qu'est ce qui y passe pour acte de vertu & de cruauté ? 370.

Industrie étrangere (l'), loin de rétrécir l'intérieure, l'élargit ; comment 223. Si elle ne s'exerce pas en premier lieu sur l'agriculture, elle tombe au pouvoir des nations étrangeres, pourquoi 237. Son flambeau éclaire à la fois un vaste horizon 248. Elle peut enfanter des vices, mais pas ceux de l'oisiveté 250. Elle doit favoriser la liberté nationale qui, à son tour, doit aussi la favoriser 255. Sa liberté & celle du commerce produiront des manufactures & la population 257. A quoi elle étoit réduite anciennement en Europe 260. Depuis que les principes de l'industrie sont mieux développés, on ne thésaurise plus pour les guerres futures 293. Elle sera étouffée par le gouvernement si le prince a seul le droit des tributs 296. Comment elle souffre de la préférence qu'on donne aux signes sur les choses 326. Elle a pénétré, ainsi que l'invention & les jouissances du Nouveau-Monde, jusqu'au cercle polaire 343 *& suiv*. Le commerce des lumieres par l'imprimerie lui est devenu nécessaire 359.

Infanterie ; les Grecs & les Romains lui avoient dû leur supériorité, pourquoi 149. L'invention de la poudre acheva de lui donner l'avantage sur la cavalerie 152. Epoque où l'importance d'en faire usage se fait sentir 153. *& suiv*. Son augmentation fait cesser l'usage de la milice féodale 155.

Innocent III ; sous ce pape, il n'y avoit plus au monde qu'un seul tribunal qui étoit à Rome 109.

Innovations (les), dans les Etats, doivent être insensibles 120.

Inquisiteurs d'Etat, à Venize, importance de cet emploi 90. Sont une espece de tribuns protecteurs du peuple 92. Pourquoi ne sont pas fort redoutables *ibid*.

Inquisition (l'), est un tribunal insultant à l'esprit de Jesus-Christ & détestable 111. Fut introduite en Espagne sous le regne de Philippe III, 131.

Intérêt général (l'), est la regle de tout ce qui doit subsister dans l'Etat 114. Le peuple, ou l'autorité dépositaire de la sienne, ont seuls droit de juger si les institutions y sont conformes *ibid*.

Intérêts ; ceux qui suivent les emprunts publics, obligent à l'augmentation des impôts pour y subvenir 326. Conséquence qui en résulte *ibid*.

Intolérance religieuse (l'), est une des causes de la dépopulation de certains Etats, comment 237.

Intrigue (l'), a toujours assiégé les rois depuis qu'ils ont appellé les grands à la cour. 83.

Invincible Armada; nom qu'avoit pris une flotte considérable qu'avoit fait construire Philippe II roi d'Espagne 170. Triste sort de cette flotte *ibid*. & 171.

Iroquois, peuple de l'Amérique Septentrionale ; c'est un acte de vertu chez eux que de tuer son pere quand il est vieux 370 & *suiv*.

Isidore de Séville, donna ses décrétales au huitieme siecle; quelle en fut la suite 106.

Italie (l'), avec les dons du génie, a perdu tous les droits, toutes les traces de la liberté 84. Elle tira ses métiers & ses manufactures de la Flandre 245. Elle a été le berceau du monachisme & de l'intolérance 247. Elle fut anciennement, ainsi que la Grece, le seul pays de l'Europe plus peuplé qu'aujourd'hui 264. Etat dans lequel s'y trouvoient les lettres & les beaux arts lors de l'irruption des barbares du nord en Europe 332. Epoque où les beaux arts s'y réfugierent avec les belles lettres en fuyant la Grece 336. Elle eut seule plus de villes superbes & d'édifices magnifiques que toute l'Europe ensemble 337. Elle auroit porté les arts bien plus loin si elle avoit possédé les trésors du Mexique. *ibid*. La mythologie des Romains rendit à sa littérature les graces de l'antiquité 338. Poëtes qui s'y sont immortalisés *ibid*. Elle fonda la premiere une académie de physique 356.

Italiens (les), furent les premiers à quitter le jargon pour se former une langue qui leur fut propre. Agrémens de la langue Italienne 342.

J

Jaques I, roi d'Angleterre ; ses prétentions déclarées au despotisme font souvenir aux Anglois de leurs droits 59. Effets qui en résulterent *ibid*.

Jaques II, roi d'Angleterre, redonne à la marine Angloise plus d'éclat qu'elle n'en avoit perdu sous Charles II son frere 177.

Jargois, après l'invasion des barbares du nord dans

l'Europe, il y en eut autant de différens qu'il y eut de gouvernemens 341. La renaissance des lettres les améliora, mais avec lenteur *ibid.*

Judaïsme, une de ses grandes bases fut la théocratie ou le despotisme sacré. C'est de lui que naquit le christianisme 5. C'est la seule religion qui ne soit pas tolérée en Russie, pourquoi 38.

Juifs (les), eurent d'abord un gouvernement théocratique suivi d'un gouvernement monarchique très-tyrannique quoiqu'assujetti au sacerdoce 21. Etat actuel de cette nation *ibid.* Ils ne sont point tolérés à Pétersbourg; pourquoi 38.

L

LABOUREUR *François* (le), est écrasé par les impôts arbitraires 230 *& suiv.* Persécutions qu'il éprouve. Discours atroce d'un administrateur à son égard 231. Représentation à ce sujet 231 *& suiv.*

Lagunes de Venize (les), ce qu'elles étoient autrefois 86.

Langue Allemande (la), est originelle indigene de l'Europe 343. Elle a aidé à la formation de l'Anglois & du François *ibid.* Elle sembloit peu faite pour des organes polis, mais, tout d'un coup, elle a fourni des poëtes originaux, dignes de le disputer aux autres nations 344.

Langue Angloise (la), a un caractere d'énergie & d'audace. Ce n'est pas la langue des mots, mais des idées 342. Quel mot ont dit les Anglois qui consacre une langue *ibid.*

Langue Espagnole (la), quelles sont ses qualités & ses progrès 341. Avantages qu'elle tireroit du silence de l'inquisition *ibid. & suiv.*

Langue Françoise (la), regne dans la prose ; avantages qui lui sont propres 342.

Langues (les), en se cultivant ont porté les arts à une grande perfection, & les monumens en sont si nombreux qu'une nouvelle barbarie aura peine à les détruire 344.

Législateur, la plupart se sont servis de l'influence de la crainte des puissances invisibles sur l'esprit des peuples pour les asservir. De quelle maniere *ibid.* Celui qui ne favoriseroit la population que pour avoir des soldats seroit un monstre 277. Le vrai est encore à naître 371.

Législation (la), fait quelques pas sous le monarque 19. L'art de la législation demandant le plus de perfection, doit occuper les meilleurs génies 119. Elle agit au-dedans du gouvernement 126. Une législation vicieuse engendre une infinité de maux & de fléaux 269. La supériorité de celle des peuples anciens a manqué aux nations modernes pour égaler les anciennes 340. Les hommes, dans l'Univers, n'ont pas la meilleure qu'on pouvoit donner, mais qu'ils pouvoient recevoir. 371.

Leibnitz, philosophe Allemand, né peu avant la mort de Descartes, acheva avec Newton l'établissement de la bonne philosophie 354 & *suiv*. Il poussa la science de Dieu & de l'ame aussi loin que la raison peut la conduire 355.

Liberté (la), est l'unique source du bonheur public 39. C'est le seul cri du peuple, qui passe de l'esclavage à l'anarchie 44. Elle est l'idole des ames fortes ; effet qu'elle produisit chez les Anglois 59. Elle naîtra du sein même de l'oppression. 145.

Liberté Angloise (la), repose sur son gouvernement mixte 60. 61. Sur la disposition du pouvoir monarchique 62. Sur le partage du pouvoir législatif 63. 64. Elle renaquit des attentats du despotisme 192.

Liberté indéfinie de la presse ; son utilité en Angleterre 67.

Liberté nationale (la), si l'industrie la favorise, elle doit à son tour la favoriser 255.

Liberté populaire ; ce qui la décide 83. Rien ne lui est plus favorable que les arts 247. Celle des écrits est la seule sauvegarde des loix 361.

Littérature ; comment elle forme un empire qui prépare la république Européenne 359. Combien elle est devenue nécessaire à l'industrie *ibid*. & *suiv*. Combien elle a été avantageuse aux princes 360.

Locke, fameux philosophe Anglois, poursuivit les préjugés scientifiques dans tous les retranchemens de l'école 355.

Loix (les), peuvent seules sauver une nation de sa perte 371. Quel est leur rempart & leur fondement *ibid*. Les bonnes loix se maintiennent par les bonnes mœurs 382.

Louis XI, roi de France, fut sans efforts plus puissant que ses prédécesseurs 81.

Louis XII, roi de France; ses guerres d'Italie furent cause qu'il transporta dans son royaume quelques germes de bonne littérature 338.

Louis XIV, roi de France a été accusé d'aspirer à la monarchie universelle 132. En regardant autour de lui il dut être étonné de se trouver si puissant 133. C'est à lui seul qu'il faut attribuer l'excessive multiplication des troupes au sein même de la paix, pourquoi 161. Il veut profiter de l'épuisement des Anglois & des Hollandois après une guerre pour s'emparer de l'empire des mers 173. Ses opérations en conséquence 174. Il châtie ensuite les puissances barbaresques *ibid*. Il vainquit les flottes Espagnoles, mais il fut vaincu par les Anglois & les Hollandois *ibid*. Il avoit posé le faîte de sa marine guerriere sans en avoir assuré les fondemens; comment 175. Ses victoires & les hommes de grand génie qui étoient en nombre sous son regne illustrerent la France dans le dix-septieme siecle 339.

Lumieres (les) *de la philosophie* gagnent insensiblement un plus vaste horizon 358 *& suiv*. Leur commerce par l'impression est devenu nécessaire à l'industrie 359.

Luxe (le), est l'enfant des richesses & pere de bien des vices 274. Désordres dans lesquels il entraîne *ibid*. Il devient un besoin; désordres qui en résultent 275.

M

Mahomet, chef de la religion des Turcs, s'empare en 1453 de Constantinople, & en fait la capitale de l'Empire 26. Il parut en Orient vers l'an 700 de l'ère chrétienne 272. Et repoussa le christianisme en Europe. *ibid*. Ses disciples armés du glaive & de l'Alcoran chasserent les lettres & les arts de la Grece en s'emparant de la capitale 336.

Maîtrises; leur exemption produit la concurrence des ouvriers, & dès lors l'abondance & la perfection des ouvrages 256.

Mallebranche, philosophe, laissoit renaître les préjugés scientifiques en les abaissant, parce qu'il n'alloit pas à la source du mal 355.

Manichéisme (le), dont les vestiges dureront à jamais, est né du polythéisme 3.

Manufactures; raisons qui portèrent Colbert à en établir dans tous les coins de la France 194. Pourquoi méritent-elles moins les préférences du gouvernement que l'agriculture ? 289. & *suiv*. Elles présentent nombre d'objets d'instruction & d'admiration à l'homme le plus instruit 247. Depuis que l'Europe en est couverte, changemens qu'elle a éprouvés 250 & *suiv*. Une manufacture riche attire plus d'aisance dans un village que vingt châteaux de barons chasseurs 251. Raisons pour lesquelles un état doit chercher tous les moyens de les faire fleurir chez lui *ibid*. Objets nécessaires à leur encouragement 252. La fertilité du sol leur est très-avantageuse, pourquoi 253. A son défaut la frugalité des hommes doit y suppléer 254. Après la nature c'est le gouvernement qui les fait prospérer 255. Est-il utile de les rassembler dans les grandes villes ou de les disperser dans les campagnes? 256. Résolution de cette question par le fait *ibid*. & *suiv*. Elles seront le fruit de la liberté de commerce & d'industrie 257. Elles étoient si peu variées anciennement en Europe que les deux sexes s'y habilloient d'une même étoffe de laine sans être teinte 260.

Marine; quelle est son influence 168. Quand, après Rome & Carthage, il ne resta que des brigands & des pirates, la marine fut pendant douze siecles dans le néant où étoient tombés tous les autres arts 168. La plus fameuse bataille de la marine moderne fut celle de Lépante 169. Les Hollandois forment la leur aux dépens des Espagnols & des Portugais 172. Quoiqu'Henri IV & Sully eussent conçu le projet d'une marine, Richelieu ne fut pas la créer 173. Il n'y en a point eu en Europe depuis l'ère chrétienne jusqu'au seizieme siecle 175 & *suiv*. Du tems d'Henri VIII, roi d'Angleterre, c'étoit Gênes & Venize qui savoient seules construire une marine 176. La nation Angloise regarda la sienne comme le rempart de la sureté & la source de ses richesses 178. C'est un nouveau genre de puissance qui a donné en quelque sorte l'Univers à l'Europe 179. Elle en a changé les divers systêmes *ibid*. L'importance où elle s'est élevée conduira avec le tems tout ce qui y est rélatif au plus haut degré de perfection 181. A mesure qu'elle devenoit une science il falloit qu'elle fut étudiée par ceux qui en faisoient profession, & il faut joindre l'expérience à l'étude 182. Atrocités de la presse Angloise pour le service de sa marine 184.

Marine Angloise. Maniere dont la reine Elisabeth forma la sienne 176. Point auquel elle fut portée sous le regne de Jaques II, 177. La nation la regarde comme le rempart de sa sureté & la source de ses richesses 178. Atrocités de la presse Angloise pour le service de ses vaisseaux 184.

Marine Françoise. Les matelots y sont enrolés pour toute leur vie ; inconvéniens qui en résultent 186. Faux raisonnemens des administrateurs pour pallier les abus qui se commettent à cet égard 184. *& suiv.*

Matelot, (le) ne rentre jamais dans une profession utile à la société ; il ne sort du service que pour l'hôpital 387.

Maximilien, empereur d'Allemagne, abbatit l'anarchie des grands & les soumit aux loix 53, 54. La constitution de l'empire s'est perfectionnée depuis son regne 54.

Mendicité ; époque où toutes les loix émanées contr'elle seront impuissantes 285.

Ministres d'Etat, (les) ne voyent dans leur place que l'étendue de leur pouvoir 142. C'est par le choix judicieux qu'en fera le souverain que le poids des tributs pourra être reparti équitablement 313. Quel sera celui qui remplira une tache si difficile *ibid. & suiv.* Obstacles qui s'opposent à le trouver 314. Caracteres que le souverain doit reprouver pour le ministere 315 *& suiv.* Inconvéniens de l'homme dédaigneux qui ignore ou méprise la loi, trop légiste, philantrope outré, & surtout du prodigue dans le ministre d'Etat *ibid.* Il y a moins de séductions auprès du throne que dans l'antichambre de celui des finances 271 *& suiv.* Ils sont exhortés à réfléchir sur les suites affreuses des emprunts excessifs des Etats qu'ils régissent 326. 327.

Mœurs, (les) sont le fondement & le rempart des loix 361. Quelle réforme préliminaire elles exigeroient en Europe 371. Qu'étoient-elles sous le gouvernement féodal ? 373. Quels changemens y survinrent depuis les Croisades *ibid.* Quelle est l'espece de celles sous lesquelles l'amour conjugal est dédaigné 379. Les liaifons de la galanterie confomment leur dépravation *ibid*. Les bonnes mœurs s'établiffent par les bonnes loix 382.

Moines ; époques remarquables auxquelles tient leur inftitution 271 *& fuiv*. L'opinion les fit & les détruira 272.

Monarchie ; [la] maniere dont elle s'eft établie 19. Sous ce gouvernement les forces & les volontés font au pouvoir d'un feul homme 50. La monarchie abfolue eft une tyrannie 60. Quels y font les progrès infaillibles du commerce 276.

Monarchie Françoife ; quelle fut l'origine de l'accroiffement de fon pouvoir par l'abaiffement de la nobleffe 151.

Monarchie univerfelle ; époque à laquelle le gouvernement eccléfiaftique fit des pas pour y atteindre 106. Charles-Quint & Louis XIV ont été acculés d'y avoir afpiré 132. L'Angleterre s'eft véritablement emparé de celle de la mer 137.

Monarque ; il y a fous lui une ombre de juftice 19. Partout où fa volonté fait les loix ou les abolit il eft defpote & le peuple efclave 64. Quel bienfait en fignaleroit le regne 290.

Monopole ; quelle eft fon origine ? & en quoi confifte-t-il ? 209. Combien il eft illégitime *ibid*. Partout où il a eu lieu il y a produit la dévaftation 210. Abus des privilèges exclufifs fur lefquels il eft fondé *ibid*. Atrocités qu'il traine à fa fuite 214. Le droit d'apprentiffage & le prix des maitrifes en eft un nuifible à l'état, comment 255.

Monumens, [les] atteftent tous que la civilifation des Etats fut l'ouvrage des circonftances & non de la fageffe des fouverains 35. De quel genre font ceux que nous ont laiffés les fiecles gothiques 334. La culture des langues en perfectionnant les arts en a fi fort multiplié les monumens, que la barbarie des fiecles à venir aura peine à les détruire 344.

Morale ; (la) à quoi elle conduit l'homme 361. Elle eft l'art de la vertu *ibid*. Quel eft le but du fage dont les écrits nous la tranfmettent *ibid*. L'efpoir d'atteindre à ce but a enfanté des productions fans nombre & fouvent pernicieufes, pourquoi *ibid*. Une morale univerfelle ne peut être l'effet d'une caufe particuliere, pourquoi 362. Quelle a été celle qui a régné en tout tems chez toutes les nations *ibid*. Pourquoi les miniftres de la religion ont cherché à lui fubftituer une morale bâtbare, abjecte, extravagante, superstitieuse & puérile *ibid.* Socrate, dans ses principes, l'avoit séparée, il y a plus de deux mille ans, de la religion 364. Quel est son objet rélativement à l'espece humaine *ibid.* Comment elle parvient à son but *ibid. & suiv.* Illusions de quelques écrivains sur ses premiers principes 365 *& suiv.* Abus qui résulteroient du fondement que lui donnent ces philosophes *ibid.* Comment c'est le maintien de l'ordre qui la constitue toute entiere 369. Rélativement au mariage & à la propriété suivant les loix & les opinions des différens pays *ibid. & suiv.* Elle tient à la nature de l'homme & des sociétés 370. Influence qu'eut sur la morale la découverte du Nouveau-Monde 374. Il n'y en a plus chez les nations modernes, pourquoi 381.

Moyen âge, quel fut le germe de son gouvernement 127.

Moyse, chef des Hébreux, institua le gouvernement théocratique, par quels moyens 20, 21. Il laissa en mourant des chefs animés du même esprit 21.

N

NATION; que doivent être ceux qui gouvernent une nation grande & puissante? 141, 142.

Nations, (les) ne se battent plus comme autrefois pour leur mutuel anéantissement 219. Les intérêts bien combinés de celles qui sont en guerre seront toujours de laisser le commerce sans entraves 220. Elles se sont énervées en voulant énerver les nations rivales 222. Conseils que leur donne l'Auteur pour terminer les maux que de mauvais systêmes ont fait à la terre entiere 222 *& suiv.* Excéllence des effets qui en résulteront pour elles *ibid. & suiv.* Les plus commerçantes ont dû devenir les plus agricoles 228. Les nations agricoles doivent avoir des arts pour employer leurs matieres, & augmenter les productions pour entretenir les artisans 246, 247. En quoi leur folie est la même que celle des particuliers 320. Quelle est celle pour qui l'usage du crédit public est moins ruineux 321. C'est par les savans & les artistes que les nations contemporaines se distinguent les unes des autres 346.

Nations modernes; Une nation pauvre est ordinairement belliqueuse, pourquoi? 42. La guerre ne décide pas feule fur leur prépondérance, le commerce y a beaucoup influé depuis un demi siecle 137. Raifons de leur indifférence actuelle sur les événemens des guerres 137 & fuiv. Plus il y a de foldats dans un Etat & plus la nation s'affoiblit 166. Quand les progrès du gouvernemens militaire ont amené le defpotifme, il n'y a plus de nation 167. Si la population des nations anciennes étoit confidérable, les guerres dont parle l'Hiftoire ont dû la détruire 262, 263. Il ne leur a manqué que des langues plus heureufes pour égaler les anciens dans les travaux de l'efprit humain 341. Il ne faut plus parler de morale chez elles ; où doit-on trouver la caufe de cette dégradation ? 381.

Nature, (la) eft le modèle des beaux-arts & des belles-lettres 327. Elle n'a rien de parfait, fon beau confifte dans un enchaînement rigoureux de perfections 329.

Négociant, idée de l'étendue que doit avoir fon génie 199. Et des objets immenfes qu'embraffe cette profeffion 200. Il peut & doit en avoir une idée noble 203. Maximes dont il ne doit point fe départir *ibid.* & *fuiv.* Il doit fervir toutes les nations & ne pas embraffer trop d'objets à la fois 204. Importance du crédit pour le négociant 206. Eftime qu'il doit avoir de lui-même 207. Suite de maximes qui lui font adreffées *ibid.* & *fuiv.* Quelle fera leur conduite fi le prince a feul le droit des tributs 296.

Newton, philofophe Anglois, foupçonna le vrai fiftême du monde par l'oppofition de la géométrie à la phyfique 354. D'où conjectura-t-il l'origine de la lumiere ? *ibid.* Il contribua avec Leibnitz à l'établiffement de la bonne philofophie 355. Il étendit les principes de la phyfique & des mathématiques plus avant que n'avoit fait le génie de plufieurs fiecles *ibid.*

Nobleffe Françoife [la], quelle fut l'origine de fon abaiffement 151. Ce n'eft qu'une diftinction odieufe quand elle n'eft pas fondée fur des fervices réels rendus à l'Etat 239. Si le prince a feul le droit des tributs, elle ne fervira & ne combattra que pour la folde 296.

O

O

OPPRESSION [l'] des gouvernemens, autorisée par le ciel, inspire du mépris pour la vie 31.

Or [l'] & l'argent ne corrompent que les ames oisives 197. Leur influence est aussi funeste aux particuliers qu'aux nations, comment 207. Ils ne deviennent l'idole d'un peuple que par la mauvaise constitution du gouvernement 381. De qui ont-ils amélioré le sort? 384. Triste état des nations qui les sortent des entrailles de la terre *ibid.* A quelle sorte de commerce leur soif insatiable a-t-elle donné la naissance 388.

Ordre nouveau de choses, que fit éclorre le quinzieme siecle 129.

Ordre social; quels sont les monstres qui chez nous se révoltent contre lui 278.

P

PAGANISME (le), étant mis au rang des fables qui lui avoient donné lieu, les peuples chercherent au ciel un asyle contre les tyrans & embrasserent le christianisme 5. Qui prit sa place après que le paganisme eut été démasqué par la philosophie 7.

Paix; raisons de douter qu'elle existe nulle part 145 & *suiv.* Anciennement elle étoit véritablement la paix; elle n'est aujourd'hui qu'une guerre sourde 221. Chez les anciens peuples, elle ne rétablissoit pas toujours la population que la guerre avoit détruite, pourquoi 263 & *suiv.*

Paix d'Utrecht (la); pourquoi n'eut-elle pas pour les alliés tous les avantages qu'ils devoient attendre de leurs succès 136. La plus grande imprudence qu'ils y commirent fut de n'avoir pas exigé la démolition des forteresses frontieres de France. *ibid.*

Papes (les), firent de l'ignorance un de leurs plus grands moyens pour subjuguer les esprits 8. L'abus même qu'ils en firent aida à diminuer leur autorité *ibid.* Le désir de la conserver & celui de les en déposséder enfanta deux systêmes 8. Comment, dans le moyen âge, ils influoient par la hiérarchie sur tous les Etats chrétiens 128. Ils aspiroient à la monarchie universelle *ibid.*

Tome X.   T

Papiers publics; illusions qu'on se fait sur leur utilité 322. Ils ne circulent pas d'eux mêmes & ne valent qu'à raison des ventes & des achats *ibid. & suiv.* Combien le commerce & l'agriculture ont à souffrir de la préférence qu'on leur donne sur la valeur effective 326.

Paris, capitale de la France, par où surpassa les tapis de la Perse, les tentures de la Flandre & les glaces de Venize 245 *& suiv.*

Pascal, philosophe François, mesura sur les montagnes d'Auvergne les hauteurs de l'atmosphere 353.

Passions; on trouve plus aisément une femme qui n'en ait point eu, qu'une femme qui n'en ait eu qu'une 378. Quelle est la source & comment se terminent celles qu'on nomme délicates 380 *& suiv.*

Patrie; par tout où la nation lui est attachée par la propriété & la sureté, les terres y prosperent 248. Moyen d'y rendre chaque propriétaire amoureux de l'héritage de ses pères soit en ville, soit en campagne *ibid. & suiv.*

Paysans; quel est leur état partout ils n'ont point de propriété fonciere 268.

Peinture (la), par quelle voye lente elle est parvenue chez les Grecs au point de perfection où la porterent Apelles & Zeuxis 329. Elle perpetue le souvenir des belles actions & les soupirs des ames tendres 337.

Penseurs; classe de ministres du gouvernement de la Chine 120.

Perse (la), est une des parties de l'Asie qui réunissent tous les thrésors de la nature aux plus brillantes inventions de l'art 244.

Petersbourg; capitale de la Russie; on y tolère toutes les religions excepté le judaïsme; pourquoi cette derniere en est sans doute exceptée 38.

Peuples (les). Les plus policés ont tous été sauvages, & les sauvages étoient destinés à devenir policés 19. Maniere dont s'y prirent les rois pour qu'ils leur aidassent à reprendre l'autorité 24. Ceux du midi semblent être nés pour le despotisme 84. Ils ne peuvent avoir d'industrie & de courage que rélativement à leur confiance au gouvernement 125. Ils ne voyent dans les emplois des ministres des cours que l'étendue de leurs devoirs. Illusions qu'ils se sont faites sur les succès de leur commerce rélativement à celui de leurs voisins 222 *& suiv.* Erreur de l'idée que quelques-uns prendroient un ascendant décidé sur les autres par le système d'une liberté générale 225. Que devoit être la multitude de ceux que César comptoit dans la Gaule 261. Les peuples libres ont rarement éprouvé le fort affreux des taxes affermées 292. Exhortations de l'Auteur aux peuples de relire leur histoire pour se dérober au joug qu'ils subissent 294. Discours que l'Auteur leur adresse; vœux de son cœur pour le bonheur de tous les peuples du monde 389 & suiv.

Peuples sauvages (les), ont plutôt une politique qu'une législation 126.

Phéniciens (les), furent les premiers négocians dont l'histoire ait conservé le souvenir 187.

Philippe II, roi d'Espagne, aussi intrigant, mais moins vaillant que son pere; il laissa la monarchie Espagnole beaucoup plus vaste, mais bien plus foible que Charles-Quint 130 & suiv.

Philippe III, roi d'Espagne; mauvais principes de son administration; il établit l'inquisition en Espagne; défauts essentiels de ce prince 131 & suiv.

Philippe V, roi d'Espagne, de la maison de Bourbon, auroit été aussi bon Espagnol que ses prédécesseurs sans les hostilités de l'Angleterre & de la Hollande 134. La paix d'Utrecht lui assura la couronne d'Espagne 136.

Philosophes (les), ne sont pas les seuls qui aient tout découvers & tout imaginé 355.

Philosophie (la), a démasqué le paganisme 6. & 7. Elle s'est élevée sur les ruines de l'autorité des papes & des erreurs relevées par les réformateurs 10. Argumens sur lesquels elle a raisonné *ibid*. Sa voix réveillera au fond de l'ame des princes l'horreur de la gloire sanguinaire 147. Elle est attachée au char des lettres & des arts; pourquoi ne doit-elle marcher qu'à leur suite? 348. Quel est son âge & sa marche *ibid*. Plusieurs philosophes l'ayant écartée par des systêmes, Socrate la ramena à la vraie sagesse 349. Platon la noya dans la théocratie *ibid*. Révolutions qu'elle éprouva par les systêmes d'autres philosophes *ibid*. Depuis Zénon & Démocrite elle fut livrée & restreinte aux sophistes 350. Elle a dormi pendant près de mille ans avec toutes les sciences & les arts dans le tombeau de l'empire Romain *ibid*. Sous l'ignorance des étendards de la croix ou du croissant, elle balbutioit foiblement les noms de Dieu & de l'ame 351. Les Arabes en menoient les dépouilles en triomphe, après avoir sauvé les ouvrages d'Aristote des ruines de la Grèce *ibid*. L'état où elle tomba par la conciliation que voulurent faire les moines, de la philosophie payenne avec les livres de Moyse & les Evangiles, engendra la philosophie de l'école 352. Epoque où elle sortit du cloitre en y laissant l'ignorance, & où elle arracha le masque à la superstition & le voile à la vérité *ibid*. Pendant que Gassendi remuoit les élémens de l'ancienne, Descartes combinoit ceux de la nouvelle 353. Quelles furent les branches de la philosophie qui conduisirent à la mathématique *ibid*. Quels philosophes acheverent après Descartes l'établissement de la bonne philosophie 355 *& suiv*. Comment elle étendit l'empire des connoissances humaines 357. Quel dépôt devra caractériser son siecle dans les siecles à venir 357 *& suiv*. Immensité des obligations que lui a l'humanité 358. Effets qu'elle produira en s'insinuant dans l'ame des souverains & de leurs ministres 359. Quelle science est la morale à son tribunal 364 *& suiv*.

Pierre le Grand, empereur de Russie, alla chercher inutilement les arts dans les Etats policés de l'Europe, ils n'ont jamais pu réussir dans les glaces de son empire 252.

Politique (la), agit au-dehors dans le gouvernement 126. Dans le moyen âge elle fut toute concentrée à la cour de Rome 127 *& suiv*. Maniere dont elle opéroit pour venir à ses fins 128. Le système de la politique moderne doit sa naissance à l'ambition & à la rivalité de Charles-Quint & de François I, comment 130. Grande erreur qui domine dans la politique moderne 138. Quelle conduite lui épargneroit bien des mensonges & des crimes *ibid*. C'est elle qui est cause que l'on entretient des agens fixes dans les cours étrangeres 139. Menées de la politique en Europe *ibid. & suiv*. Leçon qu'en donne le chancelier Oxenstiern à son fils 141. Elle varie comme le gouvernement chez un prince foible 142. Quelle eut dû être celle de tous les princes de l'Europe quand ils virent Charles VII avec une troupe toujours armée 153. Ses maximes générales ont changé l'Europe par la révolution que le commerce a fait dans les mœurs 197. Vice de celle qui croit que les papiers papiers publics augmentent la masse des richesses circulantes 323. Elle frappe des coups si surprenans que la sagesse humaine ne sauroit les prévoir 324.

Pologne, royaume au nord de l'Europe, idée de sa constitution 46. Le gouvernement féodal y domine dans toute la force de son institution primitive 47. Triste situation de ses habitans ; foiblesse du throne 48. Combien est exposée à l'invasion, & son déchirement par trois puissances 49, 50. Moyen par lequel son roi Poniatowski auroit pu en empêcher le partage 50 *& suiv.* Le christianisme s'y est établi avec toutes les prétentions de l'autorité papale 112. Quelles en sont aujourd'hui les mœurs 373.

Polythéisme (le), fut la plus ancienne & la plus générale des religions 3.

Poniatowski, roi de Pologne, comment il auroit pu empêcher le partage de ce royaume 49 *& suiv.*

Population (la), sera une suite de la liberté du commerce & de l'industrie 257. A-t-elle été plus considérable dans un tems que dans un autre : dissertation sur ce sujet *ibid. & suiv.* Il faut chercher l'histoire des populations de la terre dans celle des développemens de l'industrie humaine 258. Si celle des nations anciennes étoit considérable, les guerres longues & cruelles dont parle l'histoire ont dû la détruire 262. Pourquoi, anciennement, elle se concentroit en Grece dans les villes 264. Après la Grece, Carthage & Rome, on ne vit jamais une population comparable à celle d'aujourd'hui *ibid. & suiv.* Elle dépend beaucoup de la distribution des biens fonds 266. Les substitutions des biens nobles lui sont fort nuisibles 268. Un des moyens de la favoriser seroit la suppression du célibat des prêtres 271. La grande population est-elle utile au genre humain ? 277. La vie sédentaire est la seule qui lui soit favorable 387.

Portugais, ce fut en 1497, qu'après quatre-vingt ans de travaux, ils doublerent le cap de Bonne-Espérance & atteignirent le Malabar, théâtre de leur commerce & de leur grandeur 189. Ils devinrent pauvres, quoique possesseurs avec les Espagnols de tout l'or du monde, quand les Hollandois, par leur industrie, se furent emparés du commerce 189.

Poudre à tirer ; son invention acheva de donner l'avantage à l'infanterie sur la cavalerie, pourquoi 152. Elle mit plus que jamais les armes dans la dépendance des rois *ibid.* Un moine Anglois qui cultivoit la chymie en prépara l'invention 352.

Pouvoir arbitraire ; quelle est l'importance d'en prévenir l'établissement. Doutes sur l'obstacle que ses conséquences apportent à la civilisation de la Russie 35 *& suiv.*

Pouvoir législatif, en Angleterre, son partage est le plus grand appui de la liberté Angloise 63. 64. Portion qui en appartient au peuple sur quoi assurée 64. Maniere dont il exerce 65. Remede pour parer aux inconvéniens qu'en entraine le partage *ibid & 66.*

Préjugés, époque où ils furent dissipés par le doute. 353.

Prêteurs (les), par quoi ont été engagés à la confiance au crédit public établi en Angleterre, en France, en Hollande 319. Pourquoi ont-ils plus d'assurance chez ces trois puissances qu'en Allemagne 320. Ils dictent toujours les conditions du prêt conformément aux risques qu'ils ont à courir 322.

Prêtres ; absurdités des vœux auxquels ils sont soumis. 116. *& suiv.* Comment ont dérangé le bandeau qui voiloit les profondeurs de leur ambition & fait tomber le masque 364. La religion est perdue quand ils menent une vie scandaleuse 365.

Primogéniture (la), en France, immole plusieurs familles à une seule 268. Comment ce vice de législation entraine t-il la dépopulation & la pauvreté du peuple ? *ibid & suiv.*

Privilèges exclusifs (les), ont ruiné l'Ancien & le Nouveau-Monde, comment 210. Ils amenent, où ils ont à s'exercer, le cortege de toutes les sortes de persécutions 211. Préjugé cruel de l'Etat qui l'empêche de sentir les maux qui sont la suite de ces privileges 213. & 214. Leur prix quel qu'il soit ne sauroit compenser le ravage qu'ils font. Désastres qui en dérivent 214. *& suiv.* Ils sont les ennemis des arts & du commerce ; pourquoi 255.

Productions du génie (les) ; révolutions qu'elles éprouverent à Rome 330 *& suiv.*

Professions ; idée des vexations qu'elles exercent & de celles qu'elles ont à souffrir 201. Maximes pour ceux qui les professent 202. En ôtant au peuple la faculté de choisir celles qui lui conviennent, on les remplit de mauvais ouvriers 255.

Propriétaires des terres (les), comment sont extorsionnés sous le despotisme 296. & *suiv*. Combien sont désavantageux pour eux les emprunts publics 322.

Puissance ; heureuse celle qui, la premiere, débarrassera le commerce de toutes les entraves qui l'oppriment : prospérité qui en sera la suite 225.

Puissances (les), voisines de la Suede, quel fut leur rôle pendant les factions 44. Effet de leur influence *ibid.* & 45. Celles qui ont des côtes à garder ne peuvent franchir aisément les barrieres de leurs voisins 180.

Prostitution (la), ce n'est pas elle qui multiplie les adulteres, mais la galanterie étend la prostitution 379. & *suiv*.

Protestans (les), chassés de France par l'intolérance ecclésiastique, trouvent par les arts un réfuge dans toute l'Europe 247. Les arts & métiers qu'ils porterent en d'autres climats n'y réussirent pas comme en France, quoiqu'ils y porterent la même industrie 252. & *suiv*.

Protestantisme (le), tend au Socinianisme 12 & 13.

Provinces-Unies, leur histoire offre de grandes singularités 72. Origine de leur union *ibid*. L'autorité n'y reside point dans les Etats-Généraux fixés à la Haye *ibid*. L'unanimité des villes & des provinces n'est pas d'une politique judicieuse 74. Révolutions arrivées dans leur constitution *ibid*. & *suiv*. Pourquoi la Hollande conservera sa liberté 77. Composition de ses armées, commandans de ses forteresses 77 & 78. Selon toute probabilité, elles tomberont sous le pouvoir monarchique 79. Elles ne se furent pas plutôt détachées de la Flandre qu'elles devinrent l'entrepôt du commerce du nord & du midi de l'Europe 190.

Prussiens ; quelle est leur discipline militaire 158 & 159.

Pudeur (la), est sous la sauve-garde du sexe timide 379.

Pythagore, philosophe de la Grece avoit déja imaginé les vrais élémens de l'astronomie, que Galilée confirma bien des siecles après l'invention du télescope 353.

R

Recouvremens de l'impôt, sur les terres, de quelle maniere pourroient-ils se faire ? 286 & *suiv*. Inconvéniens de les faire par voye de régie 287 & 286. Abus qui s'en suivroient *ibid*. L'étendue des domaines devroit servir de regle ; inconvéniens sans nombre qui se rencontrent dans cette méthode *ibid. & suiv*. Un cadastre exact de la mesure & de la valeur des terres applaniroit toutes les difficultés 289. Triste situation de l'Etat quand le fisc a recours aux fermes pour les faire. 291 *& suiv*.

Reformateurs (les) *de la religion*, démontrent l'absurdité de nombre de principes du catholicisme 8 & 9.

Religion (la) doit son origine aux calamités qui ont affligé l'humanité 3. Elle est faite pour l'Etat & non pas l'Etat pour elle 114. L'homme ne doit compte qu'à Dieu de sa religion intérieure 118. Epoque à laquelle elle met le trouble dans toute l'Europe 156. A quoi se réduit ce qu'elle devroit nous défendre & nous prescrire 371. Elle est perdue quand le prêtre mène une vie scandaleuse 379.

Représentans, en Angleterre ; leur nombre ne devroit-il pas être proportionné à la valeur des propriétés 70. Abus de l'usage qui y est établi à cet égard *ibid. & suiv*. Réponse impudente de l'un d'eux à ses commettans 70.

République (la), doit être servie par ses citoyens, mais chacun doit y contribuer suivant ses facultés 185.

République *commerçante*. Epoque où elle sut tourner tous les évènemens à son profit 192.

Revenus *publics* ; il est des cas où le besoin public en exige l'aliénation d'une partie 324.

Révolte ; pourquoi celle des cœurs est la plus dangereuse 123.

Révolutions (les) *dans le gouvernement*, se succèdent par-tout avec rapidité 20 & 21.

Richelieu (le Cardinal de). premier ministre en France sous le regne de Louis XIII, profita de la foiblesse de l'Espagne sous Philippe III pour remplir son siecle de ses intrigues 132. Quel fut son premier mot en entrant au ministere 141 *& suiv*.

Richesses (les) ; quand elles ont pris l'ascendant sur les ames, les opinions & les mœurs changent ; désordres qui en sont la suite 275. Leur amour étant l'unique appas, quel est le rôle qu'il fait jouer aux hommes 277. De quelque maniere qu'elles entrent dans un Etat, elles sont l'objet de l'ambition publique : quelle en est la suite 374 *& suiv*. Combien sont avantageuses à ceux qui les possèdent 375 *& suiv*. Par combien de moyens elles font une source de corruptions *ibid.* & 376. Leur plus grande influence porte sur les mœurs des femmes *ibid.* 376.

Roi de Prusse (le) Fréderic le Grand, créa une tactique entierement nouvelle 157. Idée de cette tactique 158. Ce prince, depuis Alexandre, n'a pas eu son égal pour l'étendue des talens *ibid.* L'Europe entiere a embrassé avec enthousiasme ses institutions 159. Ce n'est point à ce prince qu'il faut attribuer l'excessive multiplication des troupes en tems de paix, mais à Louis XIV, 161.

Roi de Suede (le), régnant, sa conduite dans la révolution 45 & 46.

Rois; leurs disputes ne finiront pas plus entr'eux, que leurs passions ne s'éteindront en eux-mêmes 147.

Rois d'Angleterre; leur couronne est héréditaire 61. Sur quoi est assigné leur revenu 62. Genre d'autorité qui leur est confiée *ibid.* Ils ne peuvent exiger aucun impôt 64.

Romains; la guerre, après avoir soumis à leur empire les plus grands peuples de l'Europe, les fit redevenir barbares 23. Se tuoient dans la crainte d'être redevables de la vie à leur égal 31. Ils perfectionnerent l'art militaire & conquirent le monde 149. Ils avoient bien senti les inconvéniens de l'oisiveté du soldat, & en avoient fait la base de leur discipline 164. Ils succéderent aux Carthaginois & aux Grecs dans les connoissances & l'exercice du commerce 178. L'esprit de conquête dont ils étoient dévorés consumoit les autres nations 262. Ils furent les imitateurs des Grecs en tous genres, mais resterent fort au-dessous de leurs modeles dans les beaux arts 330. La révolution dans les belles lettres fut chez eux l'ouvrage de quelques écrivains ambitieux 331. Les productions du génie y eurent toutes la même dégradation *ibid.* Leur mythologie rendit à l'Italie les graces de son ancienne littérature défigurée par la religion 338. Comme ils ont connu, ainsi que les Grecs, l'influence du dialecte sur les mœurs, ils travaillerent à étendre le leur par les armes 341. Raison pour laquelle ils ont eu des dieux méchans 362.

Rome ancienne, dut sa fondation à des échappés aux flammes de Troyes, ou à des bandits de la Grece & de l'Italie dont il sortit un peuple de héros 22 & 23. Epoque à laquelle elle perdit de sa gloire & de ses succès.

149. Quand elle eut tout envahi, le commerce retourna à sa source vers l'Orient 226. Maitresse de l'Univers & dédaignant l'agriculture, elle ne put résister à des nations poussées par l'indigence & la barbarie 271. Ce fut environ l'an 700 de sa fondation que naquit avec le Messie la religion chrétienne 271. Un goût sévéré y présidoit dans toutes les compositions en belles lettres 331. Révolutions qu'y éprouverent les productions du génie *ibid. & suiv.* Après avoir été saccagée par les barbares du nord, elle devint leur repaire. Elle nourrit aujourd'hui Rome moderne 346.

Royalisme (le), en Suede, avant la révolution, étoit une hypocrisie ; ce qui en resultoit 44 *& suiv.*

Russes (les), n'ont pas les mêmes préjugés que les Turcs sur l'honneur d'être étranglés par ordre du souverain, pourquoi 32. La grande opinion qu'ils ont d'eux mêmes est un obstacle à leur civilisation 39.

Russie (en) ; le pouvoir arbitraire s'y oppose à la civilisation, ainsi que le climat, l'étendue de l'empire & les deux classes d'hommes qui l'habitent 35. *& suiv.* Il y faudroit un tiers-état dont la sureté fut entiere pour les personnes & la propriété ; obstacles qui s'y trouvent 36 & 77. Examen des moyens employés par l'impératrice pour en civiliser les habitans 39. *& suiv.* Elle n'offre des secours que pour les combats ; caractere de ses soldats 40.

S

Sabbat (le), à ne l'envisager que sous un point de vue politique, est une institution admirable 234.

Savans ; quels sont ceux qui sont faits pour être les amis des grands hommes 346.

Sauvages ; les avantages de leur état ne l'emportent pas à beaucoup près sur ceux du nôtre 277 & 278.

Sculpture (la), par quelle voye lente elle parvint chez les Grecs à la perfection qui nous a donné plusieurs chef-d'œuvres 329. Elle flatte les rois & récompense les grands hommes 337.

Sel ; atrocité des impositions qu'y a mis le fisc dans un gouvernement où le prince a seul le droit des tributs 304. *& suiv.* Précautions prises pour en empêcher la contrebande 306 *& suiv.* Atrocité de ces précautions

DES MATIERES.

ibid. Traitement affreux de celui qui le vend en contrebande 307.

Signeurs; classe de ministres dans le gouvernement de la Chine 120.

Sociabilité (la); doutes si elle est si naturelle à l'espece humaine 15. Elle est l'origine de la guerre *ibid.* Exposition des motifs qui prouvent que l'homme tend de sa nature à la sociabilité 5 *& suiv.*

Société (la), derive naturellement de la population & entraîne invinciblement le besoin du gouvernement 14. Comparaison des hommes isolés à des ressorts épars, inconvéniens qui en résultent 15 *& suiv.* Leur comparaison avec ceux de la guerre suite de la sociabilité 17. Le gouvernement, par institution, ne devroit tendre qu'à la sûreté de la société, & par l'effet il ne tend qu'à celle de la puissance dominante 18. Les fondemens de la société actuelle se perdent dans les ruines de quelque catastrophe 19. Elle fut formée par la famille, qui s'étendit & se divisa 20. Quelques-uns prétendent que dans l'état de société les volontés particulieres doivent être soumises à la volonté générale 184 *& suiv.* Ridiculité de cet axiôme *ibid. & suiv.* Qu'est-ce qu'une société? 209 & 210. Ses besoins même ont donné naissance aux arts dans l'enfance de l'esprit humain 348. Pourquoi ses maux deviennent ceux du citoyen 367. Ce fut avec elle que commença le devoir social 368.

Sociétés (les), gravitent toutes par la loi de nature vers le despotisme 20 & 21. Celles des tems anciens que devoient-elles être à-peu-près? 127. Leur nature tient à la morale universelle 369.

Socinianisme (le), tend au déisme 11.

Socrate, philosophe Athénien, ramena la philosophie à la vraie sagesse, à la vertu 349. Il étendit il y a plus de deux mille ans sur nos têtes un voile qui séparoit la morale de la religion 364.

Soldats; leur multiplication occasionne l'oppression universelle 162 & 163. Inconvéniens de leur oisiveté; remedes à y apporter *ibid. & suiv.* L'augmentation des soldats en diminue le courage 164. Comparaison entre les anciens hommes de guerre François & ceux d'aujourd'hui 165. Plus il y en a dans un Etat, plus la nation s'affoiblit, & plus un Etat s'affoiblit, plus on les multiplie 166. Leur plus grand nombre ne fait que tenir à la chaîne des esclaves déjà faits *ibid.* & 167. Ils ruinent les champs qu'ils ne cultivent pas, de quelle manière 270. Ils peuvent rentrer dans les professions utiles à la société 387.

Soliman, empereur des Turcs, crée une loi pour prévenir pour lui & ses successeurs les dangers du gouvernement militaire : Abus qui en résultèrent 28 & 29.

Souverains ; l'avidité leur a fait mettre les impôts les plus déraisonnables sur les marchandises qui sortent de leur pays & sur celles qui y entrent 283 *& suiv.* Comment l'industrie de leurs sujets en souffre nécessairement 285. C'est une erreur de juger de la puissance des empires par le revenu des souverains 291. Désordres qui suivront infailliblement s'ils ont seuls le droit des tributs 295 *& suiv.* Question dont il faut chercher la réponse dans leur cœur 312 *& suiv.* Quelle sorte d'hommes ils doivent rejetter pour remplir le ministere dans leurs Etats 313 *& suiv.* Epoque où les cœurs sont remplis de rage contr'eux 326. Leurs soins partagés entre leurs sujets en Europe & dans les deux Indes étant insuffisans, tout est tombé dans la confusion 389. Ils doivent trouver dans cette *Histoire Philosophique* leurs devoirs & les droits des peuples 390.

Substitutions (les) *de biens nobles*, sont fort nuisibles à la propagation de l'espece humaine 268. Elles immolent plusieurs familles à une seule *ibid.* Outre l'obstacle qu'elles apportent à la population, elles entraînent la pauvreté des peuples, comment *ibid.* *& suiv.*

Suede (la), royaume au nord de l'Europe ; idée de sa constitution calquée sur son histoire *& suiv.* Effets qu'y avoit produits l'influence des puissances voisines 44 & 45. Révolution opérée par le monarque régnant 45 & 46. Si son roi profite des circonstances elle n'aura jamais eu de despote plus absolu ; mais elle ne pourra pas devenir plus malheureuse qu'elle l'étoit 46.

Suisses (les), anciennement Helvétiens, ne devoient être subjugués que par César 93. Origine de leur liberté actuelle 94 & 95. Forment une ligue composée de treize Cantons, idée de leur confédération *ibid.* Leur union fut inaltérable jusqu'au commencement du seizieme siecle, alors la religion l'interrompit 95. Emploi qu'ils font de leur population. Le Suisse est par état un destructeur de l'Europe 96. C'est la nation dont le sort doit le moins changer, pourquoi 97. Raisons sur lesquelles est fondée la stabilité de la république des Suisses 99. Leur maniere de combattre les Bourguignons les avoit rendus aussi fameux que formidables 154. Idée de leur bravoure *ibid.*

Superstition (la), effrayée de la hardiesse de Boccace & des découvertes de Galilée, jetta les hauts cris 353.

Sureté personnelle (la), en Turquie, n'est le partage que du petit peuple 30.

T

TABAC; exaction du fisc, sur ce genre, sous un gouvernement oppressif 304 *& suiv.* Précautions du fisc pour en empêcher l'entrée de l'étranger 305 *& suiv.*

Terrein ; son excellence est la principale cause qui a obligé les parties méridionales de l'Europe à recourir à des secours étrangers ; pourquoi 233.

Thalès, philosophe Grec, avoit jetté les germes de la physique dans la théorie des Elémens de la matiere 349.

Théocratie (la), ou le despotisme sacré, fut la plus cruelle des législations, pourquoi 4, 5.

Tolérance religieuse. On devra au Nouveau-Monde son introduction dans l'ancien 12. Avantages qu'à produits celle de toutes les sectes dans l'Amérique Septentrionale 13. Elle subsiste sans réserve à Pétersbourg excepté pour les Juifs 38.

Torricelli, philosophe Florentin, inventa le thermométre pour peser l'air 353.

Treize-Cantons (les) de la Suisse, caractere de leurs habitans ; idée de leur constitution 93 *& suiv.*

Tribunaux. Il y en a deux, celui de la nature & celui des loix 365. Quels sont leurs effets *ibid.*

Tribut (le), est la contribution des citoyens au thrésor public ; par qui doivent-ils être présentés 291 *& suiv.* Désordres qui sont la suite du droit qu'on laisse au prince de le créer 295. Maniere dont il s'établit sur les boissons 300 *& suiv.* Et dont il se perçoit aux entrées sur les denrées & sur tous les objets du commerce 302 *& suiv.* C'est par le choix judicieux du ministre que le souverain en distribuera équitablement le poids énorme suivant les facultés des contribuables 314.

Turcs (les), autrefois tribu des Tartares, ne furent connus en Asie qu'au commencement du treizieme siecle 25. Mahomet, leur chef, s'empare en 1453 de Constantinople & en fait la capitale de son empire 26. Causes qui les empêcherent de soumettre le reste de l'Europe *ibid*. Se glorifient d'un arrêt de mort prononcé par leur maitre 30 & 31.

Tyrannie (la). Extravagance où elle conduit l'homme quand elle est consacrée par des idées religieuses 31.

Tyrannie (la) *monarchique*, d'où elle résulte 83. Effets de la subtilité de celle du fisc sous le despotisme 308.

U

UNIVERS (l') aura enfin les conquerans en exécration 146.

V

VAUBAN, ainsi que Cohorn, ouvrit les yeux aux princes de l'Europe sur l'art d'attaquer & de défendre les places 157.

Venize, république de l'Europe, son gouvernement présente trois grands phénomenes 85 *& suiv*. Description de cette ville superbe 86. Les doges y furent élus par le peuple jusqu'en 1173, ils le sont dès-lors par les nobles qui établirent l'aristocratie 87. Dont les vices furent tempérés autant que possible dans l'origine, de quelle maniere 87. Quelles époques ont ruiné son commerce 88. Mœurs de cette ville. Singularité des soins du gouvernement pour la sureté de la république 89. Fonctions & importance des inquisiteurs d'Etat 90 & 91. Le ministere de Venize se soutient par sa finesse 93. Est le seul état qui ne se soit point laissé assujettir au pouvoir ecclésiastique 111. Sa libre & vaste navigation lui apporta l'industrie 245.

Vérités (les), se tiennent toutes; importance de celle que vient d'établir l'auteur sur la conduite des gouvernemens 220 *& suiv*.

Vertus; ce fut Socrate qui y ramena la philosophie 348. Il n'y en a proprement qu'une, c'est la justice 365. Quelle erreur il y auroit à mépriser les vertus sous prétexte qu'elles ne sont qu'institutions de convenance 368. La nécessité des vertus en fait l'essence & le mérite 369. Elle se régle sur le juste ou l'injuste, mais elle varie à certains égards suivant les opinions de certains pays 370. Elle n'a plus d'asyle quand le sanctuaire du mariage est profané 379. Elle ne tombe dans l'avilissement que par la mauvaise constitution du gouvernement 381.

Vices; il n'en est aucun qui en produise un si grand nombre que l'incontinence des femmes 376.

Villes capitales (les); pourquoi deviennent le centre de la population 266. Leur influence sur les productions *ibid. & suiv.*

Vœu de chasteté (le), répugne à la nature & nuit à la population 117.

Vœu d'obéissance (le), à une autre puissance qu'au souverain & à la loi, est d'un esclave ou d'un rebelle 117.

Vœu de pauvreté (le), n'est que le vœu d'un inepte ou d'un paresseux *ibid.*

Voituriers (les), comment sont suivis par le fisc, dans un gouvernement oppressif, pour l'exaction du tribut, sur eux & ce qu'ils conduisent 300.

Voyages (les), sur toutes les mers, quels avantages moraux ils ont apportés, & quels désavantages 383. *& suiv.* Ceux qui en font de long cours ne laissent point de postérité 386 *& suiv.*

Voyageur (le), comment dans le pays d'un despote, est extorsionné par le cabaretier pour subvenir au tribut du fisc. 300.

Fin de la Table des matières du Tome dixieme.

www.ingramcontent.com/pod-product-compliance
Lightning Source LLC
Chambersburg PA
CBHW051821230426
43671CB00008B/787